新时代

乡村振兴战略探析

鄢奋　潘娜　等◎著

撰写组成员：（按姓氏笔划排列）

王郑冰　叶翔宇　李秋烟　李媛媛

陈昌健　林奇清　吴伟斌

福建省2018年度以马克思主义为
指导的哲学社会科学学科基础理论研究
重大项目"新时代乡村振兴战略研究"
（项目编号：FJ2018MGCZ004）

ANALYSIS OF
RURAL
REVITALIZATION
STRATEGY IN
THE
NEW ERA

经济管理出版社

ECONOMY & MANAGEMENT PUBLISHING HOUSE

图书在版编目（CIP）数据

新时代乡村振兴战略探析／鄢奋等著. —北京：经济管理出版社，2021. 4
ISBN 978-7-5096-7969-2

Ⅰ. ①新…　Ⅱ. ①鄢…　Ⅲ. ①农村—社会主义建设—研究—中国　Ⅳ. ①F320. 3

中国版本图书馆 CIP 数据核字（2021）第 081693 号

组稿编辑：王光艳
责任编辑：王光艳　张玉珠
责任印制：黄章平
责任校对：陈　颖

出版发行：经济管理出版社
　　　　　（北京市海淀区北蜂窝 8 号中雅大厦 A 座 11 层　100038）
网　　址：www. E-mp. com. cn
电　　话：（010）51915602
印　　刷：唐山昊达印刷有限公司
经　　销：新华书店
开　　本：710mm×1000mm /16
印　　张：17. 5
字　　数：329 千字
版　　次：2021 年 6 月第 1 版　　2021 年 6 月第 1 次印刷
书　　号：ISBN 978-7-5096-7969-2
定　　价：78. 00 元

序

精准把握关键问题　稳步推进乡村振兴

党的十九大提出实施乡村振兴战略，是以习近平同志为核心的党中央，从党和国家事业发展的全局出发，对新时代"三农"工作做出的重大决策部署。实施乡村振兴战略有利于进一步夯实现代化经济体系的基础，有利于进一步拓宽传承中华优秀传统文化的有效途径，有利于进一步巩固现代社会治理格局。实施乡村振兴战略是建设美丽中国的关键举措，是实现全体人民共同富裕的必然选择。

新时代乡村振兴发展战略是一项系统全面的建设工程，只有精准把握关键问题，方能稳步推进。

第一，坚持中国共产党的核心领导。新时代乡村振兴战略离不开党的总体指导、统筹规划、科学引领、系统管理。历史证明，中国共产党具备领导农村建设发展的丰富经验，在农村具有广泛的群众基础。新民主主义革命时期，中国共产党领导广大农民群众经过浴血奋战，最终赢得了民族解放和民族独立战争的胜利。中华人民共和国成立初期，农村社会百废待兴。中国共产党领导广大农民群众在实践中探索努力摆脱贫困、解决温饱问题之道，为中国特色社会主义农村建设积攒了大量宝贵的经验。改革开放伊始，中国共产党尊重广大农民群众的革新要求，科学有序地推广"家庭联产承包责任制"，为中国特色社会主义农村建设奠定坚实的基础。今天，以习近平同志为核心的党中央顺应亿万农民对美好生活的向往，再启新时代乡村振兴战略的新航程。新时代乡村振兴战略建设不仅关系农业、农村、农民问题，同时也关系我国经济、社会、生态等方方面面的问题，是一项庞大、系统、长效的建设工程。新时代乡村振兴发展战略必须坚持中国共产党的核心领导。

第二，大力推进农业科技进步。邓小平同志曾经指出"科学技术是第一生产力""农业的发展一靠政策，二靠科学"。新时代乡村振兴战略更需要现代科学技术的强力支撑。乡村振兴战略所涵盖的粮食安全和储备、良种培育、基础设施、产品质量、机械化、信息化、智能化、灾害防治、产业融合、创新驱动、科技平台和推广、成果转化、环境治理、风险防范、新产业新业态、"互联网+"

以及新型职业农民培训等都离不开现代科学技术的支撑。近年来，我国在农业科技进步方面虽然取得了不菲的成绩，但是应该清醒地认识到我国农业科技进步与世界发达农业国家之间的明显差距；与新时代乡村振兴战略发展的要求仍然相去甚远。因此，需要通过重点扶持农业科研院校和机构、培养专业农业科技人才、打造农业科技创新平台、推进农业科技成果转化等举措，将科研基金、科技成果、科学人才、科技企业有目的地引向"三农"领域，切实强化现代科学技术对乡村振兴战略发展的支撑作用，大力推进农业科技进步。

第三，提高农村公共产品的供给水平。农村公共产品主要包括农村基础设施和农村义务教育、农村医疗卫生、农村养老等公共服务。长期以来，城乡公共产品供给的非均等化，使城乡差距日益增大，短缺的农村公共产品供给成为农村人口迁徙的主要推力，导致大量的人力、物力、财力由农村流向城市，严重影响农村经济社会各项事业的发展。以习近平同志为核心的党中央坚持把解决好"三农"问题作为全党工作重中之重，坚持农业农村优先发展，为农村公共产品供给水平的提高提供了强有力的保障。新农村建设以来，党和政府逐年增加公共财政对农村公共产品供给的支持力度，努力拓宽农村公共产品供给的资金渠道，创新供给模式，丰富农村公共产品供给内容，完善供给结构，使农村公共产品供给在数量上可以率先满足乡村振兴的基本需求。但同时，要逐步健全农村公共产品供给的决策机制和监督机制，规范供给程序，形成良好的农村公共产品管理体系，使农村公共产品在质量方面也有切实保证，从而全面提高农村公共产品的供给水平。

第四，加强新型职业农民培育。乡村人才振兴是乡村振兴战略的重要组成部分，党中央主张实行更加积极、更加开放、更加有效的人才政策，推动乡村人才振兴，让各类人才在乡村大施所能、大展才华、大显身手。在乡村振兴的人才结构中，新型职业农民无疑是最根本、数量最多的群体。因此，全面建立职业农民制度，培养新一代爱农业、懂技术、善经营的新型职业农民成为当前急需解决的关键问题。"新型职业农民"的提法，将以往把"农民"称谓等同于身份的偏见认识中解放出来，必将激励更多的社会各类人才投身于农业产业发展。加强新型职业农民培育，要科学界定"新型职业农民"的内涵和培养目标，借鉴世界发达农业国家对农民培育的具体做法，结合国内比较成熟的职业技术人才培养体系，根据受教育者的实际情况，分类设计培养方案，创新教学组织形式，提高新型职业农民培育的实效性。鼓励农业企业和各类农业经济合作组织开展入职岗前培训。研究新型职业农民的职业生涯规划，探索新型职业农民的专业技术等级体系。

第五，重塑乡村文化的魅力。乡村不仅有"绿树村边合，青山郭外斜"的自然美，还有"德业相劝，过失相规，礼俗相交，患难相恤"这类纯善美德的代代传颂，这是以农耕文明为主的乡村文化散发出的淳朴魅力。乡村文化是乡村振兴的源头活水，是彰显乡村文化自信的重要标识，是展现乡村独特魅力的精神支撑。由于农村经济社会发展的不充分，城乡间经济发展的不均衡，乡村文化成了被遗忘的角落。乡村传统的风俗在古村落的衰败中渐渐消失，一些凝结着先人智慧结晶的传统技艺再也无人问津，曾经代代相传淳朴的家训、家规逐渐消失淡化。重塑乡村文化的魅力，不但需要固本还原的继承，更需要开拓创新的发展。这不仅需要通过对古村落、古建筑、农业遗迹等物质文化遗产的保护，还需要通过对乡规、族规、民约、家训中的优秀文化因子的重拾，更需要通过对"乡村传统文化礼堂""村史博物馆"的建设等方法重塑乡村文化，展示乡村文化的魅力。除此之外，还需要利用现代科学技术建设独具乡村文化特色符号的网络传播平台，通过乡村文化创意元素驱动拉动乡村旅游市场需求，最终实现乡村文化的资源整合，乡村文化的自我发展，推进实现乡村文化产业化建设的目标。

目　录

绪　论

第一节　研究背景和意义

一、研究背景

习近平同志于 2017 年 10 月 18 日在党的十九大报告中提出乡村振兴战略，乡村振兴作为新时代"三农"工作的重点被提升至战略高度，体现了党中央对"三农"工作的重视以及乡村振兴的重要性和紧迫性。长久以来，中国采取了一系列支持"三农"发展的农村补助与改革措施，取得了显著的成就。在新时代，乡村发展面临着更加困难的局面，农村老龄化、空心化问题愈发显著，农村与城市差距的扩大导致对人才的吸引力下降，人力资本发育不良，乡村劳动力教育水平低，粗放的发展方式给环境造成了巨大的破坏，乡村治理体系不健全问题显著，因此中央在党的十九大提出乡村振兴战略，这一战略吸收了"三农"政策的优秀内涵，并提升到更高的层次上。乡村兴则国兴，研究乡村振兴的实现机制、发展水平与路径选择是继续推进乡村振兴工作的必然要求。

改革开放 40 多年来，我国取得了巨大成就，国内生产总值由 1978 年的 3678.7 亿元增长到 2017 年的 90.03 万亿元，增长了两百余倍，人民的生活水平得到了极大的提高，但是在高速发展的同时，"三农"问题逐渐突出，在社会主义发展的新时代，国家顺应时代的发展与现实的挑战，将解决"三农"问题作为政府工作的重中之重，将提升广大农民的生活水平作为工作的重点，在政策上不断加码，努力至今已经取得了阶段性的成功，不断出台的支农惠农政策使农业连年丰收，农民收入持续提高，农村社会和谐稳定。粮食生产实现历史的 14 连增长，2018 年达到 13158 亿斤，农民收入保持积极增长态势，2016 年城乡收入差距缩小到 2.73：1，社会主义新农村建设成效显著，农村面貌发生了翻天覆地的变化，农村公路、桥梁等基础设施，教育，医疗，社会保障，文化等得到极大改善。但发展不平衡不充分的矛盾依然突出，在城乡关系上集中表现为城乡差距不断拉大，乡村不断衰败，乡村在资本与劳动力的不断流失中逐渐消亡，农村空心化、农业边缘化、农地荒芜化、农民老龄化问题日益突出，同时，由于乡村组织的破坏，留守儿童和农民养老问题得到了越来越多的关注。在此背景下，党的十九大提出中国特色社会主义进入新时代的科学论断，提出实施乡村振兴战略的重大历史任务，这一战略是新时代下国家"三农"工作的深化与发展。乡村振兴战略的总要求为"产业兴旺、生态宜居、乡风文明、治理有效、生活富裕"，与 2005 年 10 月中共十六届五中全会通过的《中共中央关于制定国民经济和社会发展第十一个五年规划的建议》所提出的社会主义新农村建设的"生产发展、生活宽裕、乡风文明、村容整洁、管理民主"的总要求相比更具时代特征与战略特色，其中生产转变为产业，发展转变为兴旺，前者代表层次，后者代表程度，体现乡村振兴的层次和程度要比以往高；村容整洁提升为生态宜居，体现追求更高层次的精神追求与环境追求，是美丽乡村建设精神的体现；生活宽裕提升为生活富裕，宽裕到富裕体现了农民的生活水平要进一步提升；管理民主提升为治理有效，体现乡村政治治理有了新的要求，从程序上的民主提升到有效的治理，体现对结果的重视。乡村振兴战略是国家首次将"三农"工作提升至战略高度，是党对"三农"工作做出的重大决策部署，是决胜全面建成小康社会、全面建设社会主义现代化国家的重大历史任务，是新时代做好"三农"工作的总抓手。

乡村衰败问题是一国进入工业化进程中普遍发生的问题，在历史中，发达国家如法国、德国、英国、美国、日本等都出现了乡村问题；发展中国家如巴西、印度等也正在面临乡村问题，集中体现为大城市贫民窟、城乡差距巨大、农业增长乏力、粮食危机、社会动荡、失业率高居不下等，乡村问题已经成为各国发展中需要突破的关键问题；陷入中等收入陷阱的国家，几乎都没有处理好乡村衰败问题，并且因为乡村衰败的后遗症导致了严重的社会问题，可见如果要跨越中等收入陷阱，打开发展的天花板，乡村问题是必须重视的。乡村衰败在中国已经十分明显，在此时提出乡村振兴战略是及时且必要的。党的十九大的乡村振兴战略不仅是为了解决"三农"问题，实现中华民族伟大复兴，同时也是为世界发展中国家提供中国实践和经验。

二、课题研究意义

"乡村兴则国兴，乡村衰则国衰"，中国几千年的发展历史中长期是以农业大国的姿态出现，处理好乡村问题的王朝往往更加强盛和富有生命力，在中国进入社会主义建设新时代、全面建成小康社会、实现中华民族伟大复兴的道路上，乡村振兴战略具有重大的理论意义与现实意义。

理论意义：学术界对乡村振兴战略的研究整体还比较碎片化，还处在向大众宣传的泛化阶段，其建设的理论体系尚不健全，还未形成一个成熟、完整的体系；建设统计资料较为缺乏、不规范，研究方法单一，较难取得有深度的研究成果。在内容上，国内学者除对定义、类型有较多研究外，更多关注与具体地区相适应的开发模式。因此，本书关于"乡村振兴战略"的理论与实践研究，其成果能进一步反映乡村建设现实状况，为乡村振兴战略的实践提供一些理论借鉴。

现实意义：2010 年人口普查报告显示，我国乡村居民人口总数达 67415 万人，占全国人口总数的 50.32%。农村作为我国的基层社会，其能否健康有序地发展，实现农村经济、政治、文化、社会、生态"五位一体"协同建设，关系我国全面建成小康社会、实现中华民族伟大复兴中国梦的进程。本书探讨"乡村振兴战略"顺应新时代乡村发展的需要，通过对乡村建设现状的调查研究，有利于发现乡村建设中存在的问题，进一步改善乡村建设，为"实施乡村振兴战略"的落地生根提供方法路径。

第二节　研究综述

一、乡村振兴的内涵及战略意义

乡村振兴战略的提出是党解决"三农"问题、促进城乡发展、实现社会主义现代化的重要战略判断，是关于农民获得美好生活的重要战略规划，具有重要的战略意义与时代意义，因此避免在执行中走弯路至关重要。姜长云（2018）认为有五种倾向需要规避，一是规避战略问题战术化倾向，指出乡村振兴不能急功近利，要加强顶层设计，减少风险，增强可持续性。二是规避发展目标浪漫化、理想化，积极稳健地推进乡村振兴可持续发展，强调了实事求是的重要性。三是规避振兴方式单一化和"一刀切"倾向，着力推进乡村全面、有机和多样化、特色化振兴，强调了因地制宜的重要性。四是规避体制机制改革工程化和政策支持盆景化倾向，着力推进广大农民在共商共建共治共享中有更多获得感，强调了解决农民在市场中的不平等和促进公平的重要性。五是规避支持重点错乱化和"三农"配角化倾向，有效辨识乡村振兴的引领者、参与者和侵蚀者，强调了发挥农民的主体作用，防止本末倒置。廖彩荣和陈美球（2017）认为乡村振兴战略核心是"战略"、关键是"振兴"、靶向是"乡村"，推动乡村振兴战略，需要完善设计，科学规划，统筹城乡，坚持农民的主体地位，推动城乡融合，三产融合，紧紧抓住人、地、钱核心要素，实现城乡共同发展。

二、乡村振兴战略面临的现实困境

关于推进乡村振兴战略的难点所在，相关学者经过深入研究分析，主要观点集中在以下三方面：

1. 乡村人才短缺的难题

魏后凯（2018）认为，乡村振兴关键难题是乡村人才短缺的难题。实施乡村振兴战略，急需一大批有文化、懂技术、会管理、善经营、爱农村的实用型人才，尤其是现代农业、农产品加工、公共服务、公共管理、新兴服务业等领域的技术人才和管理人才。朱启臻指出，21世纪以城市发展为中心的城镇化政策导向，像"抽水机"一般将人才抽送到城市，而城市人才下乡和返乡则有许多限制，城乡之间的不平衡发展直接导致乡村价值的失位。姜长云（2018）指出工农城乡发展失衡和"三农"发展不充分，导致了广聚天下人才、优化乡村人才引进和开发利用机制的难度增加，所以人才支撑不足成为实施乡村振兴战略面临的瓶颈制约。因此创新乡村人力资本引进和开发利用机制，强化乡村振兴的人才支撑，成为实施乡村振兴战略的难点之一。

2. 建设资金不足的难题

魏后凯（2018）强调，目前我国农村基础设施和公共服务还严重滞后，远不能适应农民日益增长的美好生活需要。实施乡村振兴战略，从产业振兴、文化发展到人居环境改善，都需要投入大量的资金。而农村自我积累能力有限，投融资渠道不畅，资金有效供给严重不足。李创和吴国清基于农村商业银行实践的SWOT分析，得出农村商业银行作为支农的关键力量，由于资本的趋利性，农商行更愿意将资本投放给高净值客户。姜长云（2018）认为"三农"发展中投入保障的不足加剧了乡村振兴中拓宽投融资渠道和强化投入保障机制的难度，要推进乡村从衰败向振兴的转变，必须突破投入上的"临界最小努力"。

3. 农民持续增收的难题

魏后凯（2018）说，农民增收越来越依靠工资性收入，尤其是外出打工的工资性收入，农业和财产性收入对农民增收的贡献较低。这种建立在农业农村之外的城市导向型农民增收模式是难以持续的，而且很容易导致农村的凋敝和衰败。刘合光（2018）认为，乡村振兴关键难题集中表现在：一是城乡之间，发展水平差距依然较大；二是"三农"内部，农业供给质量、综合效益和竞争力不高，农民增收后劲不足，农村自我发展能力较弱。李国祥（2018）认为随着现代化的不断推进，农业在国民经济中比重不断趋于下降。我国第一产业占国民经济比重已经下降到 9% 以下，未来还会进一步下降。加之农业机械化水平的提高和农业社会化服务的发展，导致直接从事农业生产的劳动力不断减少。乡村如何能够给农民拓宽增收渠道成为乡村振兴不可忽视的难点。

三、对乡村振兴战略发展着力点的研究

在推动产业振兴方面，陈文胜（2019）提出，产业兴旺是乡村振兴战略的重中之重，所以推进产业发展要以品牌引领产业优化，以科技创新驱动产业提质，以城乡融合激发产业活力，以适度规模经营补齐产业短板，以"园""区"建设促进产业集聚。魏后凯（2019）认为乡村振兴的核心和关键是产业振兴。产业兴旺，则经济兴旺。如果缺乏产业支撑，或者产业凋敝，乡村振兴将成为空中楼阁。加快振兴农村产业要做到：首先，坚守耕地红线，严格划定和永久保护基本农田，确保国家粮食安全；其次，大力发展现代高效农业，全面推进农业现代化进程；最后，充分挖掘和拓展农业的多维功能，促进农业产业链条的前后向延伸和农业与二三产业融合发展，着力发展农产品精深加工和农村新兴服务业。周立和李彦岩等（2019）通过分析乡村衰落的形势，梳理乡村振兴的国际经验，指出实现乡村振兴的出路，关键在于走好产业融合发展的道路。李国祥（2018）提出产业兴旺是乡村振兴战略的重中之重，实现产业兴旺的同时要处理与经济增长、城镇化、农产品供给保障和农民增收、农业现代化以及农村全面深化改革等之间的关系。

1. 优化人居环境

魏后凯（2018）指出，按照生态宜居的要求，全面改善农村人居环境，建设功能完备、服务配套、美丽宜居的新乡村，是实现乡村振兴的重要前提。李周（2018）认为，生态宜居的重点除村容整洁，村内水、电、路等基础设施的完善，免费义务教育、新型农村合作医疗等基本公共服务的改善，还包括以敬畏自然、顺应自然、保护自然的生态文明理念纠正单纯以人工生态系统替代自然生态系统的行为，保留乡土气息、保存乡村风貌、保护生态系统、治理环境污染、减轻生态压力，实现人与自然和谐共生，让乡村人居环境绿起来、美起来。袁金辉（2018）提出人居环境已经成为乡村振兴的重要障碍，必须发展绿色农业和绿色养殖，改善农民居住环境，使乡村环境走上制度化、规范化的道路。蒋和平指出，乡村振兴的重点就是要把各种项目落到实处。一是要改善农村基础条件，完善农村交通、水利、通信和生态环保等设施；二是提高农村公共服务水平，推动教育、医疗、文化、养老、社会保障等基本公共服务资源向农村倾斜；三是着眼于提高农村居民收入，深化农村配套改革。

2. 促进乡村文明

魏后凯（2018）强调振兴和繁荣乡村文化，促进乡村文明，是乡村振兴的重要根基。如果乡村文化衰败，不文明乱象滋生，即使一时产业旺盛，也难以获得持续的繁荣。李周（2018）的看法是乡风文明是乡村振兴不可忽视的内容，实现乡风文明就要形成"四风"，一是尊重他人利益蔚然成风；二是守约守法蔚然成风；三是守望相助蔚然成风；四是敬畏生态蔚然成风。高兴明（2018）认为保障农村孩子享有公平和有质量的教育、开展农村文化活动和医疗卫生资源下沉是事关农民切身利益的三个重要内容，也是振兴乡村的工作重点。于法稳（2018）指出实施乡村振兴战略是在推进融生产、生活、生态、文化等多要素于一体的系统工程，文化是乡村振兴战略的灵魂，在乡风文明建设过程中，必须强化农村原生态文化的建设与传承，避免把过多的现代化元素和城市元素引入农村。郭晓鸣（2018）提出，促进乡村文化繁荣兴盛，推进乡风文明新发展是实施乡村振兴战略的重要内容，必须协调处理立足本土和吸收外来、面向现代化和面向未来的关系，培育好乡村文化自信，坚持在开放包容中提升自我，培育文化特质和核心竞争力。

3. 促进城乡融合

刘先江（2013）认为要促进城乡融合，必须改变偏城市的发展战略，平等城乡权利，实现城乡资源自由流动，限制城乡要素流动的体制机制因素需要改变。侯风云和张凤兵（2007）对中国农村人力资本投资外溢与城乡差距的关系进行了实证检验，认为缩小中国城乡差距，必须加大对农村的人力资本投资，同时要加强政府对农村的基础设施投资，为农村人力资本作用的充分发挥创造条件。丁谦和曾庆均（2010）认为统筹城乡发展背景下，农业现代化是农业发展的必由之路，指出我国农业现代化必须通过推进农业内生增长得以实现，并依靠相应的政策措施得到保障，农业技术的进步是内生增长的关键。王德文和何宇鹏（2005）指出在中国经济转型过程中，城乡差距并没有随着经济增长而缩小，反而越过了改革初始的水平，其成因是资源配置扭曲、收入分配倾斜与部门间技术进步不平衡三者共同作用。

四、乡村振兴战略的保障机制研究

杨汉平（2018）认为要通过司法加强对乡村振兴的法治保障，人民司法是一种规范乡村市场、规范利益格局和规范维护秩序的法治机制，它可以调动一切人力物力财力，借助市场和公平竞争与便利的交易，实现乡村由产业振兴、人才振兴、文化振兴、生态振兴、组织振兴汇集成的全面振兴，实现城乡的共同发展与全面进步。李丽丽和赵雪（2018）认为实施乡村振兴战略，需要有强有力的保障机制，既要健全投入保障制度，又要创新投融资机制。提出要加强乡村治理体系，建构和完善法律政策体系，提供信息技术保障和人才保障。张宏斌（2018）认为乡村振兴应着重加强金融保障，金融支持乡村振兴并不应该以简单的供给量的增加来衡量，要着重与乡村振兴的内在需求匹配，也就是说金融供给要更精准、更有效、更可持续。以往的事实是，在制定指导意见或考核评估办法时，容易以"增量"和"增长率"为主要指标，忽略了不同区域的实际情况，忽略了结构性的供需匹配问题，忽略了可持续性的问题，这容易导致金融资源的无效投入以及供需之间的错位。由此，政府和监管部门应该给予金融供给主体更大的自主权。

五、国外经验对于我国乡村振兴发展的启示

卢泓举（2010）通过对中、日、韩三国农业政策的研究分析指出，我国农业政策可以借鉴日本、韩国的经验，即健全法律体系，坚持政策主导的以工补农，完善和转变农产品流通政策，推行"一改""一转"的农业保护政策，建立农村社会保障体系。番绍立（2016）认为农业补贴对农业生产和增收都将产生积极影响，在补贴目标上应从刺激直接生产转向促进农业可持续发展上，在补贴对象上要从普惠性的补贴转向普惠制与新型经营主体特惠制上，在补贴机制上要从直补转向直补与市场机制相结合，增强补贴的效率。吕晓英和李先德（2014）对美国农业政策进行研究，指出美国对农业生产者的补贴出现降低的趋势，对农业消费者的补贴逐渐提升，同时美国的农业政策更加偏向可持续性、公平以及提升农业的长期竞争力，我国可以借鉴美国在立法、补贴、农业保险、资源与环境保护以及农业保障体系方面进行改良的经验，提升竞争力。张士云等（2014）通过对美国和日本农业规模化经营过程的研究，指出中国农业规模化的过程可能比美国、日本两国时间更短，家庭农场是农业规模化的必由之路。

六、推进乡村振兴战略发展的对策建议

乡村振兴战略的实施路径是研究的重点，林魏艾（2018）认为城市经济以及城镇化的发展，导致农村经营主体数量结构单一，进行乡村振兴的事实主体"缺位"，这种缺位形成新的人口红利，城归人口拥有的资金、技术、管理经验以及乡土情感是实现乡村振兴的重要助力。农村现实的空心化、老龄化一定程度上导

致乡村的衰败，也提高了振兴的难度，因此促进出乡人口返乡创业能够弥补乡村内部不足的问题，劳动力问题是乡村振兴战略的重点也是难点。张军（2018）认为随着乡村宏微观条件的变化，乡村价值有了很大的提升，其根据中外乡村振兴的经验，指出编制乡村振兴法，设置乡村振兴机构，采取主要领导负责制，以市场经济为基础是实现乡村振兴和可持续发展的重要保障。张京祥、申明锐和赵晨（2014）指出中国乡村存在生产主义以及后生产主义双重背景，提出振兴乡村应从两方面入手，外在彰显乡村的独特性，表现出乡村在城乡关系中的特殊地位，内在流通城乡要素，丰富乡村经济组织形式，以及完善要素分配。叶兴庆（2018）认为我国仍然是城乡二元结构明显的国家，要实现乡村振兴，必须牢牢把握农业农村优先发展和城乡融合发展两大原则，"人、地、钱"是关键，即优化农业人口结构、保障乡村建设用地、促进资金向农业农村流动等。蔡克信、杨红和马作珍莫（2018）认为乡村旅游与乡村振兴有很好的耦合性，是实现乡村振兴的重要路径，但因为各地情况不同，要因地制宜地发展旅游业。

七、国外研究简述

外国学者关于农业、农村的理论研究比较丰富。在此，本书仅与"三农"直接的相关问题，对国外的研究成果进行简要梳理。国外学者对于"三农"相关问题的研究大多从不同时期、不同地域的农业、农村和农民这些方面的改革、发展和变迁着手，认为全球许多农村地区正处于快速的城市化进程之中，传统农业与现代社会间原先所存在的和谐与响应被打破，现代农业、社会关系迫切需要予以重建。国内研究者经常参考一些国外研究者的研究成果和经验，其中一些代表性的观点有：

美国经济学家西奥多·W.舒尔茨（1987）在《改造传统农业》一书中提出了现代化的农业能成为经济增长重要动力的观点，认为促进农业相关技术的创新和进步必须要加大对人力资本的投资力度，积极发展农村教育。学者约翰·梅尔（1998）在其著作《农业经济发展学》一书中认为，经济条件、自然资源以及文化传统上的差异也会使得不同国家和地区选择不同的农业发展道路，并认为传统农业转变成现代农业需要三个阶段，即传统农业阶段、低资本技术农业阶段和高资本技术农业阶段。日本学者速水佑次郎和弗农·拉坦（2005）认为在农业发展中各国家地区资源禀赋的不同及其相对稀缺性会导致相关部门对农民进行相应的技术选择诱导，并据此提出"诱发性技术创新"理论。此外，还有学者 Goderey（2005）等对乌干达政府的制度安排和农业政策进行了分析，并对其在农业现代化进程的影响和消除贫困等方面的作用进行了研究。学者 Downing（2005）等在对纽约、明尼苏达等进行实践研究的基础上，探究了何种新型农业组织对于农业的发展更有效率和在农业现代化中新型农业合作组织所起到的促进作用。学者Lohmar（2009）等在报告中对中国近30年来的农业现代化发展情况进行了研究并论证了中国农业现代化所取得的成就和面临的挑战。学者Merwe（2012）对中小规模的家庭农场进行了探索。

通过文献查阅发现，国外学者普遍认为农业仍旧是土地最主要的用途，但农村地区正从所谓的"生产区域"向"消费区域"转变；要实现农业增值与农民增收，就要由土地的分散经营向规模经营转变；"农民"是一个职业概念，指的是从事农业生产的劳动者，要实现农业现代化，农民必须能够得到现代的投入等，这些研究成果都具有较大的借鉴价值。

乡村振兴战略作为党的十九大提出的重要发展战略，在近年来受到了广大学者的关注与研究，研究推进速度很快，显示出广大学者对于实现乡村振兴伟大目标的热情与努力。第一，乡村衰败的现状得到更多的认同，对乡村衰败的表现、特征、成因的研究日益充分，提供的解决思路与方法已经形成一定的体系。第二，对乡村振兴战略的政策研究占据了近年来研究的主要部分，能够很好地帮助研究者对政策的理解。第三，乡村振兴的路径研究也是研究的重点区域，学者们认为乡村振兴一要抓住"人、地、钱"等生产要素，二要创新发展方式。第四，国内学者进行的国内外对比研究覆盖的区域和国家更加广阔，给研究的推进提供了更广阔的思路与经验，对我国实现乡村振兴具有重要的借鉴意义。第五，城乡融合作为乡村振兴的重点得到了越来越多的重视，城乡关系成为重要的切入点，乡村振兴的研究逐渐切入体制与机制，寻求城乡整体上的改革。农业农村问题作为经济研究的重要区域，国外学者对此也做出了很大的贡献，在乡村振兴的研究中，不同区域的学者提供的思路不同，亚洲学者通常倾向于发挥国家作用与乡村居民自力更生相结合的方式，欧美学者倾向于多样化和国际化方式，体现出各区域农业农村发展的鲜明特点。

第三节　研究框架与思路

一、研究框架

本书主要围绕以下四部分内容进行研究：

第一部分：梳理中华人民共和国成立以来历次乡村建设的理论发展与实践，

重点整理习近平立足我国农村建设发展实际所形成的"三农"思想，包括主要内容、理论创新、历史地位和现实意义等。

第二部分：新时代乡村振兴战略体系的目标、阶段与步骤研究。旨在阐明新时代乡村振兴战略是一项系统的建设工程，本部分内容侧重于突出新时代乡村振兴战略的特点，即时代性、区域性、独特性。

第三部分：新时代乡村振兴战略体系的重点问题研究。本部分重点研究农业科技进步、农业结构调整、农业产业化、农村经济合作组织、新农民培养等。

第四部分：新时代乡村振兴战略体系的实现路径研究。主要从政府规划整体布局、拓宽乡村财政投融资渠道、提高公共产品供给水平、完善乡村治理、鼓励社会共建等方面进行阐述。

二、研究思路

首先，通过文献资料收集，形成与本书相关的系列问题（见图0-1）。在充分了解、消化材料的基础上，完成相关部分的研究内容。其次，运用社会调查相关技术，形成抽样调查样本框，设计调查方案，选择调查对象，分析调查案例，完成相应的研究内容。再次，围绕研究内容邀请专家，组织专题小组访谈，纠正、补充进而完善研究内容。最后，课题组成员分工协作完成最终专著。

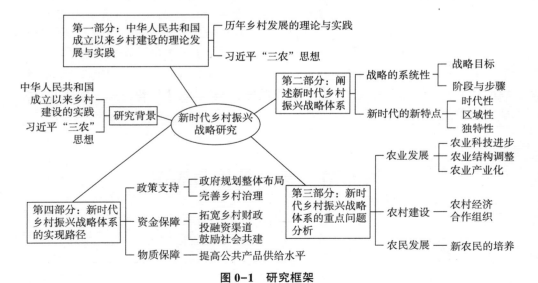

图0-1　研究框架

第一章
我国乡村建设历程

　　乡村建设是关系农村社会经济发展和稳定，关系国家繁荣昌盛和长治久安的重大问题，受到党和国家的高度重视。中华人民共和国成立后，乡村建设经历了从城乡二元分治到城乡融合发展的过程。从"耕者有其田"的土地改革到农业的社会主义改造再到农业生产责任制的推行，我国乡村建设既有符合发展规律、促进经济前行的正确探索，也有因受"左"倾错误影响而偏离路线造成乡村发展放缓的错误决策。改革开放以来，我国从农业体制改革入手，探索出一条具有中国特色社会主义的乡村建设之路，进而翻开了乡村建设工作的新篇章。2004年以来，历年中央一号文件的主题始终聚焦于"三农"问题，针对乡村建设中的短板和问题进行调整，有力推进了社会主义新农村建设。党的十九大提出了乡村振兴战略，为乡村建设描绘出了更加灿烂的蓝图，对新时代乡村建设的总体布局和科学定位、对准确把握国情农情和现代化建设规律有着重要的意义。

第一节　乡村建设的探索时期（1949～1978年）

　　农业是国民经济的基础，党和国家高度重视农业建设与发展。中华人民共和国成立之初，我国的农村面貌破败不堪。摆在党面前的首要难题就是如何恢复和发展农村经济秩序，解决农民的生计问题。土地改革结束了中国长达两千多年的封建土地所有制，获得土地的农民积极投身农业生产，走上农业合作化道路，社会主义制度在乡村建立。农村经济的迅速发展，有力地支持了我国工业化建设，使农业在国民经济的基础地位得到确立。

　　在全面建设社会主义的浪潮中，中央颁布了一系列推动乡村建设的政策。但受到国内外复杂环境的影响，这些政策的制定既有符合农业发展规律的正确实践，也有受"左"倾错误影响而造成的发展放缓。在艰苦的探索中，中国共产党坚持将马克思主义与中国社会主义建设的实际相结合，始终将维护广大人民群众的根本利益放在首位，逐步把握住乡村建设的方向和目标。

一、过渡时期的乡村建设（1949~1956年）

我国的乡村建设始于满足国家工业化发展和城市建设的需要。1949年3月党的七届二中全会确定了将中国从农业国建设成为工业国的经济发展目标，做出了将工作重心向工业化建设和城市建设上转移的决定。工业的发展和城市的建设离不开农业的支持，农业的基础地位不可动摇。土地改革彻底废除了封建土地所有制，建立了以"乡"为单位的基层政权，为社会主义制度在农村的确立奠定了基础。

（一）彻底废除封建土地所有制

中华人民共和国成立之初，国民经济几近崩溃，农业生产严重破坏。以粮食生产为例，1949年农民实际人均年占有粮食只有100公斤左右，吃饭问题都无法解决。超过半数的土地被不到全国人口10%的地主富农控制，农民的土地占有率极低。残余的封建生产关系不仅使广大农民长期处于极端贫困状态，也阻碍了政治稳定和国民经济的恢复发展。面对这一局面，中国共产党把恢复国民经济作为经济工作的中心任务，解决几亿人的温饱成为了亟待解决的问题。

1950年6月，中央人民政府颁布了《中华人民共和国土地改革法》，明确规定实行农民的土地所有制，借以解放农村生产力，发展农业生产，为中国的工业化开辟道路。这次土地改革是在总结解放战争时期土地改革经验的基础上进行的，在全国范围内消灭封建制生产关系，彻底消除地主的土地所有制，满足了农民对土地的渴望，增强了农民生产的积极性。到1952年底土地改革基本完成时，全国3亿农民获得了"约7亿亩土地和大量的农具、耕畜、房屋等生产、生活资料，免除了过去每年向地主缴纳的700亿斤粮食的超重地租"。[①]农业生产迅速恢复和发展起来，并呈现出逐年上升趋势，全国耕地面积不断扩大，农业生产总值逐年提高，粮食产量极大提升。"1952年全国农业生产总值比1949年增长48.5%，1950~1952年粮食每年平均增长速度达12.9%"[②]。

土地改革彻底消灭了中国存续2000多年的地主阶级，农村的土地制度发生了根本性的转变，实现了千百年来农民"耕者有其田"的美好愿望，农民成为

---

①②　国家统计局. 伟大的十年［M］. 北京：人民出版社，1959.

了土地的主人，这也成为他们劳动生产的巨大动力。农业生产的快速恢复发展，为国家工业化发展准备了充足的原料和物资，为国家工业化的起步奠定了基础。

土地改革改变了传统农业社会地主—农民二元阶层的阶级结构，地主的土地所有制被废除，使"原有的血缘、地缘性的半自治的乡村权力体系失去了经济基础。一向主导村民社会生活的乡绅族权也随之宣告瓦解，代之而起的是国家正式的组织机制"[①]。土地改革强化了党对农村工作的管理，为乡村基层民主政权的建设奠定了经济基础。

（二）初步建立乡村基层政权

中华人民共和国成立后，中央政府在解放区县、区、村三级政府组织的基础上组建了新的农村基层政权。1950年中央政府颁布了《乡（行政村）人民代表会议组织通则》《乡（行政村）人民政府组织通则》，从而为农村基层政权的建设提供了标准和法则。以"乡"为单位的人民民主政权成为了农村基层组织，是党领导群众进行农业生产和行政管理的重要机构。乡村基层政权的建立，既能有效巩固和保障农村土地改革的顺利实施和推进，又能巩固和完善土地革命时期以来党在农村民主政权建设的成果，扩大农村民主政权的合法性与正规性。

在完善基层政权的同时，中共中央开始在农村推进基层党组织建设。整风整党工作重心从城市转向农村。1952年中央开始部署区乡两级的"三反运动"，将反贪污、反浪费、反命令主义作为农村"三反"的主要内容，肃清了党和国家干部队伍中的腐败分子，教育了大多数干部，发扬了廉洁朴素和团结民主的作风。同年5月，中央下发了《中共中央关于在"三反"运动的基础上进行整党建党工作的指示》，强化和完善农村党组织，扩大基层组织的规模，进一步加强党对农民群众的领导作用和农村中各项建设工作。

通过农村的整党和建党工作，中央加强了对基层的领导，巩固了农村基层组织，更好地推动了农村土地改革的深入和农业生产的恢复和发展，为进一步推动爱国增产运动、推动农民走上合作互助化道路奠定了重要的组织基础。

（三）农业的社会主义改造之路

"耕者有其田"的农民土地所有制本质上仍是落后的小农经济。先进的生产技术无法在小农经济模式下大规模推广，难以抵御突如其来的自然灾害。长期的分散生产还会滋生生产资料私有化，导致贫富分化。从长远发展趋势看，对社会主义制度的发展必会产生严重的阻碍。为了避免个体农民走向资本主义道路，早

---

① 彭新万. 我国"三农"制度变迁中的政府作用研究（1949-2007年）［M］. 北京：中国财政经济出版社，2009：79.

在党的七届二中全会就提出了在全国胜利并解决了土地问题后，对于获得土地的农民要合理引导其走向社会主义集体经济。中国人民政治协商会议第一次全体会议通过的《共同纲领》明确规定在土地改革完成后"应引导农民逐步地按照自愿和互利的原则，组织各种形式的劳动互助和生产合作"①。

1. 农业互助合作的初步探索

1951年12月，中共中央通过了《中共中央关于农业生产互助合作的决议（草案）》，对开展农业生产互助提出了三方面的指导意见。一是注意教育引导群众逐步认识劳动互助和生产合作的优越性，启发农民由个体经济逐步过渡到集体经济。二是要根据不同地区采取不同方式：在新解放区和互助运动薄弱的地区发展临时性、季节性的初级劳动互助方式；在有初步互助运动基础的地区推广常年的互助组，采取多种形式进行互助合作；在互助经验丰富且有比较坚强的领导骨干的地区实行以土地入股为特点的土地合作社。三是纠正了对农业互助合作的错误态度，总结经验教训，贯彻自愿、互利的原则推行农业生产互助合作制度。

互助合作的生产方式既能帮助农民克服生产中存在的问题，让农民互通有无取长补短，弥补农业生产资料不均衡不充分问题，又可以在一定程度上进行小规模化生产，提升农业生产效率。到1952年底，全国已经有近40%的农民参加了农业生产互助合作组织，绝大多数参加的是互助组。通过农业生产互助合作的方式，既解决了土地改革后农民面临的生产物资不均衡、农业基础设施不完善的问题，又用选择面多、灵活多样的方式，极大提高了农民的生产积极性，加快了农村经济的恢复与发展，为推动农业全面向社会主义过渡打开了良好的基础。

2. 农业生产合作社的推进

经过一系列重大经济举措的调整，到1952年底，国民经济开始复苏，迅速摆脱经济落后局面进而实现国家工业化成为全面经济建设的重要任务。优先发展重工业成为"一五"计划的重点。这一战略需要国家强化对资源配置的管理调控，包括农业在内的各项经济成分都要服从服务于国家重工业建设。但农业生产的落后性和小农经济分散性导致农业增长缓慢，无法满足工业化发展和城镇人口增长的需求。"粮食、棉花的供求也都有极大的矛盾，肉类、油脂不久也会出现极大矛盾。需求大大增加，供应不上。从解决这种供求矛盾出发，就要解决所有制与生产力的矛盾问题"②。如果不能引导个体农民走农业合作的社会主义道路，不仅无法改善农民生活状况，也会影响农业生产发展，无法为工业发展提供必要的粮食、轻工业原料、工业品市场和积累工业发展的资金等条件，从而成为工业发展的严重制约因素。因而对私有制的小农经济进行改造，使之转变为社会主义

---

① 白雁. 中国人民政治协商会议共同纲领 [M]. 上海：联益出版社，1950.
② 黄道霞. 建国以来农业合作化史料汇编 [M]. 北京：中共党史出版社，1992.

经济成分，是我国农业的唯一出路。

1953年中共中央正式提出了党在过渡时期的总路线，要在一个相当长的时期内，逐步实现社会主义工业化，并逐步实现国家对农业、手工业和资本主义工商业的社会主义改造。总路线的提出，拉开了土地私有的小农经济向社会主义过渡的历史新阶段。同年12月，中共中央通过了《关于发展农业生产合作社的决议》，肯定了两年来农业生产互助合作的正确方针政策，总结了农业生产合作社的优越性和重要作用，提出了必须采用说服、示范和国家援助的方法使农民自愿联合起来，走先合作化、后机械化的道路。通过互助合作的方式，逐步实现农民从互助组、初级农业生产合作社到高级农业生产合作社这种由低到高、由分散到集中的过渡。在改造过程中继续贯彻执行依靠贫农、中农，限制富农的政策，把党的政治工作和经济工作密切结合起来，逐步实现农业的社会主义改造。该决议成为过渡时期农业社会主义改造的指导方针。

随着国家基础设施建设的全面铺开，城市和工矿区人口迅速增加，对粮食和农产品原料的需求不断增加。但基础设施薄弱、生产水平落后的农业无法满足工业发展需求，一度出现了农副产品供应紧张的现象。为更好地支援工业建设，1954年春第二次全国农村工作会议将第二年合作社发展目标提高到35万个，掀起了全国建社浪潮。由于这一时期多为初级社，实行资源互利原则，农民的自主选择性较强，且得到国家政策的大力扶持，合作社的优势比个体生产明显，农民入社比例大大提升。到1955年春，全国农业合作社达到65万个，远远高于原定计划。

1955年7月，毛泽东在视察各地农业合作社发展情况的基础上，作了《关于农业合作化问题》的报告，认为新的社会主义群众运动高潮就要到来，提出了加快发展农业合作化的要求。同年10月召开的党的七届六中全会通过了《关于农业合作化问题的决议》，对合作化速度提出了进一步要求，掀起了全国农业合作化的高潮，许多农民在很短的时间内就从私有制的个体农民变成了公有制的高级社员。1956年1月中共中央制定的《1956年到1967年全国农业发展纲要（修正草案）》，成为我国农业发展的纲领性文件。到1956年底，87%的农民加入了高级社，少部分农民在初级社，仅有0.7%的农民是个体经营，农业合作化基本完成。原本计划用10~15年的时间完成的农业社会主义改造仅用了不到四年的时间便完成了。

农业社会主义改造的完成，是中国共产党对马克思主义关于农业社会主义改造理论的运用和发展，实现了农业经济从个体私有制向社会主义集体所有制的转变，使我国的经济结构和政治状况发生了深刻的变化，推动了社会主义建设向前发展。农业经济得到快速发展，粮食产量稳步增长，1953~1956年的农业总产值年增长为 4.8%，达到历史最高。这是中国历史上一次伟大的变革，五亿多农民走上了社会主义道路，进一步巩固了以工农联盟为基础的国家政权。但这次改造也存在一些问题，农业的社会主义改造要求过快过急，形式过于单一，导致部分农民的利益受损，为农业长期发展带来了不利影响。

二、社会主义初期的乡村建设（1956~1966 年）

农业、手工业、社会主义工商业的社会主义改造的完成，标志着社会主义制度的确立，中国进入全面建设社会主义时期。在探索社会主义建设过程初期，中国共产党从实际出发，确定了农业在国民经济中的基础地位，制定了一系列正确的农业发展路线，推进了社会主义集体经济的发展。但受到"左"倾错误的影响，农业生产过度追求速度，导致乡村建设产生了一些问题。面对这些问题，党和国家及时进行调整，八字方针的提出和"七千人大会"的召开，一定程度上纠正了农业生产中"左"的问题，推动乡村建设继续发展。

（一）奠定农业的基础地位

毛泽东十分重视农业在国民经济中的基础作用。1956 年 4 月的中央政治局会议上，他发表了《论十大关系》，在谈到重工业和农业、轻工业的关系问题上，毛泽东同志指出，"我们现在发展重工业可以有两种办法，一种是少发展一些农业轻工业，一种是多发展一些农业轻工业。从长远观点来看，前一种办法会使重工业发展得少些和慢些，至少基础不那么稳固，几十年后算总账是划不来的。后一种办法会使重工业发展得多些和快些，而且由于保障了人民生活的需要，会使它发展的基础更加稳固"[1]。这次讲话明确提出了农业是国民经济基础的战略思想，强调发展国民经济必须重视农业发展。

中共八大提出的"既反保守又反冒进，在综合平衡中稳步前进"的经济建设路线，为农业经济良好发展指明了正确的方向。1957 年的最高国务会议上，毛泽东在《关于正确处理人民内部矛盾的问题》的讲话中再次强调了农业的重要地位，"我们是一个农业大国，农村人口占全国人口的百分之八十以上，发展工业必须和发展农业同时并举，工业才有原料和市场，才有可能为建立强大的重工业积累较多的资金"[2]。1957 年 10 月召开的党的八届三中全会上毛泽东再次强调"必须实行工业与农业同时并举，逐步建立现代化的工业和现代化的农业"[3]。

---

①② 毛泽东选集（第 5 卷）[M]. 北京：人民出版社，1977：268-269.
③ 毛泽东文集（第 7 卷）[M]. 北京：人民出版社，1999：310.

在苏共第二十次代表大会和中国社会主义改造完成的影响下，中国共产党充分运用马克思主义思想与中国实际"第二次结合"，在社会主义建设当中进行了一系列的正确探索。以农业为基础的战略思想是这一时期探索的重要成果，对指导中国社会主义建设，合理调整国民经济重大比例关系起到了重要作用。但由于这一时期的探索受到反"右"派斗争扩大化和党内"急于求成"情绪的影响，导致了中共八大前后的正确探索很快被"左"的错误思想所否定，逐渐脱离实际，给中国经济建设造成了严重的影响。

（二）农村的"左"倾之风

1957 年"一五"计划提前完成，极大提高了全国人民建设社会主义的热情，也增强了党领导经济建设的信心。全国上下群情激奋，人们期望用更短的时间改变中国"一穷二白"的落后局面。受到这种情绪的影响，在经济建设的巨大成就面前，人的主观能动性被夸大，社会主义建设的长期性和艰巨性被低估，导致了经济建设上出现了忽略经济发展规律、急于求成的"左"倾之风，破坏了党在社会主义建设初期的正确探索。

在全国人民建设社会主义热情高涨的时候，1957 年 11 月 13 日《人民日报》发表社论，提出了要在生产战线上来一个大跃进，以掀起农业生产和农业建设的高潮。自此，拉开了农业"大跃进"的序幕，1958 年 5 月召开的中共八大二次会议，提出了"鼓足干劲，力争上游，多快好省地建造社会主义的总路线"农村建设上的"左"的问题更加明显。

在实行农业生产合作化过程中，由于半社会主义性质的初级社规模小、人数少、资金短缺，不能开展大规模现代化的农业生产。为了改变这种贫穷落后的局面，加快建设社会主义的步伐，1958 年开始人民公社化运动。

人民公社的主要特点是"一大二公""政社合一"。"一大二公"是人民公社的基本特点。"一大"，即规模大，人民公社是将农业高级合作社整合为规模更大、经营范围更广的"大公社"，增加人口基数，扩大耕地面积，把单一的农民生产转变为工农商学兵一体、农林牧副渔业综合经营的高度公有化的农业现代化大生产。这一时期，全国 70 多万个农业生产合作社被合并为 2.6 万多个人民公社。过快过度的合并导致合作社内部出现了投机倒把、生产资料界定不清、分配机制不完善等问题，影响合作社的发展和农民的生产积极性。"二公"，即公有化程度高。合作社中的私有成分全部归公社所有，公社成员通过劳动获得工分的形式换取生活资料。单一的公有制形式成为人民公社的最大特点。

"政社合一"是人民公社的基本组织和管理制度。"政社合一"的方式将农民、农村、农业全部纳入人民公社的管理当中，形成了"以公有制和高度计划经济为基础，将政治、经济、社会、意识形态和资源分配与再分配，社员个人生产、生活等全部包括在内的'一大二公'的管理体制"①。1962 年中共八届十中全会通过了《农村人民公社工作条例（修正草案）》，明确规定人民公社是政社合一的组织，是农村的基层单位。

（三）农业的调整恢复

"大跃进"运动追求大建大办，过高的指标导致了有限的资源被过度使用，追求平均主义和无偿调拨的"一平二调"打击了农民的生产积极性。面对这些问题，从 1958 年的郑州会议开始，毛泽东对当时出现的过于冒进的趋势予以批评，并进行初步纠正。但党内对党的工作和当前形势估计存在严重分歧，导致1959 年 7 月在庐山召开的政治局扩大会议从巩固纠"左"成果变成了反"右倾"斗争。这场斗争打断了经济上纠"左"的进程，在政治上使党内的民主生活受到了严重破坏。1959 年开始，国内出现了严重的自然灾害，加之苏联政府背信弃义撕毁合同、撤走全部专家，直接导致了国民经济在 1959～1961 年出现严重困难。"我国农业生产净值下降幅度超过 10%，粮食连年减产，1960 年粮食总产量只有 2870 亿斤，同 1957 年相比，粮食减产了 1031 亿斤，下降幅度达 26.4%，降到比 1951 年还略低的水平"②。

三年困难时期使党中央认识到了事态的严重性。1960 年毛泽东在《十年总结》中认识到了"大跃进"期间所犯的错误，重新强调实事求是的原则。"这对于打破盲目追求数量、速度，正视现实困难，寻找摆脱困境的途径，是一个具有积极意义的启示"③。1960 年 11 月中共中央发布《关于农村人民公社当前政策问题的紧急指示信》，纠正人民公社化初期的"一平二调"的错误，允许农民保留少量的自留地和小规模家庭副业，逐步恢复农村集市，活跃农村经济。农业和农村经济开始进入调整时期。

从 1961 年开始，中央多次召开会议进一步修正"大跃进"和人民公社化运动中的一些错误政策和指示。1961 年 1 月，中共八届九中全会通过决议，提出了"调整、巩固、充实、提高"的八字方针，"根据经济工作中出现的农、轻、重之间、生产资料和消费资料之间，积累和消费之间比例严重不平衡问题进行调整，提高农业和轻工业的发展速度，适当控制重工业特别是钢铁工业的发展速

① 彭新万. 我国"三农"制度变迁中的政府作用研究（1949-2007 年）[M]. 北京：中国财政经济出版社，2009.

② 许传红. 中国共产党农业发展思想研究 [M]. 武汉：武汉理工大学出版社，2013.

③ 张广信. 中华人民共和国史专题研究 [M]. 西安：陕西人民教育出版社，1989.

度，精简机构，加强农业生产第一线"①。八字方针的贯彻实施和党在政治、经济方面的有力措施，推动了国民经济的恢复和发展。

1962 年 1 月，中共中央扩大的工作会议即"七千人大会"召开，总结了中华人民共和国成立以来特别是 1958 年以来社会主义经济建设的基本经验教训，指出 1962 年是国民经济调整的关键年，强调要继续做好各方面的调整工作。会议统一了全党的认识，纠正了"大跃进"以来工作中的错误，组织动员全党全国人民进一步贯彻"调整、巩固、充实、提高"的八字方针，保证国民经济持续发展，为克服经济困难起到了重要作用。"七千人大会"的召开标志着国民经济进入"三年调整"时期。我国的农业生产得到恢复和发展，农业总产值呈稳步上升状态，粮食总产量不断增加。但大会对当时的经济情况估计不足，没有认识到紧急困难的严重程度，过早地认为"最困难的时候已经克服了"。这说明党内的"左"倾错误没有完全被纠正。

三、"文革"时期的乡村建设（1966~1976 年）

1966 年 5 月，"文革"爆发，给党和国家建设、人民生产生活带来了严重破坏。由于中苏关系处于破裂状态，在美国支持下蒋介石策划一系列反攻大陆的阴谋，中国与周边国家边境摩擦不断，战争爆发威胁加剧。国际形势的严峻性导致国内形势被错估，经济建设被阶级斗争所取代，成为国家政治生活的主要内容。农业的基础作用让位于基础工业和国防工业建设，乡村经济的发展形势严峻。

（一）农业地位的调整

1965 年 5 月国家计委制定了《关于第三个五年计划安排情况的汇报提纲（草案）》，改变了之前制定的"一农业、二国防、三基础工业"的发展计划，提出了把国防建设放在第一位，重点抓三线建设，逐渐改变工业布局的计划设想。经济建设的指导思想从抓农业变为加强国防战备建设，发展的顺序由农轻重变为了重农轻。

1966 年毛泽东提出"备战备荒为人民"的指导思想，强调在三线建设的同时也不能脱离群众。备战是为了保障人民和军队的基本生活，备荒是为了防备荒年地方无粮棉油等储备，无法维持生产生活。在国家积累之外要为全体人民分散储备，以便解决本部分地区温饱问题，为备战备荒之用、为地方积累资金用于扩

---

① 中共中央党校党史教研室资料组. 中国共产党历次重要会议（下卷）[M]. 上海：上海人民出版社，1983.

大再生产所用。"备战备荒为人民"的思想体现了农业让位于国防建设，为国防建设服务的理念。

（二）农业生产的大寨榜样

大寨是山西省昔阳县的一个生产大队，自然条件极其恶劣。在支书陈永贵的带领下，大寨人民依靠集体的力量自力更生，开山造田，将"七沟八梁一面坡"的穷山沟改造成了"层层梯田米粮川"的耕地。1963年大寨遭遇了特大洪灾，几乎所有房屋都被冲毁。面对困境，大寨没有向国家要一分一毫，在陈永贵的带领下，发扬自力更生、奋发图强的精神，克服重重困难，完成了家园的重建，并按时完成了国家征购粮食任务。

大灾之年夺得大丰收，大寨创造了奇迹，得到了中央领导的高度肯定。1964年2月10日，《人民日报》发表长篇通讯《大寨之路》，向全国广泛宣传了大寨群众自力更生、战天斗地的事迹，号召全国"每一个地方，不论是山区还是平原，都要很好地学习大寨的经验"。[①] 毛泽东多次提到农业要搞大寨精神，农业主要是靠大寨精神。周恩来在1964年12月召开的中华人民共和国第三届全国人民代表大会的政府工作报告上，肯定了大寨"依靠人民公社集体力量，自力更生进行农业生产建设、发展农业生产"[②] 的做法。大寨政治挂帅、思想领先的原则，强化了基层党组织的作用，充分发挥了基层党组织的战斗堡垒作用。大寨自力更生、艰苦奋斗的精神体现了人民群众依靠集体，充分发挥生产积极性和创造性，将农民的生产劳动转化为建设农业、改变落后面貌的强大物质力量。大寨爱国家、爱集体的共产主义风格丰富了社会主义精神文明的内涵。大寨成为农业战线的榜样。

1965年《大寨式农业典型展览开幕》在北京举行。1966年8月召开的党的八届十一中全会再次号召"农业学大寨"。各地积极响应号召，大搞农田水利建设，推进农业机械化发展，涌现出了诸如红旗渠、平山、盂县等许多先进典型。1969年冬季到1970年春季，全国农田水利建设面积新增三千多万亩，达到了全国农田面积的十分之一。大寨科学种田的理念也开始深入人心，全国各地纷纷改进农业生产技术，进行各类农田科学实验，不断培育新品种，耕作技术、农作物种植技术大幅提高，粮食产量稳步提升。在学大寨、赶大寨的过程中，农业掀起了比学赶超帮的高潮，有力地促进了社会主义的建设积极性，夯实了集体经济在建设农业现代化的基础，推动了经济社会全面发展。大寨成为农业生产建设的一面旗帜，长期引领农村集体经济的发展。

---

① 胡新民. 毛泽东为何提倡大寨精神 [J]. 党史博采，2019（8）：11.
② 陈大斌. "农业学大寨"几则史实辨析 [J]. 百年潮，2014（10）：36.

（三）知识分子上山下乡

农村劳动力的变化主要表现在知识分子上山下乡运动中。1966 年 5 月 7 日，毛泽东在审阅《军委总后勤部关于进一步搞好部队农副业生产的报告》后做了重要指示，要求军队以及各行各业都要办成一个大学校，学政治、学军事、学文化，又能从事农副业生产、办一些中小工厂，生产自己需要的若干产品和与国家等价交换的产品，还要参加批判资产阶级的"文化革命"斗争。1966 年 8 月 1日，《人民日报》发表《全国都应当成为毛泽东思想的大学校》，将"五·七指示"作为"文革"时期各行各业建设的指导纲领。为了缩小城乡差距、消灭工农差别，从 1968 年开始，各地开始兴办"五七干校"，大批机关干部和知识分子被下放农村从事体力劳动，经受锻炼，重新学习。

"大批知识青年下乡，使城乡青年结合在一起，既有利于稳定农村青年从事农业生产，也有利于更快地形成一支有社会主要觉悟、有文化科学知识的新型农民队伍"①。1968 年 12 月，毛泽东发出了"知识青年到农村去，接受贫下中农再教育"的号召，知识分子上山下乡运动达到顶峰，大批中学、大学毕业生被安排到农村进行生产劳动。据统计，从 1967～1979 年，全国共有 1647 万知识青年上山下乡，占 1962 年以来人数的 92.7%。②

把机关干部、知识分子、青年学生送到农村去劳动，改造了人们的思想，将先进思想、技术带到农村，有利于改善农村落后面貌。但在实施过程中，存在着对知识青年的角色转换工作过于简单粗暴，没有完全解决知识青年返乡后续保障等问题。

（四）农村经济的局部调整

"文革"期间，老一辈无产阶级革命家坚持同反革命集团斗争，并在经济工作上积极进行整顿调整。在 1971 年粉碎以林彪为首的反革命集团后，周恩来主持工作期间，并在年底发出了《关于农村人民公社分配问题的指示》，针对农村存在的"分光吃尽"、集体增产个人不增收、分配不兑现及劳动计酬上的平均主义等现象进行调整，强调要在农民增加生产基础上增加个人收入，坚持"按劳分配"，学大寨也要从实际出发，不能生搬硬套。此后，中央增加了对农业的投入。1975 年邓小平主持工作期间开始进行各行各业的整顿工作。在讨论《关于加快工业发展的若干问题》时，重新提出了"确立以农业为基础、为农业服务的思想。工业支援农业，促进农业现代化，是工业的重大任务"③。周恩来、邓小平

---

①② 顾洪章. 中国知识青年上山下乡始末 [M]. 北京：中国检查出版社，1997.

③ 中央文献研究室. 邓小平年谱（1975～1997）（上卷）[M]. 北京：中央文献出版社，2004：83.

等同志坚持对经济进行整顿调整，重视发展农业，使"文革"时期农业经济仍然得到一定的发展，粮食产量实现了持续增长。

1976年粉碎"四人帮"后，由于政治局势尚未完全走上正轨，"左"倾错误的影响在党和国家工作中仍未有效纠正，农村经济工作仍然延续"农业学大寨"模式。华国锋在第二次全国农业学大寨会议上，要求集中力量、提前完成原计划1980年完成的将全国三分之一的县建成大寨县的目标。1977年、1978年召开的两次全国农田基本建设会议，重提农业生产的"大跃进"，在所有制问题上提出了要实现基本核算从生产队过渡到生产大队的"穷过渡"。盲目追求高指标、瞎指挥等问题再一次影响了农村发展，导致了农业生产计划未能按期完成，全国粮食产量有所下降。直到1979年1月中共中央发出了《中共中央关于加快农业发展若干问题的决定（草案）》，"农业学大寨"正式被叫停，农村经济发展迎来了新契机。

第二节　乡村建设的逐步发展时期（1978~2005年）

1978年12月召开党的十一届三中全会冲破了长期以来"左"的错误的严重束缚，批评了"两个凡是"的错误方针，高度评价了关于真理标准问题的大讨论，解放思想，实事求是，重新确立了马克思主义的思想路线、政治路线和组织路线，拉开了改革开放的序幕。国家工作重心从"以阶级斗争为纲"转移到社会主义现代化建设上来，我国农村发展遇到了前所未有的机遇，农村改革成为改革开放的排头兵。

随着以家庭联产承包责任制等土地改革政策的逐步推行，农村经济得到了极大的发展，商品经济在农村逐步恢复，乡村管理体制恢复乡镇基本单位，开启了村民自治的道路。20多年间，我国农村改革不断深化，束缚农村经济发展的计划经济体制逐步取消，乡镇企业作为活跃农村经济的力量迅速崛起，农村城镇化道路开启，社会保障制度初步建立，农村市场经济机制不断完善，农民增收减负效果显著，乡村建设硕果累累。

一、农村改革浪潮的兴起（1978~1985年）

农业作为国民经济的基础，如何更好地解放农业生产力，盘活农业发展活力，成为加快恢复国民经济发展的首要任务。党的十一届三中全会通过了《中共中央关于加快农业发展若干问题的决定（草案）》（以下简称《决定》），指出要集中精力把农业搞上去，调整好工业与农业的关系，提出了走一条适合我国国情的农业现代化发展的道路。会议要求"全党同志对我国农业的现状和历史经验，必须有一个统一的正确认识，集中精力把农业搞上去"①。国家采取了一系列重大举措改善工农业关系，颁布多项惠农政策，极大调动了农民的生产积极性，推动了农业经济的发展和农业现代化建设。广大农民也不断探索加快农业生产新方式，创造性地开展了家庭联产承包责任制，为我国农业改革找到了突破口。农业发展进入黄金时期，中国创造了农业发展史上的奇迹。

（一）家庭联产承包责任制

家庭联产承包责任制的建立源自1978年安徽凤阳小岗村的"大包干"实践。1978年，安徽省遭遇了百年不遇的特大旱灾，粮食产量受到了严重影响。处于丘陵地带的小岗村土地并不肥沃，在集体经济时期就是生产资金靠贷款、吃粮靠返销、生活靠救济的"三靠村"，特大旱灾让小岗村村民的生活更是雪上加霜。为了解决吃饭问题，11月24日晚，小岗村的18位村民在生产队长严俊昌的带领下，决定实行"大包干"，分田到户，不再伸手向国家要钱要粮，并在保证书上按下了鲜红的手印。第二年小岗村实现了大丰收，粮食产量达到了66吨，实现了3倍的增长，相当于过去五年全队粮食产量的总和。

在全国仍然坚持人民公社体制的背景下，小岗村的包产到户引起了巨大争议。许多人认为这是与社会主义公有制相违背的，党的十一届三中全会通过的《决议》允许实行包工到作业组、联系产量计算劳动报酬的责任制，但却不允许分田单干，禁止"包产到户"。1979年召开的党的十一届四中全会强调"继续实行三级所有、队为基础的制度"。

1980年邓小平同志对"包产到户、包干到户"的政策予以肯定，他认为"我们的总方向是发展集体经济。实行包产到户的地方，经济的主体现在还是生产队。这些地方将来会怎么样呢？可以肯定，只要生产发展了，农村的社会分工和商品经济发展了，低水平的集体化就会发展到高水平的集体化，集体经济不巩固也会巩固起来"②。邓小平同志的讲话对"包产到户、包干到户"的推广起到了决定性作用。1980年9月中共中央转发了《关于进一步加强和完善农业生产责任制的几个问题》的会议纪要，允许长期"吃粮靠返销，用钱靠救济，生产靠贷款"的生产队实行包产到户，也可以包干到户。这一政策得到了广大农民的

---

① 中共中央文献研究室．十一届三中全会以来重要文献选编（上卷）［M］．北京：人民出版社，1982．

② 邓小平文选（第2卷）［M］．北京：人民出版社，1994．

积极支持。不仅在"三靠"地区范围，各地均呈现出加速发展的趋势。1981年底，全国农村90%的生产队建立了多种形式的农业生产责任制。到1983年底，全国99.5%的生产队实行了"双包"，其中绝大多数是包干到户。至此，家庭联产承包责任制成为中国农业的基本经营形式。

家庭联产承包责任制打破了长期以来"左"倾错误在农村经济建设中的束缚，丰富了农业经营体制，发展了马克思主义农业合作化理论。以家庭经营为基础、统分结合的双层经营体制保障了农业生产的持续稳定发展，改善了农民生活条件，完善了农民的就业结构，成为这一时期农业改革的重要推动力。在分配制度上，逐渐形成了以按劳分配为主体，多种分配方式并存的分配制度。

（二）农村逐步恢复商品经济

家庭联产承包责任制的实施推动了农村改革的深入，农村商品经济逐步恢复发展起来。以家庭为单位的承包经济模式使农民获得了较大的经济自主权，家庭经济成为农村经济主体。党的十一届三中全会通过的《中共中央关于加快农业发展若干问题的决定（草案）》决定恢复农贸市场，逐步放宽对农贸市场的行政管控，扩大议价收购和市场调节的范围，重新引入市场机制。农民可以购买拖拉机等大型农业生产资料、雇工经营。农村经济自主性进一步扩大，农村生产专业化有所发展，农业分工更加细化。

社队企业的发展推动了农村商品经济的繁荣。从土地束缚中解放出来的农民，为农村商业带来了大量的劳动力。为了充分吸收消化富余劳动力，1978年的《中共中央关于加快农村发展若干问题的决议》做出了推进社队企业大发展的决定。1978~1983年，社队企业总产值从493亿元增加到1016亿元，上缴税金从22亿元增加到了59亿元，企业职工增加了400多万人。1984年《中共中央关于一九八四年农村工作的通知》提出"鼓励农民向各种企业投资入股；鼓励集体和农民本着自愿互利的原则，将资金集中起来，联合兴办各种企业"①。社队企业的发展对盘活农村市场、推进农村经济改革有着重要作用。此后，中央把人民公社时期的社队企业改称乡镇企业，出台了若干支持政策。以乡镇企业为代表的农村多种经营齐头并进，迅速增长。同年，中央发布了《关于开创社队企业新局面的报告》，将发展多种经营确定为我国实现农业现代化必须始终坚持的战略方针，对发展农村经济、转移农村富余劳动力、增加农民收入、促进小城镇建设起到了重要作用。

农村供销合作社的改革进一步推动了农村商品经济的发展。1982年中共中

---

① 中共中央国务院关于"三农"工作的一号文件汇编（1982-2014）［M］.北京：人民出版社，2014.

央批转的《全国农村工作会议纪要》提出要对农村供销合作社进行体制改革，恢复合作商业的性质，吸收生产队和农民入股，采取分红的方式进行利润再分配。在管理上，将县级供销社改为基层供销社的上级组织，两级供销社实行独立核算，自负盈亏，依法纳税。改革后的农村供销合作活跃了城乡经济，促进了农村商品流通，在组织农村经济生活中发挥了重大作用。

（三）乡村管理体制新变革

随着农村改革的推进，农户成为独立的市场主体，农民更加关注自己的切身利益。但长期以来人民公社"政社合一"的管理体制严重束缚了农民的自主性，阻碍了农村经济社会的发展。回归以"乡"为单位的行政制度、予以村民自治权利，是乡村管理体制的新变革。

1. 撤社建乡

从 1979 年开始，中央在少数地区开始实行农村行政制度改革试点。1982 年党的五届全国人大五次会议通过了新修订的《中华人民共和国宪法》，要求改变人民公社政社合一的体制，设立乡政府，人民公社只是农村集体经济的一种组织形式。会议制定的《中华人民共和国地方各级人民代表大会和地方各级人民政府组织法》，明确了乡政府的具体职能。1983 年 10 月中共中央下发《关于实行政社分开、建立乡政府的通知》，具体部署了各地区政社分开，重新恢复乡人民政府制度。政社分开、撤社建乡工作到 1985 年基本完成。

这场对农村行政制度的改革，重新确立了乡、镇政府为农村基层政权组织，人民公社被定性为集体经济组织。撤社建乡，将人民公社的政治职能和经济职能分离，重新确立了乡人民政府在国家行政管理中的基础性地位，在机构设置上解决了党政不分和政社不分的问题，对推动农村经济体制改革起到了重要作用。随着家庭联产承包责任制的实行和撤社建乡的实施，人民公社"三级所有，队为基础"的体制发生了很大变化。人民公社原有的集体财产被转为乡镇政府所有，生产队原有的农具农机等生产资料已分包到户，生产队的财产基本上不复存在，人民公社逐渐退出历史舞台。

2. 村民自治

村民自治制度是中国共产党领导亿万农民建设中国特色社会主义民主政治的伟大创造，是党在农村工作的一项基本政策。村民自治就是广大农民群众直接行使民主权利，依法办理自己的事情，创造自己的幸福生活，实行自我管理、自我教育、自我服务的一项基本政治制度；是广大农民群众在长期实践基础上的创造性发明。

实行家庭联产承包责任制后，土地由农户承包经营，原有的生产大队的经济功能受到限制，在一些地方甚至出现了农村基层组织瘫痪的状态，农村社会治安问题频发。有些地方出现了自发地村民自治组织，在农村管理方面取得了较好的结果。1980年全国第一个村民委员会在广西壮族自治区宜山县正式成立。这一实践成果得到了党和国家领导人的肯定和大力支持。

1982年4月，在总结各地村民自治情况的基础上，村民委员会被写进了宪法，明确规定其为群众性自治组织。此后，村民委员会的建立在农村有计划、有步骤地开展起来。1983年发出的《关于实行政社分开、建立乡政府的通知》要求村民委员会要协助乡镇政府搞好本村的行政和生产建设工作，积极办理公共事务和公益事业，还规定了村民委员会的成员由村民选举产生。根据这一文件，全国先后建立了92.6万多个村民委员会。

大多数地区在撤社建乡的同时将原来的生产队改建为村民委员会，保留了生产队中原有的党支部，仍然承担着较强的行政功能和政治功能。村民委员会、党支部两套班子的农村基层治理，为我国基层民主制度的建立奠定了基础。1987年通过的《中华人民共和国村民委员会组织法（试行）》，以法律形式肯定了村民委员会在农村基层民主建设中的作用与成效，规定了村民委员会的性质是村民进行自我管理、自我教育、自我服务的基层群众性自治组织，明确了乡、村的关系，规定乡镇政府对村民委员会的工作予以指导、支持和帮助，村民委员会协助乡镇政府开展工作，为村民自治提供了法律保障。此后，村民自治工作不断发展，持续完善。

二、农村体制改革的深入开展（1985～2005年）

1978～1984年，农村改革取得了突破性的成功，带动农业进入了高速发展阶段。从1985年开始，农村改革转向深化和全面探索阶段。统购派购制度被取消，乡镇企业发展突飞猛进，城镇化进程开启，农村社会保障制度开始建立。1992年邓小平同志"南方谈话"和中共十四大确立了建立社会主义市场经济体制的目标。这使农村改革发生了深刻的变化。以家庭联产承包为主的责任制、统分结合的双层经营体制，作为基本制度被长期稳定下来。1995年"九五"计划提出了要实现从传统的计划经济体制向社会主义市场经济体制的根本转变，实现从粗放型增长方式向集约型增长方式的根本转变。党的十五大确定了以公有制为主体、多种所有制经济共同发展的基本经济制度。将多种所有制经济明确作为我国的基本经济形式，对促进多种所有制经济的发展有着重要的理论指导意义。经过20多年的发展，农村经济体制改革不断深化，农业的基础地位不断加强，传统农业得到提升，农业和农村经济取得了快速发展。

（一）农村市场化改革的发展

从 1985 年开始，中共中央先后制定了《关于进一步活跃农村经济的十项政策》《关于 1986 年农村工作的部署》《把农村改革引向深入》三个指导性文件，进一步巩固农业在国民经济中的基础性地位，深化农村经济改革。随着"七五"计划的推进，国家对农业基本建设的投入逐渐增加，取消了实行长达 30 年的统购派购制度，扩大市场调节作用，推动了农村市场化改革，使乡镇企业快速发展壮大，推进了农村生产力的跨越式发展，探索农村社会保障制度建设，开始了中国特色的农村工业化和城镇化道路。

1. 统购派购制度的取消

1984 年城市经济体制改革全面启动，国内经济局面发生了新的变化，市场化成为经济发展新趋势。但从中华人民共和国成立初期开始实施的农产品的统购派购制度严重影响了农业发展。1985 年中共中央制定了《关于进一步活跃农村经济的十项政策》，做出了改革农产品统购派购制度的决定，"除个别品种外，国家不再向农民下达农产品统购派购任务，按照不同情况，分别实行合同定购和市场收购"[1]。统购派购制度的取消，增强了农民的生产、交换的自主权，使广大农民成为相对独立的生产者，推动了农村经济向商品经济转化，加快了农业和农村经济的市场化进程。

农产品流通体制改革也在分类推进。从 1987 年开始，国家逐年减少合同定购量，对生猪、水产品以及城市所需的蔬菜，采取先中小城市后大城市、先南方后北方的方式逐步取消派购，采取"自由上市，自由交易，随行就市，按质论价"的政策。农产品不受原经营分工限制，可以进行"多渠道直线流通"[2]。"有调有放，调放结合"的国家调控政策的实施，推动了农产品的生产和交易，搞热了农村经济。广大农民从事生产的积极性不断提高，农村产业结构也在逐步发生变化，林、牧、副、渔、加工、服务业都得到加强，农村多种经营模式日益发展，农村社会总产值和农民收入有了大幅提高。农业的持续发展，进一步推动了国民经济的改革和发展。对于其他的农林产品，也分品种、分地区地逐步开放。

2. 乡镇企业的异军突起

乡镇企业的发展对推动农村非农产业发展、改变农村劳动力就业格局有着重要的作用。1984 年中共中央确定了"热情支持、积极引导和管理，使其健康发展"的指导方针，1985 年《关于进一步活跃农村经济的十项政策》、1986 年《关于一九八六年农村工作的部署》和 1987 年《把农村改革引向深入》等文件

---

[1][2]　中共中央国务院关于"三农"工作的一号文件汇编（1982-2014）［M］. 北京：人民出版社，2014.

针对乡镇企业发展遇到的情况和问题进行指导和帮助，放宽了对乡镇企业的信贷、税收优惠，鼓励农民发展开发性事业，加大对乡镇企业的技术、人才支持，鼓励扩大对外经济技术交流。受到国家政策的支持，乡镇企业很快异军突起，每年的增长率均超过 20%，农村非农产业呈现出蓬勃生机。对此邓小平同志给予了高度评价："农村改革中，我们完全没有料到的最大的收获，就是乡镇企业发展起来了，突然冒出搞多种行业，搞商品经济，搞各种小型企业，异军突起。"①

乡镇企业的发展对探索中国特色社会主义农村工业化和农村城镇化发展具有重要意义。乡镇企业的发展极大解放和推动农村生产力的发展与进步，在发展农业生产、繁荣农村经济、增加农民收入方面起着不可替代的作用。1991 年乡镇企业"从业人员达到 9613 万人，占农村劳动力比重的 20%；实现增加值 2972.1 亿元，占全国 GDP 的 13.6%"②。乡镇企业的发展改变了农村产业结构，在传统的土地耕种之外，农村的经济类农产品产量不断增加，林、牧、副、渔、加工、服务业都得到了加强，农村多种经营模式日益发展。乡镇企业的发展解决了农村剩余劳动力，大量的农村剩余劳动力转移到新兴的城镇和中小企业中去，不仅解决了农民的就业问题，还为平衡城市、农村人口流动以及防止农村人口大量流失发挥了重要作用。乡镇企业的发展推动了农村小城镇建设。农民的收入增加，生活质量提高，对物质文明和精神文明建设的投入增多，"农民不往城市跑，而是建设大批小型新型城镇"③。

3. 城镇化的起步

城镇化指农村逐步变为城镇的过程。城镇化是经济发展、社会进步的必然结果，是我国加快实现农业现代化进程，逐步拉近城乡差距、有序缩小工农差别的必由之路。"它的发展与产业工业化、农民职工化相互交织、同步运行"④。改革开放之前，受到国家政策的影响和社会经济条件的限制，中国城镇化发展相当缓慢，农村非农业人口比例很小。改革开放以后，随着农村分工的发展和细化，越来越多的人开始从事非农经营，乡镇企业发展将更多人口转移到中小企业和小集镇服务业，为城镇化发展打下了良好的基础。

1979 年党的十一届四中全会通过了《中共中央关于加快农业发展若干问题的决议》，提出了"有计划地发展小城镇建设和加快城市对农村的支援"。1984年下发的《中共中央关于一九八四年农村工作的通知》中指出"农村工业适当集中于集镇，可以节省能源、交通、仓库、给水、排污等方面的投资，并带动文

①③ 邓小平文选（第 3 卷）［M］. 北京：人民出版社，1993.

② 周建群. 十六大以来党的"三农"思想创新研究［M］. 北京：经济科学出版社，2011.

④ 武力，郑有贵. 解决"三农"问题之路——中国共产党"三农"思想政策史［M］. 北京：中国经济出版社，2004.

化教育和其他服务事业的发展，使集镇逐步建设成为农村区域性的经济文化中心"①。城镇化试点开始，务工、经商、办服务业的农民允许自理口粮到集镇落户。1985 年通过的《关于进一步活跃农村经济的十项政策》中提出运用经济杠杆，鼓励城市中的分散生产和劳动密集型产业向小城镇转移。受到国家政策的扶持，我国的农村城镇化开始大力发展，小城镇开始繁荣发展。

4. 农村社会保障制度建设

如何解决收入不均问题以及农民基本保障问题是农村经济工作的难点。1986 年党的六届人大四次会议通过的"七五"计划中首次提出有步骤地建立具有中国特色的社会主义的社会保障制度。同年，养老保险开始在农村富裕地区试点推行，农村基层社会保障制度探索实践正式开展。10 月，全国农村基层社会保障工作座谈会召开，对农村基层社会保障工作提出了具体要求，根据不同地区的居民情况采取不同政策：贫困地区要做好社会救济和扶贫工作；已解决温饱问题的地区，重点兴办福利企业和福利设施，完善五保制度；经济比较发达的地区要建立以社区为单位的养老保险。以社区为基础的社会保障制度迈出了探索农村社会保障制度的第一步。

1992 年国家民政部制定了《县级农村社会养老保险基本方案》，这套方案是在充分调查、总结了各地社会保障制度建设的基础上制定的。农村社会养老保险制度以保障农民的基本生活为目的，采取政府引导、农民自愿参加的方式，按照个人缴费为主、集体补助为辅、国家予以政策扶持的原则筹集资金，实行个人账户管理，保险对象一般为 60 周岁以上的农村各类从业人员。这项改革为农民提供了中长期的生活保障，是对我国长期以来以"五保户"供养为基本保障方式的社会救助体系的补充和发展，也为我国新型社会保障制度的建立提供了经验和借鉴。

（二）农村经济社会发展新迹象

1992 年邓小平同志"南方谈话"和中共十四大确立了建立社会主义市场经济体制的目标，农村开始市场经济体制改革。以家庭联产承包为主的责任制和统分结合的双层经营体制成为农村经济体制改革的基础。农产品价格和农村流通体制的改革同步进行，市场在农村经济中的调节作用不断强化。1995 年"八五"计划胜利完成，提前实现了"三步走"战略目标的第二步。"九五"计划制定了一系列农业市场经济体制改革的目标。党的"十五大"确定了以公有制为主体、多种所有制经济共同发展的基本经济制度，确立了以家庭承包经营为基础、统分

①　中共中央国务院关于"三农"工作的一号文件汇编（1982-2014）［M］. 北京：人民出版社，2014.

结合的双层经营体制为农村基本经营制度。社会主义市场经济体制的确立，突破长期以来"集体所有，统一经营"的模式，推动乡村建设走上快车道。

1. 农业产业化道路探索

农业产业化经营是"以市场为主导，以家庭承包经营为基础，以龙头企业及各种中介组织为依托，以经济效益为中心，立足当地资源开发，确立农业主导产业和主导产品，将农业再生产过程的产前、产中、产后诸环节连接起来，实行种养加、产供销、贸工农一体化经营，形成系统内部有机结合、相互促进的利益链接机制，把分散的农户小生产转变为社会化大生产，实现资源优化配置的一种新型的农业组织形式和经营方式"①。这种"农工商一体化、产加销一条龙"的经营方式极大推动了农村经济发展和产业结构的调整和完善。20 世纪 80 年代末 90 年代初，一些地区开始了农业产业化的试验并取得了较好的成绩，得到了中共中央的充分肯定。为更好地指导农业产业化经营，党的十五大报告提出"积极发展农业产业化经营，形成生产、加工、销售有机结合和相互促进的机制，推进农业向商品化、专业化、现代化转变"②。

农业产业化经营对市场经济条件下分散经营的农户如何进入社会化市场、提高农业收益提供了新的思路。这一经营方式为农业的现代化发展指出了一条新的道路，对推进农村"两个根本性转变"具有重要意义。到 2000 年，全国各类农业产业化经营组织已经发展到 6 万多个，带动了近 25% 的农户参与农业产业化经营。伴随着 2002 年西部大开发战略的推行，农业产业化经营逐渐在西部地区推广，推动了西部地区农业经济发展和特色农业产业建立。

2. 农村市场经济体制建立

1998 年党的十五届三中全会通过了《中共中央关于农业和农村工作若干重大问题的决定》，明确农村经济体制改革的目标为"一个基础，三个支撑"。一个基础，即以家庭承包经营为基础，三个支撑指农业社会化服务体系、农产品市场体系和国家对农业的支持保护体系。"一个基础，三个支撑"的农村市场经济体系的建立，为深化农村经济体制改革指明了方向。

家庭承包经营是农村土地经营的主要方式，对促进农村商品市场繁荣发展、加速乡镇企业的建立起到了推动作用。为了稳定家庭承包经营，稳定土地承包关系，在土地承包期延长 15 年的基础上，1998 年江泽民在安徽考察时提出了将土地承包期再延长 30 年的意见。同年，中央就进一步延长土地承包期 30 年政策做

---

① 武力，郑有贵. 解决"三农"问题之路——中国共产党"三农"思想政策史 [M]. 北京：中国经济出版社，2004.

② 中央文献研究室. 十一届三中全会以来党的历次全国代表大会中央全体会议重要文件选编 [M]. 北京：中央文献出版社，1997.

出了具体规定，修订了《中华人民共和国土地管理法》，规定土地承包经营期限为 30 年，对土地承包的调整做出了法律规定，推动了土地承包的立法。在土地使用权方面，提出了"条件、自愿、有偿、规范、有序"的原则，允许在一定条件下的土地使用权依法有偿转让。这些政策的实施，稳定了以家庭承包经营为基础、统分结合的双层经营体制，继续推动农村经济向前发展。

在实行家庭承包经营后，农业社会化服务体系逐步出现、发展。农业社会化服务包含对农业生产前、生产过程中和生产后的各项生产资料提供、农产品加工以及法律、金融等一系列服务，它贯穿于农业生产的始终。在全面市场化发展时期，农业社会化服务体系包含了供应、销售、加工、储运、科技、信息、经营决策、生活指导、社会保障、法律等方面的服务。农业社会化服务体系的建立，有助于农户加强与市场的联系，细化农村市场分类，调整和完善农村产业结构，推动农村经济更加全面地发展。

党的十五届三中全会明确了市场体系建设的总体要求是建立开放、统一、竞争、有序的农产品市场体系。这既是解决农产品区域化、专业化的要求，又是讲求公平、效率的市场经济的发展要求，同时也是我国在 2001 年加入世界贸易组织后推进国内外市场有效对接的需求。

为更好地保障农业生产和促进农村经济发展，自党的十四大以来，国家加强了对农业的保护与支持力度。在加大农业投资、建设农产品市场的宏观调控方面均出台了一系列政策。加入世界贸易组织后，国家更加重视对农业的支持保护。在政策扶持的同时，全国人大还相继制定了一系列法律法规，如农业法、动物防疫法、土地管理法、水土保持法等一系列与农业相关的法律法规，初步建立了农业的支持保护体系，为农业发展提供了有力的保障。

3. 农民增收减负与贫困治理

由于市场经济体制不完善，农民收支不平衡问题凸显出来。一方面，随着市场化的进行，粮食定购价格过低、农业生产资料价格过高、农民负担过重等问题，导致农民出现了增产不增收，农民收入增长缓慢。而地方在经济体制改革中出现的政策不到位和乱收费、乱摊派、乱罚款的"三乱"问题导致农民负担不断加重。另一方面，随着城市经济改革的推进，工业化、城市化快速发展，农村出现大批富余劳动力。农民的就业问题不仅关系农民的收入，也影响着农村的社会稳定。如何增加农民收入、减轻农民负担、实现脱贫致富等问题成为这一时期农村工作的重要内容。

在农民增收减负方面，中央采取一系列措施增加农民收入减少农民负担。一方面，深化农产品价格和改革流通机制，逐步缩小工农业产品价格"剪刀差"。从 1992 年开始，国家逐步放开粮食销售价格，对粮食的购销由计划调拨改为市场调节，逐步提高了粮食定购价格，要求按保护价敞开收购余粮，保护农业主产区的经济利益。针对1993年出现的"谷贱伤农"问题，从1994年开始实行粮食经营政策性业务和商业性经营两种运行机制，对农业生产所需的化肥等物资采取最高限价政策，保护农民利益。党的十四大以来农业支持保护体系的建立有效地促进农业发展、增加了农民的收入。

另一方面，中央十分重视农民减负问题，多次下达文件，指导部署农民减负工作。1993年中央先后下发了《中共中央办公厅　国务院办公厅关于切实减轻农民负担问题的紧急通知》和《中共中央办公厅　国务院办公厅关于涉及农民负担项目审核处理意见的通知》，取消了一批涉农的集资、收费和基金项目、达标升级活动等，纠正错误收费方法，切实从源头堵住加重农民负担的因素。1996年，中央发布的《中共中央　国务院关于切实做好减轻农民负担工作的决定》进一步补充完善了农民减负政策。2002年起，中央开始实行农村税费改革，取消专门面向农民征收的一系列行政事业性收费和政府性基金、集资，取消屠宰税，取消统一规定的劳动积累工和义务工，调整农业税政策，改革村提留征收使用办法，等等。这些政策在农民减负方面取得了较好成效，试点地区农民减负幅度均在25%以上。从2003年开始，农村税费改革试点在全国范围推开，这为农民减负增收、减少城乡收入差距起到了重要作用。但是我们也要清楚地看到，由于这一阶段的改革以城市改革为主线，城市经济发展迅速，城镇居民收入快速增长，而农村增效放缓，城乡居民收入差距不断扩大。解决城乡差距、平衡城乡发展也成为很长一段时间内党和国家的工作难点。

在贫困治理方面，国家制定脱贫攻坚计划，推进广大贫困地区农民的脱贫致富工作。1986年开始进行农村区域扶贫计划，第一次确定了国家重点扶贫县，以1985年农民人均年收入低于150元为标准划定贫困县，对贫困县进行集中扶持。1994年3月《国家八七扶贫攻坚计划》公布实施，根据实际情况重新调整了国家重点扶持贫困县的标准，将1992年农民人均纯收入低于400元的592个县全部纳入国家重点扶持范围，并制定了当年的扶贫目标是将这些县的农民人均纯收入提高到500元以上，为贫困地区创造较为稳定的解决温饱问题的基础条件，改善基础设施和科教文卫设施。该计划的长期目标是要在20世纪末基本解决余下8000多万贫困人口的温饱问题。在《国家八七扶贫攻坚计划》的实施中，国家多次召开扶贫开发工作会议，制定一系列加快扶贫攻坚进度的重大措施，大幅增加扶贫资金，保障扶贫工作顺利进行。

经过20多年的努力，我国扶贫开发取得了重大成绩，2亿多农村贫困人口的温饱问题得到解决，农村贫困发生率从1978年的30%下降到了2000年的3%左右，贫困人口从2.5亿人减少至3000多万人。贫困地区农民生活条件得到明显改善，农业经济有了明显发展，基础设施建设不断增强，科教文卫事业得到较快发展。《国家八七扶贫攻坚计划》获得了阶段性的胜利。2001年国务院颁布《中国农村扶贫开发纲要（2001-2010年）》，制定了2001~2010年扶贫开发的总体目标。为配合西部大开发战略的开展，2001年国家在中西部地区确定了592个国家扶贫开发重点县，通过对贫困县进行集中有效的扶持，带动贫困县农民脱贫致富。

城乡收入差距不断扩大是市场经济发展以来"三农"最突出的问题。2003年我国城镇居民可支配收入是农村居民可支配收入的3.23倍。为此，2004年中央一号文件《中共中央　国务院关于促进农民增加收入若干政策的意见》出台，从集中力量支持粮食主产区发展粮食产业、继续推进农业结构调整、发展农村二三产业、改善农民进城就业环境增加外出务工收入、发挥市场机制作用、加强农村基础设施建设、深化农村改革、继续做好扶贫开发工作、加强党的领导确保增收政策落到实处九个方面挖掘农民增收潜力，扩宽农民增收渠道，"力争实现农民收入较快增长，尽快扭转城乡居民收入差距不断扩大的趋势"。[①]

第三节　乡村建设的逐步成熟时期（2005~2017年）

进入21世纪，伴随着我国改革开放和中国特色社会主义的发展，农村经济有了长足的发展。党的十六大以来，我国农村改革不断深化，"三农"工作深入开展，取得了一系列成就，这对推动国民经济持续高速发展和社会稳定起到了重要作用。但与国家工业化和城市化发展进度相比，农村发展相对滞后。农村建设仍然存在基础设施建设薄弱、资金投入不足、城乡差距扩大、农村公共事业建设滞后等问题，影响着工业化、城镇化发展进程。为了更好地解决"三农"问题，推进全面建设小康社会，保持国民经济快速持续稳定发展，确保国家的长治久安，我国将"三农"问题作为全党工作的"重中之重"。2005年，中共中央在"十一五"规划中提出了建设社会主义新农村的重大历史任务，为更好地推动"三农"工作指明方向。2013年中共中央提出了美丽乡村建设的新理论，将社会主义新农村建设推向新高度。

---

① 中共中央国务院关于"三农"工作的一号文件汇编（1982-2014）　[M].北京：人民出版社，2014.

一、社会主义新农村建设（2005~2012 年）

2005 年党的十六届五中全会提出了社会主义新农村建设的重大历史任务，明确了"生产发展、生活宽裕、乡风文明、村容整洁、管理民主"的社会主义新农村建设的总体要求，全面推进农村政治、经济、文化、社会和党的建设工作。2006 年《中共中央　国务院关于推进社会主义新农村建设的若干意见》从统筹城乡经济社会发展、推进现代农业建设、促进农民持续增收、加强农村基础设施建设、加快发展农村社会事业、全面深化农村改革、加强农村民主政治建设①等八个部分，全面阐述了社会主义新农村建设在政治建设、经济建设、文化建设、社会建设方面的要求，形成了系统的中国特色社会主义新农村建设理论。社会主义新农村建设理论的提出有着重要的历史意义。建设社会主义新农村，积极推动工业反哺农业、城市支持农村，能更有效地推动城乡发展一体化，推进中国特色农业现代化道路建设，有利于基层民主管理能力的加强。

（一）统筹城乡发展

全面建设小康社会，最艰巨的任务在农村。妥善处理好城乡关系，关乎我国社会主义现代化进程的推进速度。城乡差距是我国长期以来实行城乡分离的二元经济结构的产物，也是工业化发展的普遍现象。随着我国工业化不断发展，城乡经济水平差距进一步拉大，城乡二元结构在第一产业与第二、第三产业的劳动生产率，城乡之间的经济依赖程度，城乡之间的资源、科技、金融、信贷领域等方面的差距不断扩大，城乡居民收入、生活水平、教育、医疗、社会保障等方面呈现的差距愈加明显。

为了使广大农民共享改革开放的成果，推进社会主义新农村建设，从 2006 年起中共中央开始加快推进建立改变城乡二元结构的体制。2006 年的《中共中央　国务院关于推进社会主义新农村建设的若干意见》提出了要进一步统筹城乡经济社会发展，加快建立以工促农、以城带乡的长效机制。坚持"多予少取放活"的方针，重点在"多予"上下功夫。②2008 年《中共中央　国务院关于切实加强农业基础建设进一步促进农业发展农民增收的若干意见》要求坚持统筹城乡发展，不断加大工业反哺农业、城市支持农村的力度。③党的十七届三中全会进一步明确了统筹城乡经济社会发展，要把着力构建新型工农、城乡关系作为推进现代化建设的重大战略。统筹工业化、城镇化、农业现代化建设，加快建立健

---

①②③　中共中央国务院关于"三农"工作的一号文件汇编（1982-2014）［M］. 北京：人民出版社，2014.

全以工促农、以城带乡长效机制。[①]

突破城乡二元经济社会结构，推动城乡一体化发展是统筹城乡社会经济发展的有效方式。2007年党的十七大报告中第一次明确提出了"形成城乡经济发展一体化新格局"，在加快基础设施建设、推动城镇化户籍制度改革、改进农村公共服务、大力发展农村社会事业等方面，推进城乡一体化发展。2009年中央提出了加快农村社会事业发展、加快农村基础设施建设、积极扩大农村劳动力就业、推进农村综合改革、增强县域经济发展活力、积极开拓农村市场、完善国家扶贫战略和政策体系七方面的工作要求，进一步推进城乡一体化新格局的发展。城乡一体化思想的提出，是对马克思主义"城乡融合"思想的创新，为解决城乡二元结构、推进社会主义新农村建设提供了新的理论指导。

在城镇化户籍制度改革方面，2010年中央提出深化户籍制度改革，"加快落实放宽中小城市、小城镇特别是县城和中心镇落户条件的政策，促进符合条件的农民转移人口在城镇落户并享有与当地城镇居民同等的权益。多渠道多形式改善农民工居住条件，鼓励有条件的城市将有稳定职业并在城市居住一定年限的农民工逐步纳入城镇住房保障体系"[②]。户籍制度的改革放宽了城乡二元户籍转化的条件，有力地推动了城镇化发展。

在改进农村公共服务和社会事业方面，"十二五"规划期间，我国继续改进公共服务机制，推进城乡公共资源均衡配置。加强农村基础设施建设，加大国家财政对农村基础设施的覆盖力度，加大资金投入保障和运行管理机制，在农村水、电、网等各方面增加扩容改造。在教育公平方面，提出了城乡一体化义务教育发展机制，加大发展农村教育基础设施投入，增加乡村学校教师和学生的生活补助。在城乡公共文化服务方面，2011年党的十七届六中全会提出了建设覆盖城乡、结构合理、功能健全、使用高效的公共文化服务体系，加快实施农村重点文化惠民工程，建立农村文化投入保障机制。城乡一体化思想的提出，是对马克思主义"城乡融合"思想的创新，为解决城乡二元结构、推进社会主义新农村建设提供了新的理论指导。

（二）建设现代农业

建设现代农业是提高农业综合竞争力、突破资源限制瓶颈、提高农民收入的现实需要。2006年的《中共中央 国务院关于推进社会主义新农村建设的若干意见》提出了推进现代农业建设的要求，从提高农业科技创新和转化能力、加强

---

① 中共中央文献研究室．十七大以来重要文献选编（上）［M］．北京：中央文献出版社，2009.
② 中共中央国务院关于"三农"工作的一号文件汇编（1982–2014）［M］．北京：人民出版社，2014.

农村现代流通体系建设、稳定发展粮食生产、积极推进农业结构调整、发展农业产业化经营、加快发展循环农业等方面部署了建设现代农业的具体要求。2007年的《中共中央 国务院关于积极发展现代农业扎实推进社会主义新农村建设的若干意见》，在加大对"三农"的投入力度、加快农业基础建设、推进农业科技创新、开发农业多种经营、培养新型农民、加强党对农村工作领导等方面系统阐述了建设现代农业的体制机制。

在现代农业取得一定成就的基础上，2007年党的十七大首次提出了"走中国特色农业现代化道路"的理论。我国农业现代化道路，是"在家庭承包经营基础上，在市场机制和政府调控的综合作用下，以保障农产品供给、增加农民收入、促进可持续发展为目标，以现代科技和装备为支持，提高农业劳动生产率、资源产出率和商品率，建成农工商贸紧密衔接、产加销融为一体、多元化的产业形态和多功能的产业体系"①。2011~2012年，中央先后对水利改革发展、推进农业科技创新持续增强农产品供给能力等制定了若干意见，从农业基础设施建设、农业科技进步等方面对推进农业现代化发展奠定了基础。2012年，党的十八大进一步强调"坚持走中国特色新型工业化、信息化、城镇化、农业现代化道路"，要按照"四化同步"推进的要求，加快中国特色农业现代化道路建设。2013年《中共中央 国务院关于加快发展现代农业 进一步增强农村发展活力的若干意见》要求完善现代农业管理体制机制，全面深化农村改革，持续推进农业现代化，保持农业农村持续稳定发展。

党的十六大以来，中共中央全面推进"三农"实践创新、理论创新、制度创新，制定了一系列多予少取放活和工业反哺农业、城市支持农村的政策，探索出了一条中国特色社会主义农业现代化道路，农业发展取得了巨大成就。至2012年底，我国粮食产量连续九年增产，农民收入持续增加，实现了"九连快"。

（三）完善乡村治理

2006年的《中共中央 国务院关于推进社会主义新农村建设的若干意见》，明确提出了要加强农村民主政治建设，完善建设社会主义新农村的乡村治理体系。②这意味着农村基层民主建设已经被纳入中国特色社会主义现代化建设的目标规划之中。2007年召开的党的十七大，将包含农村基层民主建设在内的基层自治制度，确定为我国四大政治制度之一。农村基层民主建设进入了新的发展阶段。2013年《中共中央 国务院关于加快发展现代农业 进一步增强农村发展活力的若干意见》指出，要加强农村基层党建工作，不断推进农民基层民主政治

---

①② 中共中央文献研究室. 十七大以来重要文献选编（上）[M]. 北京：中央文献出版社，2009.

建设，提高农村社会管理科学化水平，建立健全符合国情、规范有序、充满活力的乡村治理机制。①乡村治理机制不断完善，农村基层民主建设进一步强化。

1. 加强农村基层党组织的领导

党的农村基层组织是党在农村工作的基础，是落实党和国家政策、推进"三农"工作开展的重要机构。充分发挥农村基层党组织的战斗力、凝聚力和创造力，为社会主义新农村建设提供坚强的政治保障和组织支持。加强农村基层党组织的领导，要在完善农村基层党组织的建设、加强农村基层党组织的阵地建设和加强农村基层党组织的党风廉政建设方面下功夫。

这一时期，中央在县、乡镇和村三级党组织中深入开展的"三级联创"活动，以创建"五个好"为目标要求，进一步推进城乡融合发展，建立了城乡基层党组织的互帮互助机制，进一步推动了农村基层党组织领导班子建设和党员干部队伍建设。在完善农村基层党组织的设置和管理方面，进一步规范了党员推进、群众推荐、党内选举的"两推一选"办法，保证了村级党组织的领导班子队伍建设。加强服务意识，健全党员联系、服务群众的工作体系。2008 年党的十七届三中全会通过的《中共中央关于推进农村改革发展若干重大问题的决定》明确指出："以领导班子建设为重点、健全党组织为保证、三级联创活动为载体，把党组织建设成为推动科学发展、带领农民致富、密切联系群众、维护农村稳定的坚强领导核心。"②

2010 年中央一号文件《中共中央　国务院关于加大统筹城乡发展力度　进一步夯实农业农村发展基础的若干意见》提出了要"推动农村基层党组织工作创新，扩大基层党组织对农村新型组织的覆盖面"。③在农村各类组织中建立党组织，强化管理，并加强农民工中党的工作，创新完善农村流动党员的教育管理服务制度。在干部选拔培养方面，进一步完善村干部"一定三有"政策，推进优秀村干部的培养、提升机制，继续完善大学生村干部的培养机制，让优秀村干部能下得去、待得住、干得好、流得动。在基层组织阵地建设上，通过农村党员干部现代远程教育，加大对农村党员干部的理论政策、法律法规和党务工作的技术指导培训，提高农村党员干部的工作能力与工作作风，更好地发挥党员干部广泛联系群众、带领群众增产增收的能力。在农村基层党组织的党风廉政建设方面，党的十七届三中全会在《中共中央关于推进农村改革发展若干重大问题的决定》中指出：要加强农村党风廉政建设，要"坚持教育、制度、监督、改革、纠风、惩治相结合，推进农村惩治和预防腐败体系建设"。④深入开展反腐倡廉教

---

①③　中共中央国务院关于"三农"工作的一号文件汇编（1982–2014）［M］. 北京：人民出版社，2014.

②④　中共中央文献研究室. 十七大以来重要文献选编（上）［M］. 北京：中央文献出版社，2009.

育，强化对农村政策落实的监督、检查力度，严肃查处涉农违法违纪案件，切实维护农民的合法利益。真正实现权为民所用、情为民所系、利为民所谋。

2. 推进村民自治

村民自治的成功实践，是党领导农民建立社会主义民主政治的伟大创举，大大提高了农民当家做主、参与社会主义新农村建设的积极性和主动性。2005 年国务院发布的《中国的民主政治建设》白皮书指出，乡村基层民主是"当今中国农村扩大基层民主和提高农村治理水平的一种有效方式"。[①] 民主选举、民主决策、民主管理和民主监督是村民自治的主要内容。在民主选举方面，宪法赋予了村民委员会作为农村基层群众性自治组织的法律地位。通过完善民主选举制度，依法保障了农民的推选权、直接提名权、投票权和罢免权。在民主决策方面，设立村民代表会议，通过村民议事制度，让农民真正享有了知情权、参与权、管理权、监督权。村民"一事一议"制度的完善，充分发挥了农民群众在乡村治理中的主体作用。在民主管理方面，通过农民自主制定村民自治章程，实现农民的自我管理、自我教育和自我服务。在民主监督方面，通过村务公开制度、村干部民主评议、定期汇报、离任审计等制度，加强对村委会工作的监督。村务公开民主管理示范建设活动的开展，农村纠错答疑监督机制的建立，更加充分地发挥了农民的监督权。

二、美丽乡村建设（2012~2017 年）

美丽乡村就是"经济、政治、文化、社会和生态文明协调发展，规划科学、生产发展、生活宽裕、乡风文明、村容整洁、管理民主，宜居、宜业的可持续发展乡村"[②]。2012 年党的十八大报告提出要大力推进生态文明建设，努力建设美丽中国的要求。2013 年《中共中央 国务院关于加快发展现代农业 进一步增强农村发展活力的若干意见》指出，推进农村生态文明建设，加强农村生态建设、环境保护和综合整治，努力建设美丽乡村。[③] 美丽乡村建设是生态文明建设、美丽中国建设的重要组成部分，是城乡协调发展的必然要求，也是推进社会主义新农村建设、实现全面建成小康社会的必经之路。

① 中国的民主政治建设 [N]. 人民日报，2005-10-20（001）.

② 美丽乡村建设指南 [EB/OL]. 网易，https：//www.163.com/dy/article/FDHRCREP0514FB7N. html，2020-05-26.

③ 中共中央国务院关于"三农"工作的一号文件汇编（1982-2014）[M]. 北京：人民出版社，2014.

（一）美丽乡村的内容与任务

美丽乡村建设从内容上而言，就是要实现生态美、生活美、生产美、行为美。

生态美，就是要加强农村生态文明建设。生态环境优美宜居是美丽乡村的前提和基础。党的十八大以来，生态文明建设成为统筹推进"五位一体"总体布局和"四个全面"战略布局的重要内容。习近平在 2015 年参加江西代表团审议时强调，"环境就是民生，青山就是美丽，蓝天也是幸福。要着力推动生态环境，像保护眼睛一样保护生态环境，像对待生命一样对待生态环境。"生态文明自然美，就是要坚持保护生态环境，促进绿色发展，树立尊重自然、顺应自然、保护自然的生态文明理念，实现人与自然和谐共生。

生活美，就是要优化城镇布局，改善农民安居环境。一方面，针对农村普遍存在的村庄分布零散、宅基地空闲以及青壮年劳动力流失等问题，要继续统筹城乡融合发展，加快城乡一体化建设。要根据农村自身的气候、环境、资源、历史文化、产业结构等实际特点，建设各具特色的美丽乡村。加强对古民居、古建筑和古村落的保护与开发。另一方面，要加快城镇化进程，适度发展中小城镇，大力改善农民的生活条件，打造新型农村社区，建立配套设施完整均衡的公共服务体系，为农民的教育、医疗、养老等民生需求提供基础性保障，不断提高农民的生活质量。

生产美，就是要着力推进绿色、循环、低碳、可持续经济的发展，以发展生态经济促进农民创业创收。建设美丽乡村，要在保护环境的基础上，加快农业现代化建设，发展农业规模化、标准化和产业化经营，保证农民持续稳定增收。建设美丽乡村，也要因地制宜，利用农村的自然资源和文化历史，发展各具特色的乡村旅游经济，加快形成以重点景区为龙头、骨干景点为支撑、"农家乐"休闲旅游业为基础的乡村休闲旅游业。

行为美，就是要培育文明乡风。文明乡风是传承优秀传统文化的纽带，也是美丽乡村建设的重要推动力量。培育文明乡风，有利于提高农民的精神素养和幸福指数，提高农村社会的文明程度，形成团结、友爱、互助、平等的村民关系，营造和谐、温馨、美好的村镇氛围。文明乡风的形成，要发挥文化育人的作用，通过开展丰富多彩的文化教育活动，加强对农民的思想道德建设。2015 年中央一号文件《中共中央 国务院关于加大改革创新力度加快农业现代化建设的若干意见》指出，要围绕培育和践行社会主义核心价值观，深入开展中国特色社会主义和中国梦宣传教育，广泛开展形势政策宣传教育，提高农民综合素质，提升农村社会文明程度，凝聚起建设社会主义新农村的强大精神力量。① 通过开展好家风家训活动，评选表彰好媳妇、好儿女、好公婆，寻找最美乡村教师、医生、村干部等农村精神文明创建活动，凝聚起尚善、爱美、向上的正能量，大力培育乡村文明新风尚。

（二）美丽乡村建设的模式与标准

为更好地建设美丽乡村，各部委、各地区积极出台了一系列政策措施，设立试点，制定标准，全面推进美丽乡村的建设。2013 年 2 月发布的《农业部办公厅关于开展"美丽乡村"创建活动的意见》，决定创建全国 1000 个"美丽乡村"试点乡村。7 月发布了《财政部关于发挥一事一议财政奖补作用 推动美丽乡村建设试点的通知》，启动美丽乡村建设的财政奖补试点。2014 年 2 月，农业部发布了美丽乡村的十大创建模式：产业发展型、生态保护型、城郊集约型、社会综治型、文化传承型、渔业开发型、草原牧场型、环境整治型、休闲旅游型、高效农业型，为美丽乡村建设提供了有效的借鉴。2014 年 3 月中共中央国务院印发的《国家新型城镇化规划（2014 - 2020 年）》明确提出要建设各具特色的美丽乡村。

2015 年 6 月国家质量监督检验检疫总局和国家标准化管理委员会共同制定的《美丽乡村建设指南》正式实施。该指南从八个层面规定了 21 项量化指标，给予美丽乡村建设目标性指导。

在村庄规划方面，突出因地制宜，强调注重传统文化的保护和传承，维护乡村风貌，突出地域特色。② 在村庄建设方面，在已有标准基础上，规定了具体的量化指标，为美丽乡村建设指明了硬件标准。在生态环境方面，对环境质量、污染防治、生态保护与治理、村容整治提出了具体要求。在经济发展方面，要求农、工、服务业融合发展，依托乡村自然资源、人文历史等特色创新产业发展模式。在公共服务方面，加强农村的医疗卫生、公共教育、文化体育、社会保障、劳动就业、公共安全、便民服务等方面的建设，弥补城乡差距短板，提升村民的生活品质和幸福指数。在乡风文明方面，要求引导村民摒弃陋习，培养良好、文明的行为习惯和健康、生态的生活方式。在基层组织建设方面，建立健全村级基层组织，进一步加强村民自治制度。在长效管理方面，鼓励公众参与，做好保障与监督。《美丽乡村建设指南》的出台，为开展美丽乡村建设提供了指导方向和

---

① 中共中央国务院关于加大改革创新力度加快农业现代化建设的若干意见［EB/OL］. 中华人民共和国中央人民政府，http：//www.gov.cn/zhengce/2015-02/01/content_ 2813034. htm，2015-02-01.

② 美丽乡村建设指南［EB/OL］. 网易，https：//www. 163. com/dy/article/FDHRCREP0514FB7N. html，2020-05-26.

整体框架，有利于推进乡村资源配置，促进良好乡风的形成。

2018 年 12 月，在总结各地区美丽乡村建设成果的基础上，国家市场监督管理总局和国家标准化管理委员会制定了《美丽乡村建设评价》，规定了美丽乡村建设的评价原则、评价内容、评价程序和计算方法。评价采取定性与定量、基础与加强相结合的方法，该评价由村庄规划和建设、生态环境、经济发展、公共服务、乡风文明、基层组织、长效管理等 22 个项目、101 个二级指标构成，除此之外，该评价将村民满意度列入了评价体系。评价标准的制定，对全国各地开展美丽乡村建设具有重要的指导意义，能够更好地引导和提高乡村建设水平。

三、乡村振兴战略的提出（2017 年至今）

2017 年党的十九大报告提出实施乡村振兴战略，为全面决胜建成小康社会，夺取新时代中国特色社会主义伟大胜利，实现中华民族伟大复兴的中国梦而不懈奋斗。"产业兴旺、生态宜居、乡风文明、治理有效、生活富裕"，是党的十九大报告提出的实施乡村振兴战略的总要求。

乡村战略的实施，在决胜全面建成小康社会的时期，是以习近平同志为核心的党中央推进乡村建设工作的新的伟大实践，是在新时代推动我国经济全面发展、全面建设社会主义现代化强国的重大部署。对解决新时代我国社会主要矛盾、实现"两个一百年"奋斗目标和中华民族伟大复兴中国梦的必然要求，具有重大的现实意义和深远的历史意义。

70 多年沧海桑田，我国乡村建设走过了辉煌的发展历程，取得了举世瞩目的历史性成就。农业综合生产能力显著增强，农业结构不断优化，农业基础设施明显改善，农业生产方式发生深刻变革。中国用不到世界 9% 的耕地养活了世界近 20% 的人口，我国粮食总产量不断增长，有力地保障了国家粮食安全。林、牧、渔业都有了长足发展，水产品、主要畜牧业产品产量持续稳居世界第一。农业产业结构调整成效显著，实现了由单一以种植业为主的传统农业向农林牧渔业全面发展的现代农业转变，农业生产区域布局不断优化，主产区优势日渐彰显。新型农业生产经营主体和服务主体不断涌现。在乡村管理机制上，以乡镇为基本行政单位的基层管理体制形成，以村民自治为主的基层民主制度不断完善。基层党建在乡村建设中也取得了突出成就。乡村建设的巨大成就推动了国民经济持续健康发展和社会稳定，不断推进中国特色社会主义事业的发展。但我们也要清醒地认识到，我国农业基础依然薄弱，农业发展中依然存在农产品供求结构不平衡、要素配置不合理等问题，农业依然是经济社会发展的短板，乡村建设任重道远。

第二章
乡村振兴战略理论特色和创新

第一节　乡村振兴战略的目标、步骤与内容

党的十九大提出实施乡村振兴战略是以习近平同志为核心的党中央从党和国家事业发展的全局出发，对新时代"三农"工作做出的重大决策部署。实施乡村振兴战略是建设美丽中国的关键举措，是全面建成小康社会、实现全体人民共同富裕的必然选择。

一、乡村振兴战略的目标

坚持农业农村优先发展，按照产业兴旺、生态宜居、乡风文明、治理有效、生活富裕的总要求，建立健全城乡融合发展体制机制和政策体系，统筹推进农村经济建设、政治建设、文化建设、社会建设、生态文明建设和党的建设，加快推进乡村治理体系和治理能力现代化，加快推进农业农村现代化，走中国特色社会主义乡村振兴道路，让农业成为有奔头的产业，让农民成为有吸引力的职业，让农村成为安居乐业的美丽家园。

二、乡村振兴战略的步骤

按照党的十九大提出的决胜全面建成小康社会、分两个阶段实现第二个百年奋斗目标的战略安排，明确实施乡村振兴战略的目标任务是：

乡村振兴取得重要进展，制度框架和政策体系基本形成。农业综合生产能力

稳步提升，农业供给体系质量明显提高，农村一二三产业融合发展水平进一步提升；农民增收渠道进一步拓宽，城乡居民生活水平差距持续缩小；现行标准下农村贫困人口实现脱贫，贫困县全部摘帽，解决区域性整体贫困；农村基础设施建设深入推进，农村人居环境明显改善，美丽宜居乡村建设扎实推进；城乡基本公共服务均等化水平进一步提高，城乡融合发展体制机制初步建立；农村对人才吸引力逐步增强；农村生态环境明显好转，农业生态服务能力进一步提高；以党组织为核心的农村基层组织建设进一步加强，乡村治理体系进一步完善；党的农村工作领导体制机制进一步健全；各地区各部门推进乡村振兴的思路举措得以确立。

到 2022 年，乡村振兴的制度框架和政策体系初步健全。国家粮食安全保障水平进一步提高，现代农业体系初步构建，农业绿色发展全面推进；农村一二三产业融合发展格局初步形成，乡村产业加快发展，农民收入水平进一步提高；农村基础设施条件持续改善，城乡统一的社会保障制度体系基本建立；农村人居环境显著改善，生态宜居的美丽乡村建设扎实推进；城乡融合发展体制机制初步建立，农村基本公共服务水平进一步提升；乡村优秀传统文化得以传承和发展，农民精神文化生活需求基本得到满足；以党组织为核心的农村基层组织建设明显加强，乡村治理能力进一步提升，现代乡村治理体系初步构建；探索形成一批各具特色的乡村振兴模式和经验，乡村振兴取得阶段性成果。

到 2035 年，乡村振兴取得决定性进展，农业农村现代化基本实现。农业结构得到根本性改善，农民就业质量显著提高，共同富裕迈出坚实步伐；城乡基本公共服务均等化基本实现，城乡融合发展体制机制更加完善；乡风文明达到新高度，乡村治理体系更加完善；农村生态环境根本好转，美丽宜居乡村基本实现。

到 2050 年，乡村全面振兴，农业强、农村美、农民富全面实现。①

三、乡村振兴战略的主要内容

（一）提升农业发展质量，培育乡村发展新动能

乡村振兴，产业兴旺是重点。必须坚持质量兴农、绿色兴农，以农业供给侧结构性改革为主线，加快构建现代农业产业体系、生产体系、经营体系，提高农业创新力、竞争力和全要素生产率，加快实现由农业大国向农业强国转变。主要目标包括，夯实农业生产能力基础；实施质量兴农战略；构建农村一二三产业融

---

① 中共中央国务院印发《乡村振兴战略规划（2018—2022 年）》［EB/OL］. 中华人民共和国中央人民政府，http：//www.gov.cn/zhengce/2018-09/26/content_ 5325534. htm，2018-09-26.

合发展体系；构建农业对外开放新格局；扶持小农户，采取有针对性的措施，把小农生产引入现代农业发展轨道。

（二）推进乡村绿色发展，打造人与自然和谐共生发展新格局

乡村振兴，生态宜居是关键。良好生态环境是农村最大优势和宝贵财富。必须尊重自然、顺应自然、保护自然，推动乡村自然资本加快增值，实现百姓富、生态美的统一。主要目标包括，统筹山水林田湖草系统治理；加强农村突出环境问题综合治理；建立市场化多元化生态补偿机制；增加农业生态产品和服务供给。

（三）繁荣兴盛农村文化，焕发乡风文明新气象

乡村振兴，乡风文明是保障。必须坚持物质文明和精神文明一起抓，提升农民精神风貌，培育文明乡风、良好家风、淳朴民风，不断提高乡村社会文明程度。主要目标包括，加强农村思想道德建设；传承发展提升农村优秀传统文化；加强农村公共文化建设；开展移风易俗行动，加强农村科普工作，提高农民科学文化素养。

（四）加强农村基层基础工作，构建乡村治理新体系

乡村振兴，治理有效是基础。必须把夯实基层基础作为固本之策，建立健全党委领导、政府负责、社会协同、公众参与、法治保障的现代乡村社会治理体制，坚持自治、法治、德治相结合，确保乡村社会充满活力、和谐有序。主要目标包括，加强农村基层党组织建设；深化村民自治实践；建设法治乡村；提升乡村德治水平；建设平安乡村。

（五）提高农村民生保障水平，塑造美丽乡村新风貌

乡村振兴，生活富裕是根本。要坚持人人尽责、人人享有，按照抓重点、补短板、强弱项的要求，围绕农民群众最关心最直接最现实的利益问题，一件事情接着一件事情办，一年接着一年干，把乡村建设成为幸福美丽新家园。主要目标包括，优先发展农村教育事业；促进农村劳动力转移就业和农民增收；推动农村基础设施提档升级；加强农村社会保障体系建设；推进健康乡村建设；持续改善农村人居环境，继续推进宜居宜业的美丽乡村建设。

第二节 乡村振兴战略理论特征和创新思维

新时代乡村振兴战略是习近平新时代中国特色社会主义思想的重要组成部分，是对中华人民共和国成立以来，中国共产党人领导中国人民进行乡村建设的理论和实践的发展，是立足于中国实际，放眼于乡村未来发展，极具时代特色的鲜活理论，蕴含着丰富的理论内涵和创新思维。

一、乡村振兴战略的理论特征

（一）发展思路上体现继承性

习近平新时代中国特色社会主义思想是在继承中华传统优秀文化民本思想和马克思主义人民思想的基础上，尊重历史发展规律，坚定不移走中国特色社会主义道路以及发展新时代中国特色社会主义事业的应有之义。① 因为每一种思想都是以既定的传统思想为基础，以一定时代条件下的社会实践基础为土壤而形成和发展的。

马克思主义唯物史观认为，人民群众作为历史的创造者，是社会变革的决定力量，也是社会财富的创造者。人民群众既是创造者，理应也是享有者。而在资本主义的社会中，人民群众享有的权利被剥夺，公平法则遭受漠视。相反，共产主义事业是为了实现无产阶级和广大人民群众的解放。为了实现这个宏伟的奋斗目标，中国共产党始终坚持以马克思主义作为指导思想，充分贯彻将唯物史观的基本原理与独具中国特色的具体实践相结合的原则，找准"人民群众"这个落脚点。在马克思主义中国化的进程中，逐步形成了中国特色社会主义体系。党中央一以贯之地将群众观点贯彻于执政理念之中，将人民群众的利益摆在了第一位。以毛泽东同志为核心的党中央第一代领导集体，提出以全心全意为人民服务为宗旨，形成了"一切为了群众，一切依靠群众，从群众中来，到群众中去"的群众路线，并以此作为共产党的根本工作路线。以邓小平同志为核心的党的第二代中央领导集体将"人民拥护不拥护、人民赞同不赞同、人民满意不满意、人民答应不答应"作为党一切工作的衡量标准，充分体现出对人民主体地位的尊

---

① 田启波. 习近平新时代人民主体思想的理论特征 [J]. 贵州社会科学，2018（1）：11-17.

重，并坚持全体人民共同富裕的奋斗目标。在改革开放初期，以江泽民同志为核心的第三代中央领导集体经历了国内以及国际社会的深刻变化，提出"三个代表重要思想"，从党的性质出发强调了根本的服务宗旨——全心全意为人民服务，坚持代表最广大人民群众的根本利益。党的十六大以来，以胡锦涛同志为总书记的党中央领导集体，树立起了"全面、协调、可持续"的科学发展观，进一步贯彻落实以人为本的发展思想，强调发展为了人民、发展依靠人民、发展成果由人民共享。党的十八大以来，以习近平同志为核心的新一代党中央领导集体，在中国特色社会主义发展的历史进程中开辟出了新篇章。新时代背景下，我们党继续坚持以人民为中心的思想，为实现人民群众对美好生活追求而奋斗，其基本内涵与党先前提出的思想是一脉相承的。

习近平新时代中国特色社会主义思想是中华传统优秀文化中"重民本，厚民本"的进一步继承和升华，中国特色社会主义文化深深地扎根于中华传统优秀文化，当代中国特色社会主义文化自信更是源于中华传统优秀文化。古语有云："得民心者得天下，失民心者失天下""民为邦本，本固邦宁""水能载舟，亦能覆舟"等，都在不断警示当政者要以民为本，才能立于不败之地。中国共产党是以马克思主义思想为指导思想、以社会先进分子为组成成分的先进政党，在延续继承和发扬中华传统优秀文化的基础上，更加坚定地站在人民的立场，始终坚持人民的主体地位，时刻谨记立党为公、执政为民的理念，践行全心全意为人民服务的宗旨。

习近平新时代中国特色社会主义思想是新时代中国特色社会主义实践的产物。任何一种思想的诞生与发展都离不开实践的检验，因为实践是检验真理的唯一标准。正如思想离不开时代的辩证关系，理论也是离不开实践的。面对当今世界，中国在面对历史上最为广泛而深刻的社会变革时，同时也进行着人类历史前无古人的最为宏大而独特的实践创新。习近平新时代中国特色社会主义思想顺应了中国特色社会主义实践发展的客观需要，符合世界格局变化的重大趋势。一次突如其来的新冠肺炎疫情，使人民的生命和健康遭受重大威胁，人民群众的根本利益受到极大损害。以习近平同志为核心的党中央迅速做出反应，将"人民至上"的思想贯穿于新冠肺炎疫情防控的始终，充分彰显了中国之治中人民的主体地位，将"以人民为中心"的思想生动地运用到了防疫实践中去。同样地，面对国内外形势的严峻挑战，我们要有信心，我们要坚信只要有人民的支持和参与，无论什么困难都是可以被克服的，无论什么坎都是可以越过去的。全党要更加自觉地增强道路自信、理论自信、制度自信、文化自信，增强政治定力。"四个自信"的底气主要来自于人民，因为党的根基在于人民，党的力量在于人民，所以党要坚定不移地走群众路线，坚持以人民为中心。

新时代背景下，仍然矢志不渝地坚持以人民为中心的思想，是对当前国际和国内社会发展趋势的重要把握，这样适应了我国当前社会主义发展阶段的内在需求。以习近平为核心的党中央领导集体长期以来一直坚持贯彻这一执政理念，党的十八大报告将"坚持人民主体地位"确定为我们党推进中国特色社会主义事业八个基本要求之首，党的十九大报告再次强调了中国共产党的初心和使命，就是"为中国人民谋幸福，为中华民族谋复兴"，始终都是把以人民为中心这一治国理政贯穿于新时代中国特色社会主义的实践中。

（二）观点上蕴含创新性

首先，在价值维度方面，明确"三农"问题在我国国民经济中的根本性地位。中共中央、国务院联合印发的《中共中央　国务院关于实施乡村振兴战略的意见》（以下简称《意见》）指出，没有农业农村的现代化，就没有国家的现代化。实施乡村振兴战略是现代化经济体系的重要基础、解决新时代社会主要矛盾的必然要求、实现全体人民共同富裕的必然选择。实施乡村振兴战略，需要突出农业农村发展的优先地位，遵守"产业兴旺、生态宜居、乡风文明、治理有效、生活富裕"总要求，健全城乡融合发展的体制机制，统筹推进农村经济、政治、文化、社会、生态文明和基层党的组织建设，实现乡村治理体系和治理能力现代化，走中国特色社会主义乡村振兴道路。

就乡村振兴战略的目标而言，需要融入我国第二个一百年的奋斗目标之中，将乡村振兴作为社会主义现代化强国目标实现的基石。因此，国家对实施乡村振兴战略制定了阶段性目标：

第一阶段：到 2020 年，乡村振兴取得重要进展，制度框架和政策体系基本形成；第二阶段：到 2035 年，乡村振兴取得决定性进展，农业农村现代化基本实现；第三阶段：到 2050 年，乡村全面振兴，农业强、农村美、农民富全面实现。

其次，在制度维度方面，主要表现为"三高"，即高起点、高标准和高质量。一是高起点，乡村振兴与以往新农村建设的不同之处在于其是由国家层面制定的乡村振兴战略规划，具有统领性作用。中共中央、国务院印发的《国家乡村振兴战略规划（2018-2022 年）》（以下简称《规划》）明确了总要求、阶段性目标与重点工作等内容，为其他地区的分类有序推进提供了指引。各个地区围绕总目标、总要求分别编制了指导本地区乡村振兴战略实施的专项规划或实施方案，形成了城乡融合、区域一体、多规合一的规划体系，实现了规划的统筹与衔接，达到了"统一部署、分类分区有序实施"的效果。二是高标准，以法制法规推行乡村振兴。一方面，加快制定乡村振兴法，实现乡村振兴各项工作有法可依；另一方面，为确保党对"三农"工作领导的法治化，推进乡村振兴战略的有效实施，《规划》提出制定和完善党在农村工作方面的条例。三是高质量，乡村振兴战略旨在健全多元要素投入机制，将各方主体、要素和市场激活，进一步完善产权制度和优化市场配置，提升服务乡村振兴的质量。党的十九大报告指出，要深化农村集体产权制度改革以保障农民财产权收益。为此，《意见》和《规划》均指出，要积极调整完善土地出让收入使用范围，改进耕地占补平衡管理办法，建立新增耕地和城乡建设用地增减挂钩节余指标跨省域调剂机制，将所得收益全部用于乡村振兴战略之中，真正做到"取之于农，用之于农"。

最后，在组织维度方面，将加强党的领导、构建新时代"三农"工作的干部队伍作为关键。我国具有党管农村工作的优良传统，这也是进一步展开农村工作的重大原则。实施乡村振兴战略，更需要坚持这项重大原则。始终确保党在乡村振兴战略各项工作中总揽全局、协调各方的地位。中央一号文件对这一问题做出了明确指示，强调要建立健全高效的农村工作领导机制，以保证乡村振兴战略各项工作的开展，这就要求各级党委、政府和有关部门相互协调配合。要加强战略实施的过程管控，建立各级领导责任制，突出党政一把手和"五级书记"的领导责任，自上而下统筹推进落实工作。基层工作对于乡村振兴战略的开展至关重要，正所谓"基础不牢，地动山摇"，党的基层组织是各项工作的具体执行者，因此抓好扎实基层工作，发挥基层党组织的战斗堡垒作用至关重要。此外，在做好指挥工作的同时，也要注意防腐败。需要持续推进党风廉政建设，积极引导广大党员树立崇高理想、提升党性修养，时刻按照一名共产党员的要求去开展各项具体工作，以发挥先锋模范作用，同时，整顿基层党组织，坚决清除不合格党员、不合格党组织领导，主力打造清正廉洁、一心为民的基层党组织队伍，以强化基层党组织在农村中的领导核心地位。在农业方面，在积极调动亿万农民参与乡村振兴战略的基础上，进一步优化农业从业者结构，壮大农业龙头企业和行业组织，引领乡村振兴。乡村需要更多活跃的发展主体，需要以共同富裕为立足点，调动广大农民的积极主动性，将其引导到广阔的农村就业创业，并优化农业从业队伍结构，着力培养技能型、知识型和创新型的多层次农业经营队伍。兼顾小农户扶持、现代农业经营主体培育、农业龙头企业壮大，构建新型多元的现代农业经营主体，使广大农民、新型经营主体成为乡村振兴的实施者和受益者，如创办环境友好型企业以带动农村居民就业。农业龙头企业能够起引导作用，促进小农户在系统内进行分工协作，有利于培育传统农业生产者的市场、竞争、投资和风险四个方面的意识，这是农业企业家具备的素养，因此能够进一步促进小农户实现意识和身份的转变，进而促进农业产业升级和提高质量效益。农产品行业协会作为连接政府和企业及小规模生产者的桥梁，也是连接不同地域不同组织的纽带，其跨组织性可以进一步提高农民和农业经营者的组织化程度，其跨地域性有利于拓宽国内外市场，加强小农户与农业经营和国内外市场接轨，带领中国农业"走出去"。

（三）目标制定凸显战略性

从理论层面来看，习近平同志贯彻以人民为主体的思想于治国理政中，其战略性主要体现在党管方向、党管全局和党管长远。将坚持以人民为中心的思想作为最根本的执政理念，在习近平新时代中国特色社会主义思想的各个方面体现得淋漓尽致，如"五位一体"和"四个全面"战略布局。党的十九大报告明确提出了坚持农业农村优先发展的战略方针，这是为实现我国两个百年奋斗目标所做出的重要战略部署，也是今后一段时间农业农村发展的总体思路。这一战略方针直指农业农村当前所面临的短板，为农业农村发展明确了方向。"三农问题"之所以这么重要，是因为这是事关国计民生的根本性问题，国家现代化甚至在某种程度上取决于农业农村的现代化。以往我们更多强调工业和科技的创新力，对于农业创新力重视不足，而实际上农业创新力和竞争力有利于推进农业农村现代化，这与当前我国供给侧结构性改革不谋而合。推进农业供给侧结构性改革，就是要将传统农业生产、产业以及经营体系进行重构，实现从追求增产向提质的转变，从而实现向农业现代化的华丽转身。乡村振兴战略不是单一的追求生产力的发展，而是谋篇全局的农业农村发展规划，这其中就包含了凸显人文情怀的美丽乡村建设。乡村美则中国美，美丽乡村在乡村振兴战略中也扮演着重要角色，它是全面建成小康社会在农村的形象表达，是在发展农业农村"里子"的同时兼顾农村"面子"，这也是对人民对美好生活追求的一种回应。当然，美丽乡村不仅在于表面，更在于其更长远的战略规划，美丽乡村的建设主要体现在生态文明建设、乡村社会治理以及对于传统优秀农耕文化的传承。从这些方面出发，首先，应坚持"两山"理论，以更长远和发展的眼光去看待自然，深入贯彻生态文明理念，尊重自然、顺应自然、保护自然，最终实现人与自然和谐共生的美好愿望。其次，基层治理有效是实施乡村振兴战略的奠基石。常言道，事在人为，基层作为社会的细胞，是进行社会治理的重要组成部分，然而，乡村由于多重不利因素的干扰，乡村治理一直是我国经济社会发展的难点，在实施乡村振兴进程中，不断夯实治理基础，推进基层善治，建立健全更加完善的乡村治理体系也是应有之义。同时，乡村治理作为国家治理体系不可分割的一部分，在推进国家治理体系和治理能力现代化的过程中，乡村治理也应与时俱进，不断加强和创新社会治理，从而在确保农村社会稳定的基础上更好的服务于乡村振兴战略。最后，注重对传统农耕文化的传承。我国拥有数千年的农耕文化，众多优秀传统文化在农村仍有深深烙印，然而，随着近年来我国城镇化步伐的加快，农村文化的传承面临着现实危机。村庄作为中华优秀传统文化的重要载体，在发掘传统文化资源的同时，要秉持保护和传承的价值取向，在汲取传统文化精髓的同时也要注入时代的内涵，实现现代文明与传统文化的交相辉映，构建起诚实守信、邻里和睦、美美与共的文明乡村景象，既留住乡愁，又要为现代文明建设贡献力量，焕发新时代乡村社会文明新气象。

（四）具体方法注重实践性

理论源于实践，从来都不存在空想的理论，就如马克思主义的诞生也是基于当时他们所处的历史时代背景与存在的各项任务和挑战。马克思曾说过，"人类始终只能提出自己能够解决的任务"，即任务的解决办法要基于一定的物质条件，而客观存在的物质条件则正是解决办法的土壤，只有根植于这样的客观条件，才能从根本处找到解决办法。习近平新时代中国特色社会主义思想根植于实践，人民主体思想则是其执政理念的核心，具有重要的理论意义和实践价值。

一方面，人民主体思想的提出是基于我国实际国情，符合我国社会主义初级阶段的显著特征。每个时代都有每个时代的产物，每个时代都会催生不同的需求和任务，党在不同时期提出的目标也总是基于人民的需要和事业实际的发展需要，这也必将得到人民的衷心拥护。当前，我国进入了社会主义新时代，国内外形势发生了翻天覆地的变化，习近平新时代中国特色社会主义思想顺应了时代潮流，与全面实现小康社会目标相衔接，与我国特色社会主义事业总体布局相一致。站在百年未有之大变局的新的历史方位，我国社会主要矛盾也发生了根本性转变，人民日益增长的美好生活需要和不平衡不充分的发展之间的矛盾成为了新时代的主要矛盾，虽然我国社会主要矛盾发生了改变，但我国正处于并将长期处于社会主义初级阶段仍不会发生转变，在这"变"和"不变"之间，我们仍要保持清醒头脑和战略定力，在推进全面深化改革中，要始终立足于当下我国基本国情，坚持党的基本路线和方针，为把我国建成富强民主文明和谐美丽的社会主义现代化强国而不断奋进。

另一方面，我们党在践行"人民为主体"的思想中所展现出的强大执行力也体现出真实性的一面。中华民族伟大复兴是近代以来中华民族最伟大的梦想，这一梦想兼具伟大性和艰巨性，这需要每个中国人一代代的接续努力。正如我们党一直秉持的"空谈误国，实干兴邦"的执政理念，践行着用实际行动履行人民主体的发展思想。"一分部署，九分落实"，中国共产党肩负着14亿人民的重托，始终把对人民承诺之事落实摆在至关重要的位置，不说空话，言出必行，坚持为人民谋实事，对事出实招。此外，人民主体思想这一目标任务的真实性还表现在辩证性特征上。习近平新时代中国特色社会主义思想以人民为主体，做到发展为了人民，发展依靠人民，发展成果由人民共享，实现了为了人民、依靠人民和造福人民三者的有机统一。

二、乡村振兴战略蕴含的创新思维

（一）坚持农业农村优先发展的新发展思路

"三农"问题与我国的发展息息相关，还在很大程度上决定着人民群众的切身利益，要想实现国家的现代化，首先必须要实行农业农村现代化。"三农"改革作为我国整体改革的重要组成部分，是展开"三农"各项工作的重要动能。坚持农业农村优先发展作为指导当前"三农"工作的总方针，是对农村改革开放 40 多年来的经验总结以及升华，党和国家应当始终坚持农业农村优先发展这一大政方针，将精力放在"三农"工作上，切实落实好我党的发展方针，确保广大民众真正从改革中受益。回顾过去农村改革的历史，虽经历了曲折而漫长的道路，但也获得了简单而深刻的经验。农村改革作为改革开放全局事业的重中之重，这些年实施了一系列改革策略，使中国广大农村地区有了突破性的变化。到目前为止，我国农产品总量在全球处于第一位，远远领先于其他国家和地区。

乡村振兴战略是我党在十九大报告中提出的发展方针，对我国更好地解决"三农"问题起着非常重要的作用，所以我国在今后应当遵循农业农村优先发展这一政策，着力解决好"三农"问题，为农业现代化奠定坚实的基础。遵循这一基本指导方针，一方面是根据我国的长期历史实践确定的一个发展战略；另一方面还是在充分兼顾我国现阶段的主要矛盾的基础上做出的重大抉择。当前，随着我国社会经济的高速发展，伴随而来的问题是城乡差异日益拉大，如经济水平方面、基础设施以及教育卫生等诸多方面。目前，城乡发展不平衡、农村发展不充分等问题日益凸显，成为阻碍我国经济社会长期持续发展的瓶颈。在我国社会结构中，农村与城镇是其中的有机组成部分，农业农村的发展已经跟不上城镇和工业的发展步伐，城乡发展不均衡，就像两条腿长短不一，这个问题在很大程度上阻碍着我国经济的协调发展。对于这一发展战略，习近平同志明确指出，今后国家应当高度重视"三农"问题，始终遵循农业农村优先发展这一总体战略，逐渐将城乡之间的差距缩小，尽快将"三农"发展短板补齐，使农业发展成一个具有前景的行业，使人们不再歧视农民这一职业，不断改善农村人居环境条件。

在坚持农业农村优先发展的过程中，主要可以从以下四个方面采取有力措施，具体包括要素配置、资金投入等诸多方面，着重体现农业农村发展的优先地位。

第一，从资金的层面为农业农村发展提供强有力的支撑。其相关业务活动的开展，均需要得到强有力的经费保障。加强对农业农村发展的支持，不能仅限于"情感支持"和"友情支持"，要用制度确保作用有效发挥。其一，如何把资金引导到农村中去是个大问题，要实现民间资本与政府部门的项目之间相匹配，将民间掌握的富余资本用于启动乡村振兴相关项目，在政策和制度方面要加强引导，与此同时要健全投入保障机制。积极调动政府、金融机构和社会参与投资，在最短时间内构建起一个多元主体的投入格局与一套科学合理的投资机制，以满足乡村振兴战略的需要。其二，投资农业农村是保障农业农村优先发展的基础，必须准确认识"三农"工作的重要性和长远性，要有全局观，而不是仅出于追求政绩的考量，应当从财政的层面着力为农业农村提供支持，进一步改善支农效能。第二，从城乡融合发展的层面出发进一步改善要素配置，对农村的发展提供强有力的保障。农村地区许多生产要素逐渐开始向城市地区流动，使得两者之间陷入不平衡发展的局面，要想彻底解决好这一问题，则需要科学配置两地之间的生产要素，应当进一步加强制度性供给，推动资源要素向乡村转移，为乡村创造良好的条件。要想确保这一发展战略得到切实落实，要想实现各项资源科学配置，应当充分调动广大农民群众的积极性，健全体制机制建设。推动农业农村改革进程，从制度的层面为农业农村发展提供一个合适的条件。第三，在公共服务方面体现优先发展。近年来，为更好地解决民生问题，国家进行了大量的尝试，先后颁布了一系列的政策以不断完善基本公共服务体系，这项工作虽具有长期性、艰巨性和复杂性，但是今后国家仍应当高度重视民众的利益，继续从制度、资金等各个方面入手，推动基本公共服务均等化发展进程。在开展该项工作时应当始终遵循公平正义的指导思想，紧紧围绕广大民众的需求，重点是优化农村环境，为广大民众创设一个合适的环境，重点瞄准那些经济条件相对较差的人群，为他们的发展创造良好的条件，推动区域发展均衡化，使得基本公共服务进一步普及到农村地区，使广大民众能够享受到改革成果。第四，向乡村振兴主战场选派大量高素质的党员干部，在干部配备环节提供强有力的保障。乡村振兴战略的顺利推进，离不开人的参与，尤其是离不开更多高素质党员的支持，应当充分发挥这部分人的引领作用。在今后的工作中党和国家还应当不断加强对"三农"工作的领导，让优秀党员干部发挥聚人心、凝力量的核心作用，助力乡村振兴，既要善于选拔优秀干部，选优用优，还应当善于培养更多高素质的干部。一方面，应当构建起一套科学合理的工作机制，进一步优化农村工作领导体制；另一方面，还应当逐渐优化激励机制，在考核体系中纳入干部配备这一指标，让实绩考核发挥导向作用，为优秀干部创造良好的环境使其更好地投身乡村振兴。

（二）从"农业现代化"到"农业农村现代化"的全面发展思维

深入分析不难看出，党的十九大报告中出现了"乡村"这一词语，用这个词语取代了"农村"。通过深入总结可以看出，"乡村"这一词语最早出现于近代之前。随着经济社会的不断发展以及历史的变迁，近代以现代经济学的"三次产业"分类理论将其界定为"农村"。农村即以农业产业作为主营业务的经济单元，据此，在现代经济系统中把其功能定义为城市生产粮食①。此外，党的十九大报告中还确定了"加快推进农业农村现代化"的目标，基于从前的"农业现代化"，其中还增设了新的内容，如"农村现代化"，然后把两者融合在一起，确立了新形势下我国"三农"工作的主要任务。这个发展目标的确立，标志着我国"三农"工作进入一个崭新的历史时期。

"农业农村现代化"战略是全面实现我国现代化、解决我国主要矛盾的有效措施，由"农业现代化"到"农业农村现代化"战略的转变。第一，"农业现代化"与"农业农村现代化"是国家处于不同发展阶段而提出的不同的发展目标，是对人类社会发展规律认识不断深化的过程。在城乡关系演进中，"农业现代化"战略的主要目的是进一步改善农村生产力水平，使农村地区经济获得长期持续发展，尽快提高经济水平。近年来，我国经济不断发展，与此同时，城镇化进程也日益提速，在这种形势下，我国提出了"农业农村现代化"这一目标，旨在避免农村地区与城市地区经济差距扩大，推动两者协调发展，确保城乡居民都能够享受到发展的成果。在生态文明建设阶段，为进一步推动两者不断发展，进一步改善农村环境，国家提出了"农业农村现代化"这一目标，主要是为了推动两者在各个方面的协调发展。第二，从"农业现代化"到"农业农村现代化"战略的转变，是充分认识社会基本矛盾相互作用过程的结果，是对社会主义建设规律认识逐渐加深的一个发展过程。具体来说，农村生产力决定农村生产关系，经济基础决定上层建筑；反之亦然。由此可以看出，不合理的生产关系和上层建筑会进一步阻碍农村生产力的发展，一条腿肯定不如两条腿走得快，为破除束缚，深入探索实现农业现代化的具体路径，最大限度地激发农村活力，应将农业现代化力量充实为农业农村现代化的双重力量，进而推动这一战略的实施。第三，这一伟大转变，是党和国家在实践过程中积累的宝贵经验与智慧结晶，是我党对执政规律认识逐渐深化的一个过程。在各个发展阶段中，我们党对"三农"工作有不同的侧重点，也有不同的立足点和抓手，需要强调的一个问题是，在各

---

① 张孝德，丁立江．面向新时代乡村振兴战略的六个新思维［J］．行政管理改革，2018（7）：40-45．

个发展阶段，我党一直注重"三农"问题。农业农村问题是一个不可分割的整体，应该进行统筹协调和谋划，推动农业现代化进程。中华人民共和国成立之初，指出要加快农业现代化建设的同时注重农村建设，两者统筹协调发展，防止乡村发展掉队。改革开放后，国家强调社会主义农村建设的"新"，国家经济获得长期持续发展，我国进入新农村建设阶段。新时代，国家在充分兼顾"三农"问题的基础上，确定了这一战略目标，实现"农业现代化"尽快向"农业农村现代化"转变，彰显了"三农"工作的重要地位，在开展"三农"工作的过程中，一直把农业与农村结合在一起考虑，从总体上推动农业农村建设进程。

（三）从"城乡统筹"到"城乡融合"的城乡互补思维

在党的十九大报告中，我国提出了"城乡融合发展"的思想，取代了从前的"城乡统筹"，虽然"城乡统筹"到"城乡融合"只是一个用词的差别，然而其内涵却有了很大的提升，充分反映了党和国家在城乡融合发展方面的新思想以及重大举措。从中华人民共和国成立之初的很长一段时间里，国家形成了重工轻农、重城轻乡的思想，党中央提出"城乡统筹发展"，力图扭转这种局面，促进工业反哺农业，城市支持农村的发展。进入新的发展阶段，结合国家当前存在的主要矛盾，国家提出了新的战略路径——建立健全城乡融合发展体制机制和政策体系，加快推进农业农村现代化。从"城乡统筹"到"城乡融合"，它是推动乡村振兴、解决社会主要矛盾的必由之路，也体现了对城乡关系进行重塑的迫切需要。

回顾中国城乡建设发展的历史可以发现，农村经济发展对我国经济发展有着重要的影响，为中国的城市化发展贡献了巨大力量。在对外开放之初，国家为推动农村地区发展，在综合考虑当时实际情况的基础上，着手实施"家庭联产承包责任制"，这一政策的实施是为了解决人民群众的温饱问题，在实践中取得了非常良好的效果。不仅如此，在20世纪80年代，国家结合自身的实际情况，提出了大力发展乡镇企业的战略，这在全球属于首创，这些经营主体给社会创造了大量的财富。直至21世纪，我国城市逐步具备了发展社会主义市场经济的条件，城镇化的优势充分显现，逐步实现了中国经济发展重心由农村向城市转移。随着经济发展重心逐渐转向城市，乡村和农民的发展逐渐被忽略，导致"三农"问题进一步凸显。城市的快速发展得益于乡村和农民的贡献，但两者之间的差距进一步拉大，并且两者还存在着不平等关系。按照从前的城乡统筹发展思维，城市在整个体系中处于优势地位，而乡村却明显处于落后地位。乡村与城市是区域发展过程中必不可少的两个组成部分，两者存在着非常紧密的联系。新形势下，需要重新认识乡村的价值，党中央提出城乡融合发展的新思维，力求扭转城市代表文明、乡村代表落后的认识误区。所谓融合，即在两者之间构建起一种价值等值、地位平等、功能互补的关系。①

城镇化不是恒定不变的直线运动，而是处于城镇化与逆城镇化的周期波动中进行的。在城镇化发展阶段，城乡一体化不断推进，在这一时期，农村各项要素逐渐开始流向城镇地区，但近几年"新回乡运动"正在悄然改变中国城镇化的发展模式，实现资源从城镇向乡村流动，形成城乡双向流动、双向驱动的新城镇化模式。"新回乡运动"的产生，使城市资本开始逐渐投入农村地区。乡村振兴的关键是要让城市要素流回乡村，输入人才、资金和技术为乡村造血复活。因此，迫切需要将城市要素输送到农村地区的通道。这就需要从制度的层面构建起一个良好的环境，唯有如此，才能为各项生产资源的流动奠定坚实的基础。除此之外，还需要尽快将城乡二元体制机制破除，构建起两者融合发展的良好体制，推动城市地区生产要素顺利流向乡村地区，利用城市资源优势反哺农村发展。城乡作为区域发展的两个主体，在促进经济发展过程中都起着不可估量的作用，两者的融合发展即促进各项生产要素实现良性的双向流动，是两者相互促进的一种新模式。

第三节 乡村振兴战略需明晰的关系

新时代乡村振兴战略是一项系统的建设工程，需要各方同心协力和共同努力，方能实现预期战略目标，为确保乡村振兴战略的顺利实施，需要正确认识以下关系：

一、党的领导核心与农民主体地位的关系

推动乡村振兴，政府起主导作用，肩负着重要的职责；农民是其中的主体力量，并且是能够直接从中获得益处的一方。应当把两者的作用有机融合，首先，政府应当以身作则，充分发挥出自身应有的职能，包括政策支持、规划设计等各个方面，着力创设一个良好的发展环境，将更加优质的公共服务提供给广大人民群众。不仅如此，政府还应当加强对市场主体的引导，促使各方积极投入乡村振

---

① 张孝德，丁立江. 面向新时代乡村振兴战略的六个新思维 [J]. 行政管理改革，2018（7）：40-45.

兴之中，在配置资源中应充分发挥市场的决定性作用，推动乡村振兴进程。其次，在具体的实践中，应当遵循以人为本的指导思想与基本原则，应当充分尊重广大民众的意愿，让他们根据自己的意愿去选择振兴的措施与方法，不断优化相关制度安排，引导他们参加相关教育培训活动中，发挥政府投资的带动作用，引导农村各项事业，充分调动农民的创造性，使其通过自己的双手实现发家致富。政府作为领导力量，一方面，应当充分发挥自身应有的作用，优先向"三农"工作提供支持，进一步提高广大农民群众的幸福感；另一方面，还应当充分兼顾自身的能力，切忌没有原则地超越发展阶段乱开空头支票，应当尽可能地避免缺位和越位，避免取代群众包办所有的事情，防止陷入"政府急、农民闲"的泥沼。

二、政府与市场之间的关系

党的十九大以来，国家在充分兼顾当前社会情况的基础上，提出了乡村振兴战略，其责任主体是各级政府，因此它们理应在各个方面起到引导作用。需要注意的一个问题是，乡村振兴，还应当充分发挥市场的作用，使其在资源配置中起到决定性作用。因此，今后应当不断解放思想，深化农村改革，认真梳理"三农"问题，重点是考虑好关乎广大人民群众切身利益的问题，进一步明确农村产权，提高组织化程度，激发农民的参与积极性。在具体的实践中，各级政府应当时刻关注市场动态，在工作过程中紧紧围绕市场需求，不断推进农业改革进程，提升农业综合效益，进一步改善农村地区的整体环境，搞活农村经济。除此之外，还应当充分发挥政府的职能。因此，在乡村振兴战略实施过程中，应进一步明确政府和市场的界限，具体来说，政府需要着力推动制度改革，不断优化基础设施，尽可能地为广大人民群众提供更加优质的公共服务，努力为人民群众创设一个合适的环境条件；在产业发展上，应当充分兼顾市场规律，进一步激发经济主体的动力，形成推动乡村振兴的合力。

三、乡村振兴与城市发展的关系

城市和农村是社会结构的有机组成部分，两者均起着不可估量的作用，其中，前者起着集聚各类要素的功能，后者则有生态屏障、提供基本农产品等基本功能。乡村振兴这一战略的实施，并非让城市的发展停下来，并非不需要其带动作用，而是应当将后者与前者同等对待，充分发挥后者的内在动力，使两者协调发展。我国人口众多，必须要依靠自身的力量来解决众多人口的衣食住行问题，应当在推动城市不断向前发展的同时努力发展好农村。现阶段，应当高度重视我国的主要社会矛盾，将传统的城乡二元结构打破，解决好影响要素自由流动的制度问题，构建起两者融合发展的良好环境，在战略上实现向以城带乡、城乡融合发展转变，推动两者全面融合、协调发展。其重点是落实农业农村优先发展政策，将更多的财政资金投入"三农"领域。除此之外，还应当推进改革，进一步降低城市要素流向乡村的交易成本，促使各项资源更顺利地向乡村地区流动，促使两者的资源配置逐渐朝着合理化的方向发展，进而实现两者的协调发展。尽量避免将城乡建设分割开来，在农村建设过程中不应简单地模仿城市建设的经验与方法，而应当充分考虑农村地区的实际情况，让两者各自具有自己的特色。所以，今后应当大力推进新型城镇化，唯有如此，才能为乡村振兴战略的顺利实施提供动力，还应当大力推动农业转移人口市民化，为进一步提高农业劳动生产率创造良好的条件。

四、外部资源进入与农民自立的关系

资源回乡是乡村振兴的基础。一方面应当充分发挥农村地区的内部力量；另一方面还应当争取到更多的外部支持。把两者相融合，通过一系列合理的引导措施，促使更多的资源流到乡村中，不断提高外部资源的流入量，为推动乡村振兴事业奠定坚实的基础①。乡村振兴事业的长期持续发展需要得到更多外部资源的支持，不仅如此，还应当兼顾广大农民群众的意愿，充分激发他们的参与热情。同时，还应当构建起一套科学合理的投入保障机制，不断对投融资机制进行创新，保证财政资金向乡村经济倾斜，总量不断提高。着力完善要素市场化配置与产权制度，强化乡村振兴制度供给。不断优化农村基本经营制度，在保护集体土地所有权和承包权的基础上，平等保护土地经营权，适度放活宅基地和农民房屋使用权。除此之外，今后国家还应当着力推进集体经营性资产股份制改革。以进一步提高农业竞争力与质量效益为目标，强化绿色导向，为更好地推动农业经济发展，还应当不断优化农业支持保护制度，着力保障民众的切实利益，进一步提高农民的获得感，提高农民的幸福指数，使农民真正享受到发展带来的好处，进而积极拥护党的领导，在自己的岗位上积极为国家做出更多的贡献。

---

① 冯海发. 推动乡村振兴应把握好的几个关系 [J]. 农业经济问题，2018（5）：4-7.

五、产业发展和生态保护的关系

乡村振兴，生态宜居是关键。只有具有良好的生态环境，才能够为这一战略的顺利实施创造合适的条件。在产业发展上，乡村振兴应当进行合理的规划，充分体现在绿色发展的思维与模式，切忌盲目采用"大干快上"的运作模式，避免由于产业发展而损害生态环境。综合研究全球各国、各地区的发展经验可以看出，自然环境的破坏，究其原因，是一味地追求经济效益而没有注意环境保护而造成的。基于此，今后我们应当深入分析这些方面的教训，从中吸取宝贵的发展经验。

要统筹产业发展和生态保护。乡村振兴应当在确保环境免受损害的基础上进行。应当将整个生态系统视为一个有机体，对整个系统采取统一的措施，按照国家相关制度要求，以农村环保为核心，确保我们赖以生存的自然环境免受破坏。针对长期以来我国实行的粗放型农业发展模式，为彻底解决这一落后模式带来的环境污染问题，今后应当大力开展农业绿色发展行动，不断减少农药、化肥等农资的投入量，加强对废弃物的回收利用，着力构建起一个绿色发展模式。除此之外，为做好农村环保工作，还应当加大管理力度。农村环保工作要想真正取得实效，必须充分发挥县级政府以及镇政府的作用，确定这两级政府的具体责任，并将责任细分到每一个人，避免城镇与工业污染转移到广大农村地区。在建设方面应当充分体现出农村特色，切忌盲目地模仿城市建设的模式与方法，应当最大限度地留住农村的原貌，一定不能将农村的特色抹去，而应当与现代生活有机结合，保护好农村的湖泊、草地，不能乱砍滥伐，尽可能地少拆房屋，还应当尽量保护好农村的各类古物，为乡村振兴提供一个良好的生态环境和人文环境。

第三章
领会习近平"三农"工作重要论述

俗话说"民以食为天","三农"问题是根本性问题，是任何国家无论处于何种社会阶段都必须重视的基础性问题。我国人多地少，"三农"问题更是影响全局的战略性问题。党的十八大以来，习近平同志对"三农"工作作了一系列重要指示，涉及"三农"的方方面面，形成了具有鲜明时代特征和科学依据的关于"三农"工作的重要论述，习近平"三农"工作重要论述富有极强的理论性、科学性、系统性和可操作性。习近平"三农"工作论述是习近平新时代中国特色社会主义思想的重要组成部分，也是当前和今后一段时间内国家"三农"工作的重要指导理论。

第一节　习近平"三农"工作论述的缘起

任何理论的产生都有渊源，这与理论提出者的文化背景、实践经历、历史传承和现实环境有关。习近平"三农"工作论述当然也不可能是凭空产生的。探讨习近平"三农"工作论述的缘起，可以让我们更好地理解与把握习近平关于"三农"工作的重要论述，更好地运用习近平"三农"工作论述来指导我们的工作。

一、缘起于中国优秀传统农耕文化

习近平同志说过："我爱好挺多，最大的爱好是读书，读书已成为我的一种生活方式。"① 通过读书，习近平充分吸收了中国优秀传统文化。他说，"中华优

---

① 习近平接受金砖国家媒体联合采访 [N]. 人民日报，2013-03-20（001）.

秀传统文化已经成为中华民族的基因。""优秀传统文化是一个国家、一个民族传承和发展的根本，如果丢掉了，就割断了精神命脉。""我们生而为中国人，最根本的是我们有中国人的独特精神世界，有百姓日用而不觉的价值观。我们提倡的社会主义核心价值观，就充分体现了对中华优秀传统文化的传承和升华。"①从习近平对中国传统优秀文化的深刻理解不难看出，习近平的思想和价值观已经打上了深深的中国优秀传统文化的烙印。在中国优秀传统文化中，农耕文化又是基础和源头。习近平说过："我国农耕文明源远流长、博大精深，是中华优秀传统文化的根。"② 农耕文化的特点就是重农，将"三农"看作事关国家的存亡之道。齐国政治家管仲曾说，"粟者，王之本事也，人主之大务，有人之途，治国之道也。""不生粟之国亡。""仓廪实则知礼节，衣食足则知荣辱。"管仲关于农业的看法直到今天仍然适用，仍然具有积极意义。这些传统农耕文化在习近平的博士论文《中国农村市场化研究》中有多处体现，如引用《乞免五谷力胜税钱札子》来论证"谷贱伤农"的问题，引用《易经》中的"日中为市，致天下之民，聚天下之货，交易而退，各得其所"来说明我国早期的市场雏形，引用《汉书·郦食其传》中的"民以食为天"来强调粮食对人和国家的基础性作用。③

二、缘起于经典马克思主义的农业经济观

马克思主义的经典著作中有大量涉及"三农"的论述。在《资本论》中，马克思指出，"农业是国民经济的基础，是社会发展的基础。""超过劳动者个人需要的农业劳动生产率，是一切社会的基础。"④ "农业劳动不仅对于农业领域本身的剩余劳动来说是自然基础，而且对于其他一切劳动部门之变成独立劳动部门，从而对于这些部门中创造的剩余价值来说，也是自然基础。""农业的一定发展阶段，不管是本国的还是外国的，是资本发展的基础。"⑤ "其他一切部门中的剩余劳动以农业中的剩余劳动为基础，农业为所有这些部门提供原料。"⑥

作为马克思主义政党的领导人，习近平研读了大量马克思主义著作，他曾写道，学好马克思主义理论，是我们做好一切工作的看家本领，也是领导干部必须普遍掌握的工作制胜的看家本领。马克思主义是我们认识世界和改造世界的强大

① 青年要自觉践行社会主义核心价值观——在北京大学师生座谈会上的讲话 [N]. 人民日报, 2013-03-20 (001).

② 把乡村振兴战略作为新时代"三农"工作总抓手 [N]. 人民日报, 2018-09-23 (001).

③ 习近平. 中国农村市场化研究 [D]. 北京：清华大学博士学位论文, 2001.

④ 资本论（第三卷）[M]. 北京：人民出版社, 1975.

⑤⑥ 马克思恩格斯全集（第26卷）[M]. 北京：人民出版社, 1972.

思想武器，马克思主义理论素养是领导干部领导素质的核心和灵魂。[①] 习近平新时代中国特色社会主义思想是马克思主义中国化的最新理论成果，其"三农"工作理论的建构和哲学基础来源于马克思主义"三农"思想和历史唯物主义与辩证唯物主义哲学观与方法论。

三、缘起于长期的农村工作实践

习近平的"三农"情怀诞生于陕北梁家河，实践于河北、福建、浙江、上海。习近平在《我是黄土地的儿子》的文章中写道："15 岁来到黄土地时，我迷惘、彷徨；22 岁离开黄土地时，我已经有着坚定的人生目标，充满自信。作为一个人民公仆，陕北高原是我的根，因为这里培养出了我不变的信念：要为人民做实事！无论我走到哪里，永远是黄土地的儿子。"诞生于梁家河的"三农"情怀一直萦绕在习近平的心头，成为推动他"三农"工作的强大精神动力。

在河北正定工作期间，习近平的"大农业"理论开始萌芽，他提出："搞经济，搞大农业，都需要多一些战略眼光，从时间上看得远一些，从空间上看得宽一些。"[②] 到福建工作后，习近平的"大农业"理论开始逐渐成熟，他指出："大农业是朝着多功能、开放式、综合性方向发展的立体农业。它区别于传统的、主要集中在耕地经营的、单一的、平面的小农业。小农业是满足自给的自然经济，大农业是面对市场的有计划的商品经济。"[③] 除了"大农业"理论，习近平在福建工作期间还进行了大量有关"三农"工作的实践和理论创新。他在宁德组织推动山海协作、闽宁对口帮扶，促进沿海与山区、东部与西部经济社会协调发展；在全国率先谋划生态省建设，倡导经济社会在资源的永续利用中良性发展。基于对"三农"实践的思考，习近平出版了《摆脱贫困》一书，主编了《现代农业理论与实践》，完成了学术专著《中国农村市场化建设研究》，等等。到浙江工作后，习近平的"三农"实践和理论创新又迎来了一个新的高峰。他提出了发展"高效生态农业""绿水青山就是金山银山"等重要论述，并在《浙江日报》上发表了一系列关于"三农"的文章，如《务必执政为民重"三农"》

---

① 习近平在中央党校建校 80 周年庆祝大会暨 2013 年春季学期开学典礼上的讲话［N］. 人民日报，2013-03-04（001）.

② 中央农村工作领导小组办公室、河北省委省政府农村工作办公室. 习近平总书记"三农"思想在正定的形成与实践［EB/OL］. 马克思主义研究网，http：//myy. cass. cn/mks2y2gh/201802/f20180204-3839252-shtml，2018-02-04.

③ 习近平. 走一条发展大农业的路子［EB/OL］. 中国共产党新闻网，http：//theory. people. com. cn/n/2014/1016/c389908-25846936. html，2014-10-16.

《务必以人为本谋"三农"》《务必统筹城乡兴"三农"》《务必改革开放促"三农"》等。这些文章是习近平"三农"工作的实践总结，成为习近平"三农"工作理论的重要源头之一。主政上海后，习近平在农村改革、农业科技发展、新农村建设、城乡一体化、农村基层党建等方面进行了一系列的实践和理论创新。马克思主义理论认为，实践是检验真理的唯一标准，习近平长期的关于农业、农村工作的实践和创新，为其"三农"工作重要论述经受全国范围内的实践检验提供了重要的依据。

四、缘起于对国外农业先进经验的思考

习近平非常重视国外的"三农"经验。他在国外考察工作时常将"三农"作为重点考察内容。早在 1985 年，他担任正定县委书记时，就率石家庄地区玉米加工技术考察团赴美国艾奥瓦州实地考察"三农"工作，这对于当时刚改革开放不久的农业县的县委书记来说是十分难得的，展现了习近平超前的开放意识和面向未来的战略眼光。在上海工作期间，习近平多次指出上海要借鉴"荷兰模式"，发展现代精细、高附加值农业。2012 年 2 月 16 日，习近平到美国访问，在中美农业高层研讨会上发表了《谱写中美农业互利合作新篇章》的致辞，提出了在农业领域加强科技合作、加强经贸往来、加强沟通协调的主张。2012 年 2 月 20 日，习近平考察了爱尔兰的詹姆斯·林奇农场，他仔细了解农场的经营、产品加工、卫生检疫和市场销售等情况，盛赞其农牧业的发展并强调中国和爱尔兰双方应相互借鉴，取长补短，互利合作。习近平善于借鉴国外先进"三农"经验，他研读了《法国的农业现代化》《国外农业现代化问题》《现代日本农业》等一批介绍国外农业的著作，同时，习近平也反对盲目照搬国外的"三农"经验。他曾一针见血地指出，"那种大农业的道路看来不行，就看东北那些人少地多的地方怎么样，那也有个成本问题。""很多东西一定要因地制宜。什么是科学，并不一定是大、洋、全，并不一定是所谓的机械化。要最小成本、最大效益，什么事情都离不开现实。""从人多地少，从耕作习惯，从人文背景，日韩模式与我们有相似条件，但也不能照搬。它们那个体系，它们那个发展脉络，有特定的历史背景。我们则不能抛开我们的历史。所以，既要借鉴外面，又要走自己的路。"[①] 对"三农"问题，可以参考国外，但不盲从国外，充分体现了习近平同志实事求是的马克思唯物主义"三农"观。

---

① 陈林. 统分结合，三位一体习近平的"三农"情怀 [J]. 人民论坛，2013（13）：36-38.

第二节　习近平"三农"工作论述的主旨要义

2012 年 2 月，习近平在中美农业高层研讨会的致辞中回顾道："我曾在中国西部地区当过七年农民，还当过一村之长，我在中国河北、福建、浙江和上海等省市任职时也都领导或分管过农业工作，对农业、农村、农民很有感情。"这种对"三农"的天然感情，让习近平在不同的岗位、不同的地方工作时，都念兹在兹如何"发展农业、造福农村、富裕农民"。习近平对"三农"问题的持续思考，特别是党的十八大以来的一系列关于"三农"的创新性、战略性的重要论述，构成了博大、丰富的新时代中国特色社会主义"三农"工作理论。

一、稳步推进农村制度改革

习近平高度重视、大力推进农村改革，他指出，革命是解放生产力，改革也是解放生产力，"农村改革是全面深化改革的重要组成部分，做好'三农'工作，关键在于向改革要活力"，要"坚定不移深化农村改革，坚定不移加快农村发展，坚定不移维护农村和谐稳定"。① 习近平指出今后一段时间农村改革的方向就是："健全城乡融合发展体制机制，清除阻碍要素下乡各种障碍。推进农业供给侧结构性改革，坚持质量兴农、绿色兴农、农业政策从增产导向转向提质导向。"②

（一）土地制度改革

对于农村改革，怎么改？改什么？习近平有着深入的思考。他指出："建立国家、集体和农民及其合作组织相结合的服务体系，是深化农村改革的一个重点。"③ 农村改革就是要"进一步深化农村土地制度改革，创新农业经营方式，完善农业支持保护制度。要强化乡村规划引领，实施村庄基础设施建设工程，加

---

① 习近平牵挂的十一件农事 [EB/OL]. 新华网，http://www.xinhuanet.com/politics/2014-12-23/c_1113741756.htm，2014-12-23.
② 中央经济工作会议在北京举行　习近平李克强作重要讲话 [N]. 人民日报，2017-12-21（001）.
③ 习近平总书记"三农"思想在福建的探索与实践 [N]. 人民日报，2018-01-19（001）.

快补齐农村人居环境和公共服务短板"①。习近平十分推崇统分结合的农村基本经营制度，他指出"统分结合这种经营方式是中国农民的杰出创造，它有广泛的适应性和强大的生命力。"②"在现代农业发展中，必须坚定不移地贯彻中央关于以家庭承包经营为基础、统分结合的双层经营体制长期稳定的政策。"习近平强调土地制度改革是深化农村改革的关键，他指出，"新形势下深化农村改革，主线仍然是处理好农民和土地的关系。最大的政策，就是必须坚持和完善农村基本经营制度，坚持农村土地集体所有，坚持家庭经营基础性地位，坚持稳定土地承包关系。"③"深化农村改革，完善农村基本经营制度，要好好研究农村土地所有权、承包权、经营权三者之间的关系"④。习近平强调要"保持土地承包关系稳定并长久不变，第二轮土地承包到期后再延长三十年"⑤。习近平率先推动农村集体林权制度改革，他指出："林改的方向是对的，关键是要脚踏实地向前推进，让老百姓真正受益。""集体林权制度改革要像家庭联产承包责任制那样，从山下转向山上。"在他领导下，发端于福建武平县的农村集体林权制度改革，成为全国集体林权制度改革的探路先锋，武平县也因此被誉为全国"林改第一县"。

（二）农业供给侧结构性改革

推动农业供给侧结构性改革是习近平农业改革思想的又一重要创新点。习近平指出："我国农业农村发展已进入新的历史阶段，农业的主要矛盾由总量不足转变为结构性矛盾，矛盾的主要方面在供给侧，必须深入推进农业供给侧结构性改革，加快培育农业农村发展新动能，开创农业现代化建设新局面。"⑥"推进农业供给侧结构性改革，是'三农'领域的一场深刻变革，关系农业的长远发展。"

深入推进农业供给侧结构性改革要坚持一条主线、一条道路和一个导向。习近平指出："要坚持以农业供给侧结构性改革为主线，坚持质量兴农、绿色兴农，加快推进农业由增产导向转向提质导向，加快构建现代农业产业体系、生产体系、经营体系，不断提高我国农业综合效益和竞争力。"⑦ 目前农业发展处于三

① 中央农村工作会议在京召开习近平对做好"三农"工作作出重要指示［EB/OL］. 新华网, http://www.xinhuanet.com/politics/leaders/2019-12121/C-1125373173.htm, 2019-12-21.
② 习近平总书记"三农"思想在正定的形成与实践［N］. 人民日报, 2018-01-18（001）.
③ 加大推进新形势下农村改革力度促进农业基础稳固农民安居乐业［J］. 云南农业, 2016（6）: 2.
④ 坚定不移全面深化改革开放脚踏实地推动经济社会发展［J］. 实践（党的教育）, 2013（8）: 4-5.
⑤ 保持土地承包关系稳定并长久不变　第二轮土地承包到期后再延长三十年［EB/OL］. 中国新闻, http://news.cctv.com/2019/11/27/ARTIKsCh80mVQPir6K4TRIYB191127.shtml, 2019-11-27.
⑥ 习近平参加四川代表团审议［J］. 四川党的建设, 2017（6）: 5+6-7.
⑦ 论坚持全面深化改革［M］. 北京: 中央文献出版社, 2018.

期叠加阶段，处于转变发展方式、优化生产结构、转换增长动力的攻坚阶段，在当前和今后相当长一段时期内，"要坚持新发展理念，把推进农业供给侧结构性改革作为农业农村工作的主线。"① 农业供给侧结构性改革要坚持质量兴农之路。习近平在多次讲话中反复强调质量兴农的重要性。他说："要切实提高农产品质量安全水平，以更大力度抓好农产品质量安全，完善农产品质量安全监管体系，把确保质量安全作为农业转方式、调结构的关键环节，让人民群众吃得安全放心。"② "要把增加绿色优质农产品供给放在突出位置，狠抓农产品标准化生产、品牌创建、质量安全监管，推动优胜劣汰、质量兴农。" "要坚持质量兴农、绿色兴农，农业政策要从增产导向转向提质导向。" "质量就是效益，质量就是竞争力。"③ 此外，农业供给侧结构性改革过程中调优结构还要坚持以市场需求为导向。"农业结构往哪个方向调？市场需求是导航灯，资源禀赋是定位器。要根据市场供求变化和区域比较优势，向市场紧缺产品调，向优质特色产品调，向种养加销全产业链调，拓展农业多功能和增值增效空间。"④ "要以市场需求为导向调整完善农业生产结构和产品结构。"⑤ "要坚持市场需求导向，主攻农业供给质量，注重可持续发展，加强绿色、有机、无公害农产品供给。"⑥

二、努力实现农业现代化

现代农业是农业现代化的具体体现。习近平强调，"农业的出路在现代化""解决好'三农'问题，根本在于深化改革，走中国特色现代化农业道路。"⑦ "现代高效农业是农民致富的好路子。要沿着这个路子走下去，让农业经营有效益，让农业成为有奔头的产业。"⑧ 发展现代农业，必须"构建现代农业产业体系、生产体系、经营体系，完善农业支持保护制度，发展多种形式适度规模经营，培养新型农业经营主体，健全农业社会化服务体系，实现小农户和现代农业

---

① 在中央政治局常委会会议上的讲话［N］. 人民日报，2016-12-21（001）.

② 在十八届中央政治局第二十三次集体学习时的讲话［N］. 人民日报，2015-5-31（001）.

③ 论坚持全面深化改革［M］. 北京：中央文献出版社，2018.

④ 中共中央文献研究室. 习近平关于社会主义经济建设论述摘编［M］. 北京：中共中央党校出版社，2017.

⑤⑥ 习近平在参加十二届全国人大四次会议湖南代表团审议时的讲话［N］. 人民日报，2016-3-9（001）.

⑦ 汇聚起全面深化改革的强大正能量［EB/OL］. 人民网，http：//politics. people. com. cn/n/2013/1128/c1024-23688474. html，2013-11-28.

⑧ 主动把握和积极适应经济发展新常态推动改革开放和现代化建设迈上新台阶［N］. 人民日报，2014-12-15（001）.

发展有机衔接。促进农村一二三产业融合发展，支持和鼓励农民就业创业，拓宽增收渠道"①。发展现代农业"必须懂得市场，特别是要懂得市场经济条件下的农产品市场。各级政府和农村基层组织不能只抓生产、不抓市场"。发展现代农业，要立足本国实情，"不能沿用西方国家的发展模式"，要"积极探索一条适合国情、省情、县情，依靠科技进步和提高农民素质，花钱省、多办事和集中力量办大事的现代农业发展路子"。习近平指出要因地制宜大力发展特色农业，"发展特色产业、特色经济是加快推进农业农村现代化的重要举措，要因地制宜抓好规划和落实"。

发展现代农业，必须重视农业科技人才，重视农业科技的运用。习近平指出，"农业现代化关键在科技进步。我们必须比以往任何时候都更加重视和依靠农业科技进步，走内涵式发展道路。矛盾和问题是科技创新的导向。要适时调整农业技术进步路线，加强农业科技人才队伍建设，培养新型职业农民"，要"给农业插上科技的翅膀，按照增产增效并重、良种良法配套、农机农艺结合、生产生态协调的原则，促进农业技术集成化、劳动过程机械化、生产经营信息化、安全环保法治化，加快构建适应高产、优质、高效、生态、安全农业发展要求的技术体系"。习近平一系列对现代农业发展的指示，是对现代农业发展内涵和农村经济发展规律的深刻认识，对于树立大农业发展导向、加快推进农业结构调整、促进农村经济蓬勃发展具有重要的指导意义。

三、加快农村人才培育

人才是促进科技进步和经济社会发展的最宝贵资源。由于农村和城市的经济社会发展不平衡，大量的农村人才流动到城市，而城市里的人才又不愿意回农村，造成的结果就是农村人才断层和匮乏。人才匮乏又进一步恶化农村经济社会发展，形成恶性循环。所以说，乡村振兴，人才是基石。对于培养农村人才问题，习近平指出："乡村振兴，人才是关键。要积极培养本土人才，鼓励外出能人返乡创业，鼓励大学生村干部扎根基层，为乡村振兴提供人才保障。"其中大学生干部制度就是培养农村人才的重要创新举措。习近平强调，"实现党的十七届三中全会确定的推进农村改革发展的目标任务，迫切需要一大批密切联系群众、带领农民致富、促进农村稳定的农村基层干部，迫切需要一大批有现代知识、现代思维、现代眼光的优秀青年才俊积极投身社会主义新农村建设。""大

---

① 决胜全面建成小康社会　夺取新时代中国特色社会主义伟大胜利——在中国共产党第十九次全国代表大会上的报告 [M]. 北京：人民出版社，2017.

学生村干部是加强党的基层组织建设和推进社会主义新农村建设的重要力量，也是党政机关培养和储备来自工农一线后备人才的重要来源。"①

农民是乡村振兴的主力军，将广大农民培养成爱农业、懂技术、善经营的新型职业农民，是农村人才培养的重要途径。通过富裕农民、提高农民、扶持农民，让农业经营有效益，让农业成为有奔头的产业，让农民成为体面的职业。人才需要良好的平台和环境，通过营造良好的创业环境，制定人才、财税等优惠政策，为人才搭建干事创业的平台，吸引各类人才返乡创业，激活农村的创新活力。习近平指出："要推动乡村人才振兴，把人力资本开发放在首要位置，强化乡村振兴人才支撑，加快培育新型农业经营主体，让愿意留在乡村、建设家乡的人留得安心，让愿意上山下乡、回报乡村的人更有信心，激励各类人才在农村广阔天地大施所能、大展才华、大显身手，打造一支强大的乡村振兴人才队伍，在乡村形成人才、土地、资金、产业汇聚的良性循环。"②

四、加强农村基层党组织建设

习近平同志高度重视农村基层党组织建设，他指出，"党管农村工作是我们的传统，这个传统不能丢。""农村基层党组织是农村各个组织和各项工作的领导核心，要强化农村基层党组织职能，把农村基层党组织建设成为宣传党的主张、贯彻党的决定、领导基层治理、团结动员群众、推动改革发展的坚强战斗堡垒"，要"把加强村级组织建设作为农村小康建设的一项根本性措施来抓"。"在指导思想上、组织保证上使党组织在农村的社会主义建设中，真正能站到'前台'，真正能居于'第一线'，切实发挥党组织的核心作用"。在基层党组织的选人用人上，习近平强调，"一定要挑选那些拥护和执行党的路线、方针、政策，党性强、作风正派、秉公办事的人进班子，把好政治质量关。同时，要注意选拔那些有文化、有知识、懂经济、有工作能力的年轻人进班子，把德与才结合起来，综合考察，以利于实现班子的革命化、年轻化、知识化、专业化"，要"强化五级书记抓乡村振兴制度保障，选优配强'三农'干部队伍"，"把到农村一线锻炼作为培养干部的重要途径，形成人才向农村基层一线流动的用人导向，造就一支懂农业、爱农村、爱农民的农村工作队伍。"习近平要求，"教育广大农村干部大力弘扬求真务实精神，切实增强忧患意识、公仆意识和节俭意识，大兴

---

① 习近平对"村干部"的六点看法［EB/OL］.中国共产党新闻网，http://cpc.people.com.cn/n/2014/1202/c64094-26129689.html? mtype-group，2014-12-02.

② 张晋.人才振兴：把人力资本开发放在首要位置［N］.青岛日报，2018-03-09（001）.

调查研究之风，深入基层、深入实际、深入群众，深入田间地头和农民家中，体察民情、倾听民意、关注民生，到困难多的地方去解决最难解决的问题。"① 习近平这些重要论断回答了加强农村党建的重大意义，是对农村基层党组织建设、提升乡村治理水平的宝贵财富。

五、美丽乡村环境建设

（一）农村生态环境建设

习近平一直以来都十分重视农村生态环境保护，他强调，要"像保护眼睛一样保护生态环境，像对待生命一样对待生态环境"②，"在生态环境保护上一定要算大账、算长远账、算整体账、算综合账，不能因小失大、顾此失彼、寅吃卯粮、急功近利"③。因为"我国生态资源总体不占优势，对现有生态资源保护具有战略意义。如果仅仅靠山吃山，很快就坐吃山空了"④。

习近平的生态观是一以贯之的。早在 20 世纪 80 年代，习近平就已经意识到了农村生态的重要性，他指出"农业经济已不仅是农业生产本身，而是由农业经济系统、农业技术系统与农业生态系统组合而成的复合系统，是人类的技术经济活动与生物系统和环境系统联结而成的网络结构，农业经济早已超出自为一体的范围，只有在生态系统协调的基础上，才有可能获得稳定而迅速的发展"。福建工作期间，习近平在全国率先谋划生态省建设，倡导经济社会在资源的永续利用中良性发展。他强调"建设生态省，大力改善生态环境，是促进我省经济社会可持续发展的战略举措，是一项造福当代、惠及后世的宏大工程"，提出要"通过以建设生态省为载体，转变经济增长方式，提高资源综合利用率，维护生态良性循环，保障生态安全，努力开创'生产发展、生活富裕、生态良好的文明发展道路'，把美好家园奉献给人民群众，把青山绿水留给子孙后代"⑤。在浙江工作时，习近平提出要发展高效生态农业，并且明确将休闲农业、观赏渔业、森林旅

---

① 习近平总书记在上海工作期间对推动"三农"发展的思考与实践 [J]. 上海农村经济，2018 (10)：4-8.

② 绿水青山就是金山银山——关于大力推进生态文明建设 [N]. 人民日报，2016-05-09 (001).

③ 习近平在云南考察工作时强调坚决打好扶贫开发攻坚战加快民族地区经济社会发展 [J]. 云岭先锋，2015 (2)：4-5.

④ 习近平在黑龙江考察调研 [EB/OL]. 央广网，http://china.cnr.cn/news/20160525/t20160525_522228515.shtml，2016-05-25.

⑤ 习近平在中共中央政治局第六次集体学习时强调 坚持节约资源和保护环境基本国策 努力走向社会主义生态文明新时代 [J]. 环境经济，2013 (16)：6.

游等业态，列为新兴产业予以扶持，并指出"所谓生态，就是要体现农业既能提供绿色安全农产品又可持续发展的要求"。

习近平强调，"要正确处理好经济发展同生态环境保护的关系，牢固树立保护生态环境就是保护生产力、改善生态环境就是发展生产力的理念"①。2013年9月7日，习近平总书记在哈萨克斯坦纳扎尔巴耶夫大学发表演讲并回答学生们提出的问题，在谈到环境保护问题时他指出："我们既要绿水青山，也要金山银山。宁要绿水青山，不要金山银山，而且绿水青山就是金山银山。"这生动形象表达了我们党和政府大力推进生态文明建设的鲜明态度和坚定决心，为我们推进生态文明建设指明了方向。

（二）农村人文环境建设

乡村振兴，既要塑形，也要铸魂。没有乡村文化的高度自信，没有乡村文化的繁荣发展，就难以实现乡村振兴的伟大使命。实施乡村振兴战略，要物质文明和精神文明一起抓，既要发展产业、壮大经济，更要激活文化、提振精神，繁荣兴盛农村文化。习近平强调，"农村精神文明建设很重要，物质变精神、精神变物质是辩证法的观点，实施乡村振兴战略要物质文明和精神文明一起抓，特别是要注重提升农民精神风貌""实施乡村振兴战略不能光看农民口袋里票子有多少，更要看农民精神风貌怎么样"②。2018年3月8日，习近平在参加党的十三届全国人大一次会议山东代表团审议时强调，要"推动乡村文化振兴"，就要"提高乡村社会文明程度，焕发乡村文明新气象"，要推动乡村文化振兴，就要加强农村思想道德建设和公共文化建设，以社会主义核心价值观为引领，深入挖掘优秀传统农耕文化蕴含的思想观念、人文精神、道德规范，培育挖掘乡土文化人才，弘扬主旋律和社会正气，培育文明乡风、良好家风、淳朴民风，改善农民精神风貌，提高乡村社会文明程度，焕发乡村文明新气象。

（三）农村治理体系建设

新农村建设需要有先进的治理体系。"加快推进乡村治理体系和治理能力现代化"是实施乡村振兴战略的内在要求。乡村治理首先应该是党领导下的乡村治理体系，习近平强调，"要建立健全党组织领导的自治、法治、德治相结合的乡村治理体系，打造充满活力、和谐有序的善治乡村"。在乡村治理上，习近平特

---

① 十九大后首调研 习近平花30元买村民手工香包："捧捧场"［EB/OL］. 中国财经, http://finance.china.com.cnl news/20171213/4470187.shtml, 2017-12-13.

② 习近平. 乡村振兴不能光看农民口袋里票子有多少［EB/OL］. 搜狐, https://www.sohu.com/a/201306290-162758, 2017-12-31.

别重视乡村治理人才队伍的培养和选拔，他强调，要"选优配强'三农'干部队伍"，要"培养造就一支懂农业、爱农村、爱农民的'三农'工作队伍"①。选派干部下基层是提高乡村治理的有效手段。习近平指出："干部下基层是我们党的优良传统，也是各级党委、政府抓工作的一个重要方法。它不是以解决某一个方面的问题为目的，而是运用综合性的手段和方法来努力解决农村经济和社会发展的全面问题；它不是为完成突击性、短期性工作任务而采取的一时之策，而是以一个较长的工作周期来整体推动农村经济和社会的发展。这是一种新的农村工作机制，是对新形势下农村工作机制的创新尝试。"②

六、建立健全农村公共服务体系

提高农村公共服务供给，让农村与城市享有相等的公共服务，是解决城乡二元结构、改善民生、提高农民获得感的内在要求。习近平强调，"要推动形成城乡基本公共服务均等化体制机制，特别是要加强农村留守儿童、妇女、老人关爱服务体系建设"③。除此之外，"基础设施的改善，向一体化方向走，城市向农村延伸，水电路桥将来村村通、户户通""垃圾处理要实行村收集、乡镇集中、区县处理""改灶、改厕等都应该全面推开"。

（一）基础教育服务

提升农村基础教育水平，是农村公共服务建设的重要抓手。习近平指出，"革命老区、贫困地区要脱贫致富，从根儿上还是要把教育抓好，不能让孩子输在起跑线上。国家的资金会向教育倾斜、向基础教育倾斜、向革命老区基础教育倾斜。""教育短板在西部地区、农村地区、老少边穷岛地区，尤其要加大扶持力度。"提高农村基础教育水平的关键点在于乡村教师。让乡村教师能在农村"下得来""留得住""教得好"，2015 年 4 月 1 日，中央深化改革领导小组第十一次会议审议通过了《乡村教师支持计划（2015-2020 年）》。这其中，既有提高思想政治素质和师德水平、提升能力素质这样的软件建设，也有拓展补充渠道、提高生活待遇、职称评聘倾斜、推动城镇优秀教师向乡村学校流动等含金量十足的"干货"。如今，各省、自治区、直辖市乡村教师支持计划的实施方案已

---

① 习近平. 努力创新农村工作机制——福建省南平市向农村选派干部的调查与思考 [J]. 求是，2002（16）：13-16.

② 健全城乡发展一体化体制机制让广大农民共享改革发展成果 [N]. 人民日报，2015-05-02（001）.

③ 彭波. 习近平在北京师范大学考察 [N]. 人民日报，2014-09-10（001）.

经陆续出台，乡村教育的美好明天值得期待。

（二）医疗卫生服务

农村地区医疗卫生科技资源相对匮乏，农民看病难、看病贵，是长期以来我国农村医疗卫生服务存在的突出问题。2014年12月，习近平在考察江苏镇江市世业镇卫生院时强调，"要推动医疗卫生工作重心下移、医疗卫生资源下沉，推动城乡基本公共服务均等化，为群众提供安全有效方便价廉的公共卫生和基本医疗服务，真正解决好基层群众看病难、看病贵问题。"[①] 习近平强调，"要坚定不移贯彻预防为主方针，坚持防治结合、联防联控、群防群控，努力为人民群众提供全生命周期的卫生与健康服务。"《"十三五"全国地方病防治规划》提出，坚持"预防为主、防管并重、因地制宜、稳步推进"的工作策略，用以保障人民群众身体健康。

（三）养老服务

中华民族历来有尊老、爱老、敬老的传统美德。2016年5月27日，习近平在中共中央政治局第三十二次集体学习时就我国老龄事业的发展做了重要论述。他强调，要"坚持党委领导、政府主导、社会参与、全民行动相结合，坚持应对人口老龄化和促进经济社会发展相结合，坚持满足老年人需求和解决人口老龄化问题相结合，努力挖掘人口老龄化给国家发展带来的活力和机遇，努力满足老年人日益增长的物质文化需求，推动老龄事业全面协调可持续发展"，要"完善养老和医疗保险制度，落实支持养老服务业发展、促进医疗卫生和养老服务融合发展的政策措施。要建立老年人状况统计调查和发布制度、相关保险和福利及救助相衔接的长期照护保障制度、老年人监护制度、养老机构分类管理制度，制定家庭养老支持政策、农村留守老人关爱服务政策、扶助老年人慈善支持政策、为老服务人才激励政策，促进各种政策制度衔接，增强政策合力"。相关统计数据显示，截至2017年底，全国各类养老服务机构和设施约15.5万个，比2016年增长10.6%；各类养老床位合计744.8万张，比2016年增长2%。当前，我国养老服务市场供需不平衡不充分矛盾仍然存在，在广大农村地区，大量劳动力向城镇转移，传统家庭养老模式难以有效满足日益增长的农村居民养老服务需求，农村养老服务供给结构单一、供给质量不高等问题愈加凸显。习近平在党的十九大报告中指出，"积极应对人口老龄化，构建养老、孝老、敬老政策体系和社会环境，推进医养结合，加快老龄事业和产业发展。"医养结合型养老模式把现代医疗服

---

① 全科医生：当好基层健康"守门人"［EB/OL］. 人民论坛网，http：//www. rmlt. com. cn/2019/0819/554782. shtml，2019-08-19.

务与养老服务有效结合，打通共享医养资源，成为满足广大农村居民养老需求、化解农村人口老龄化风险的有效途径。构建农村医养结合型养老服务体系的关键在于鼓励支持引导社会力量参与公办养老服务机构改革，形成政府、企业、非政府组织、家庭等多元主体协同供给的格局，为发展农村医养结合型养老服务提供保障。

（四）农村公共基础设施服务

实施乡村振兴战略、做好"三农"工作，如何补齐农村基础设施"这个短板"？2019年3月8日，在全国两会期间，习近平参加河南代表团审议时要求，"按照先规划后建设的原则，通盘考虑土地利用、产业发展、居民点布局、人居环境整治、生态保护和历史文化传承，编制多规合一的实用性村庄规划"，要"加大投入力度，创新投入方式，引导和鼓励各类社会资本投入农村基础设施建设，逐步建立全域覆盖、普惠共享、城乡一体的基础设施服务网络"。对于投入的重点，习近平明确指出，"抓好农村交通运输、农田水利、农村饮水、乡村物流、宽带网络等基础设施建设"。习近平强调，"要完善农村基础设施建设机制，推进城乡基础设施互联互通、共建共享，创新农村基础设施和公共服务设施决策、投入、建设、运行管护机制，积极引导社会资本参与农村公益性基础设施建设。"

第三节　习近平"三农"工作论述的主要特色

习近平关于"三农"工作的重要论述涉及"三农"的方方面面，内容十分丰富，蕴含着丰富的马克思主义哲学观，体现了作为马克思主义中国化理论创新成果的显著特点。

一、体现人民主体

（一）秉承中国共产党的宗旨意识

习近平在党的十九大报告中指出，"不忘初心，方得始终。中国共产党人的初心和使命，就是为中国人民谋幸福，为中华民族谋复兴。"习近平的"三农"思想的本质就是以人民为主体，全心全意为人民服务的党的宗旨的具体体现。习近平具有深厚的人民情怀，对于人民的主体性，习近平有深刻的认识。他强调，"人民是历史的主体""党的根基在人民，血脉在人民、力量在人民""我国是工人阶级领导的、以工农联盟为基础的人民民主专政的社会主义国家，国家一切权力属于人民。我们必须始终坚持人民立场，坚持人民主体地位"。习近平坚持以人民为主体，坚持把人民利益放在首位。他强调，"一切国家机关工作人员，无论身居多高的职位，都必须牢记我们的共和国是中华人民共和国，始终要把人民放在心中最高的位置，始终全心全意为人民服务，始终为人民利益和幸福而努力工作。""着力解决好人民最关心最直接最现实的利益问题，让全体中国人民和中华儿女在实现中华民族伟大复兴的历史进程中共享幸福和荣光"。

（二）发展是为了人民共享改革成果

"创新、协调、绿色、开放、共享"是习近平提出的新发展理念，新发展理念的落脚点则是发展成果由全体人民共享。要想使发展成果惠及全体人民，就必须补齐"三农"短板。"三农"的核心就是农民问题。解决"三农"问题必须"发展为了农民、发展依靠农民、发展成果由农民共享"。"农民问题的核心是增进农民利益和保障农民权益问题；就是要把切实提高农民素质、实现人的全面发展，作为'三农'工作的根本出发点和落脚点，实现好、维护好、发展好农民的物质利益和民主权利，不断增强农民群众的自我发展能力"。

（三）发展要依靠人民

发展为了人民，发展也必须依靠人民。"三农"问题的解决归根结底要依靠农民，要激发亿万农民主人翁精神和自主发展意识。习近平指出，"农村要发展，根本要依靠亿万农民。"[1] "努力让人民过上更好生活是党和政府工作的方向，但并不是说党和国家要大包大揽。要鼓励个人努力工作、勤劳致富，要创造和维护机会公平、规则公平的社会环境，让每个人通过努力都有成功的机会"[2]。所以，"农民是农业农村发展的主体，也是实施乡村振兴战略的主体。推进乡村振兴，是为了农民，也要依靠农民，坚持农民主体地位不动摇"。坚持农民主体地位必须"考虑农民的利益"，必须"要让农民积极参与乡村建设"，"乡村振兴干什么，怎么干，政府可以引导和支持，但不能代替农民决策，更不能违背农民意愿搞强迫命令。即使是办好事，也要让农民群众想得通"。

---

① 习近平总书记系列重要讲话读本 [M].北京：学习出版社，人民出版社，2014.
② 韩长赋.用习近平总书记"三农"思想指导乡村振兴 [N].学习时报，2018-3-28（001）.

二、突出问题导向

（一）正确认识问题

实事求是是贯穿我们党的全部实践、全部理论的一条基本线索。习近平深刻指出，"实事求是，是马克思主义的根本观点，是中国共产党人认识世界、改造世界的根本要求，是我们党的基本思想方法、工作方法、领导方法。"坚持实事求是的工作作风，就需要深入实践，从实践中发现问题，以问题为导向来设计政策工具。可以说问题导向的工作方法的本质仍然是实事求是。习近平非常注重问题导向的工作方法。2017年7月26日，习近平在省部级主要领导干部"学习习近平总书记重要讲话精神，迎接党的十九大"专题研讨班上反复强调了问题导向这个鲜明理念。他指出，"我们要在迅速变化的时代中赢得主动，要在新的伟大斗争中赢得胜利，就要在坚持马克思主义基本原理的基础上，以更宽广的视野、更长远的眼光来思考和把握国家未来发展面临的一系列重大战略问题，在理论上不断拓展新视野、作出新概括"。

（二）善于发现问题

当代中国在转型与变革中积累起实现民族复兴的强大动能，同时也面临错综复杂的矛盾和前所未有的挑战。坚持和发展中国特色社会主义，必须强化问题意识、坚持问题导向。问题是实践的起点、创新的起点，抓住问题就能抓住经济社会发展的"牛鼻子"。习近平的"三农"工作论述很多都运用了实事求是、问题导向的哲学方法。事实上，习近平在地方工作时，就带头践行了实事求是、问题导向的工作态度和工作方法。他每到一地，都是先进行调研实践，通过实践来发现问题，最终形成工作思路。

（三）善于解决问题

看待问题需要实，解决问题更要实。党的十八大以来，习近平在多个场合强调，要坚持"一分部署，九分落实""要抓实、再抓实，不抓实，再好的蓝图只能是一纸空文，再近的目标只能是镜花水月""撸起袖子加油干"等求真务实的工作要求。对待"三农"，习近平强调"务必求真务实抓'三农'"，要"坚持讲实话、出实招、办实事，把推进'三农'工作的各项政策举措真正落到实处"；要"切实转变工作作风，真心实意地为农民群众谋利益，善于带领农民群众共创美好生活"。正是因为"实"字当头，才有了我国"三农"工作的巨大进步。

三、全面统筹协调

唯物辩证法认为，事物是普遍联系的，不存在绝对孤立的事物。习近平处理"三农"问题时也运用了这一唯物辩证法的思想。习近平多次强调，要"跳出'三农'看'三农'"。也就是不要孤立地看待"三农"，不能就"三农"论"三农"。而应该将"三农"放在全局的角度下思考。习近平强调，要"站在经济社会发展全局的高度，确立以统筹城乡发展的方略解决'三农'问题的新思路"，要"把农业的发展放到整个国民经济发展中统筹考虑，把农村的繁荣进步放到整个社会进步中统筹规划，把农民的增收放到国民收入分配的总格局中统筹安排"，要"把工业和农业、城市和乡村作为一个整体统筹谋划，促进城乡在规划布局、要素配置、产业发展、公共服务、生态保护等方面相互融合和共同发展"①。

四、强调底线思维

底线思维能力，就是客观地设定最低目标，立足最低点，争取最大期望值的能力。习近平多次强调："要善于运用底线思维的方法，凡事从坏处准备，努力争取最好的结果，这样才能有备无患，遇事不慌，牢牢把握主动权。"习近平的"三农"工作论述也体现着鲜明的底线思维观。

（一）土地所有制的底线思维

在推动农村改革中，习近平强调，要"严守土地公有制性质不改变、耕地红线不突破、农民利益不受损的底线"②。他指出，"坚持农村土地农民集体所有，这是坚持农村基本经营制度的'魂'。坚持家庭经营基础性地位，农村集体土地应该由作为集体经济组织成员的农民家庭承包，其他任何主体都不能取代农民家庭的土地承包地位，不论承包经营权如何流转，集体土地承包权都属于农民家庭"。

（二）耕地与生态问题的底线思维

对待耕地问题上，习近平强调"耕地既是底线也是红线，要严防死守"，要"划定永久基本农田"，"耕地是我国最为宝贵的资源。我国人多地少的基本国

---

① 习近平：农村土地制度改革坚持三条底线［EB/OL］. 人民网，http://politics.people.com.cn/n/2014/1202/c70731-26135048.html，2014-12-02.

② 全面贯彻党的十九大精神坚定不移将改革推向深入［N］. 人民日报，2017-11-21（001）.

情，决定了我们必须把关系十几亿人吃饭大事的耕地保护好，绝不能有闪失。要实行最严格的耕地保护制度，依法依规做好耕地占补平衡，规范有序推进农村土地流转，像保护大熊猫一样保护耕地。"① 对于农村宅基地改革，习近平指出，要"严守土地公有制性质不改变、耕地红线不突破、农民利益不受损的底线"。对于农村改变，习近平强调，"不管怎么改，都不能把农村土地集体所有制改垮了，不能把耕地改少了，不能把粮食生产能力改弱了，不能把农民利益损害了"。对于农村生态安全，习近平多次强调，"要守住发展和生态两条底线"②，这就是说，经济发展要保持一定速度，决不用生态赤字为代价换取经济的发展。

---

① 依法依规做好耕地占补平衡规范有序推进农村土地流转 [N]. 人民日报，2015-05-27（001）.
② 守住发展和生态两条底线 [N]. 经济日报，2015-06-20（001）.

第四章
强化农村基层党组织组织力

　　乡村振兴战略是中共十九大提出的一个重大战略部署，是新时代"三农"工作的总抓手。没有农业的现代化，就没有农村繁荣振兴；没有农民生活富裕，我们的现代化就不完整、不全面、不牢固。农村基层党组织长期处在农业、农村工作的一线，长期与广大农民打交道。农村基层党组织的战斗力强不强，在乡村振兴战略中能否发挥战斗堡垒作用，直接关系乡村振兴战略的实施效果，直接关系我们党能否向人民、向历史实现庄严的承诺。习近平于 2018 年 3 月 8 日在山东代表团的讲话中，也指出"乡村振兴是包括产业振兴、人才振兴、文化振兴、生态振兴、组织振兴的全面振兴"。实现乡村社会"治理有效"是乡村振兴的一个重要目标，因此农村基层党组织振兴，并将其嵌入乡村经济社会生活的方方面面，不仅只是为乡村振兴战略提供组织保障，同时也是国家治理体系、治理能力现代化的重要环节。加强农村基层党组织建设，发挥其在乡村振兴的核心作用，就成为中共十九大后党在农村基层党建工作的应有之义。

第一节　农村基层党组织的重要地位

　　中共十九大提出乡村振兴战略的伟大战略部署，是中国共产党在新的历史时期以人民为中心思想引领下的历史担当。本章中农村基层党组织是根据 2019 年 1 月中共中央印发的《中国共产党农村基层组织工作条例》第二条规定，"乡镇党的委员会（以下简称乡镇党委）和村党组织（村指行政村）是党在农村的基层组织，是党在农村全部工作和战斗力的基础，全面领导乡镇、村的各类组织和各项工作。"它包括了乡镇的党委和建立在行政村的农村基层党支部。乡镇党委是行政村基层党支部的上级组织，村党支部在乡镇党委的领导下开展工作。作为党在农村地区的一级基层组织，是党的路线、方针、政策的落实者、实施主体。加强农村基层党组织建设既是建立现代农业，探索农村集体经济的有效实现形式，带领农民走共同富裕道路的需要；同时又是顺应国家治理体系和治理能力现代化的需要。

一、基层党组织是乡村振兴战略实践的领导者

乡村振兴战略是中国共产党在中共十九大之后做出的一项重大战略部署，作为一项顶层设计，规划蓝图如果不能落到实处，不能将党和国家的组织意图、政策导向转化成基层人民群众自觉的社会实践，那么再美好的规划蓝图也只是纸上谈兵。基层党组织位于农村基层工作的一线，其组织形式灵活多变，覆盖农村社会生活的方方面面。乡村振兴战略的实践活动，基本上都是围绕着乡镇党委和村党组织为单位展开，因此在乡村振兴战略的伟大实践中，农村基层党组织担任领导者的角色，有着天然优势。

2019 年 1 月中共中央印发了《中国共产党农村基层组织工作条例》（以下简称《条例》），《条例》明确强调了农村基层党组织的领导地位，在总体地位上，明确规定乡镇党委和村党组织全面领导乡镇、村各类组织各项工作，在组织设置上，明确规定以行政村为基本单元设置党组织；在职责任务上，明确规定乡镇党委和村党组织讨论决定本乡镇、本村的经济建设、政治建设、文化建设、社会建设、生态文明建设和党的建设以及乡村振兴的重大问题。根据宪法和法律的规定，中国共产党领导是中国特色社会主义最本质的特征。乡镇党委和村党组织，作为党的一线基层组织，执行党的路线、方针、政策，领导本地经济社会发展、引领乡村治理是其应有之义。这里的"领导"是政治领导，充分发挥了农村基层党组织在当地农村各项事业发展中的"把方向、谋大局"的主心骨作用，能够把农村基层党组织在农村各项事业发展中的战斗堡垒作用充分激发出来。

二、基层党组织是农民根本利益的代表

乡村振兴的主体是农民，如何调动农民的积极性、主动性、创造性，在中国共产党的引领下，维护农民的根本利益，带领广大农民走共同富裕的道路，是乡村振兴战略的关键。乡村社会利益关系错综复杂，能否维护农民的合理合法利益，关系广大农民对中国共产党在乡村执政的认同。中国共产党代表了最广大人民群众的根本利益，农村基层党组织是中国广大农民合理合法利益的代表者。经

过 40 多年的改革开放，农村经济取得了飞跃的发展，农村利益主体多元化，利益诉求复杂化、多样化、碎片化。农民之间、农民与村委会之间、农民与村干部之间、村干部与村干部之间形成了一张错综复杂的利益关系网，农村基层党组织嵌入农村经济社会生活的方方面面，具有双重身份。从政党的角度而言，农村基层党组织是中国共产党在农村的代言人，是党联系群众的桥梁，通过嵌入乡村社会生活的方方面面，通过发挥党员的先锋模范作用，引领乡村社会发展，进而增强农民对中国共产党的认同，夯实其执政基础。从农村基层社会角度而言，农村基层党组织是农民利益的代言人，要主动回应农村基层社会自下而上的现实要求。一方面，农村基层党组织是农民利益表达渠道的提供者，农村基层党组织发挥我党"从群众中来，到群众中去"的优良传统，了解农民深切的利益诉求，并将这些利益诉求上传给上级组织；另一方面，在中国共产党的领导下，发挥求同存异的原则，协调利益各方的不同诉求，化解冲突，达成利益共识，实现利益整合。

农村基层党组织在乡村治理中所发挥的利益协调、整合功能是其他乡村治理主体所不具备的。无论是以宗族、家族这种以血缘为纽带建立起来的血缘共同体，还是以行业协会、经济合作组织这种以利益为纽带建立起来的产业共同体，都只能代表某一个利益团体，不能代表全体农民。虽然近年来宗族、家族、行业协会、经济合作组织在乡村社会发展方面做出了很多贡献，但是由于其具有封闭性，在乡村社会公共生活中，其发挥作用的空间有限。而全心全意为人民服务一直是中国共产党的根本宗旨，代表了中国最广大人民群众的根本利益。可以想象如果由宗族、家族或者行业协会、经济合作组织等其他社会主体，来领导乡村振兴的战略任务，其结局只能是一个家族、宗族的复兴，一部分人的乡村振兴，而不可能实现整个乡村的全面振兴。社会主义本质是共同富裕，中国共产党所提出的乡村振兴战略是社会主义的乡村振兴战略，是全体农民的乡村振兴战略，其受益面是全体农民。正是因为农村基层党组织在乡村社会中具有超越性特点，因此才有可能在利益错综复杂的乡村社会中成为最广大的农民群众的代表。

三、基层党组织是现代农业发展的推动者

乡村振兴，产业振兴是关键。农业产业现代化一直以来是全党各项工作的重中之重。我国一直以来都是农业生产大国，却不是强国。建立优质、绿色、高产、高效的现代农业一直以来都是我国农业现代化的目标。中国共产党作为执政党，是我国农业现代化政策的顶层设计者。在中华人民共和国成立之初，中国共产党高度重视农业生产现代化工作。1954 年一届全国人大一次会议上，周恩来

同志提出了"四个现代化"建设目标，其中就将农业现代化写入其中。改革开放以来，党中央、国务院高度重视农业现代化工作。党的十八大以来，以习近平同志为核心的党中央，高度重视"三农"问题，对农业现代化的关注从农业领域拓展到农村现代化。在"十三五"规划期间，出台了《全国农业现代化规划（2016—2020年）》，大力推进农业现代化工作。农村基层党组织作为宣传、执行党的路线、方针、政策的"最后一公里"，处于农业、农村工作的一线，直接与广大农民群众打交道，担负着将党和国家有关于强农、惠农、支农的各项方针、政策落实到农业生产一线，并将其转化成基层社会实践的历史任务。党的十八大以来，党的工作重心向基层倾斜，各种资源向基层下沉，向基层党组织财政转移支付的力度也大大增强，着力补齐农业现代化建设短板。农村基层党组织作为承接各种下沉资源的承接主体，通过党建引领，在农业农村现代化推进工作中发挥战斗堡垒作用，将中央的各项惠农、支农、强农政策，落实到农业生产一线。各地农村基层党组织以农业供给侧结构性改革为主线，以机制改革、科技创新为驱动，积极推进农业现代化建设。通过基层党组织的引领和动员党的各项惠农、支农、强农政策在农村基层落地生根，调动了广大农民生产积极性，农业综合生产力显著提高，农民增收致富，农业农村现代化取得显著成就。

四、基层党组织是现代乡村治理的主导者

农村基层党组织是中国共产党在农村组织体系的末梢，是中国共产党与乡村社会的联结点。农村基层党组织的成员来自于本村村民，其了解当地农业生产、乡村社会的具体情况。一方面农村基层党组织自上而下将党中央的各项惠农利民政策传达到基层社会；另一方面基层社会又通过基层党组织自下而上将基层的治理诉求反馈到党中央，为中央决策提供现实依据。

中华人民共和国成立之初，随着"政党下乡""政权下乡"，农村基层党组织成为了乡村治理的主导者。中华人民共和国成立初期，人民公社是政社合一的全能型组织，在乡村政治生活中，居于绝对领导地位。改革开放以后，人民公社逐步解体，农村村民自治制度逐步建立。农村村民自治制度是我国农村基层民主的一项创举，在乡村基层治理中发挥着自我教育、自我服务、自我管理的作用。改革开放后，城乡流动加快，农村人、财、物流向城市，农村基层党组织的发展遇到了种种困难，基层党组织的权威受到不同程度的消解。同时由于没有厘清基层治理中党的领导与村民自治之间的关系，农村基层党组织和村民自治委员会的矛盾冲突有所加剧，这也在一定程度上消解了农村基层党组织的组织力，战斗堡垒功能作用在乡村发展中也不够突出。党的十八大以来，党中央高度重视农村基

层党组织建设工作，出台了《中国共产党农村工作条例》，通过派驻村书记、扶贫工作队、严肃党内政治生活等方式，农村基层党组织三化现象（弱化、虚化、边缘化）得到极大的改善。农村基层党组织以服务型党组织建设为抓手，组织力大为提升。党委领导、政府负责、社会协同、公众参与、法治保障的农村基层共建共治共享的社会治理格局正在逐步形成。

第二节　农村基层党组织的组织力构成

一、农村基层党组织组织力的实践回顾

党管农村、党领导农村工作是我党的一项优良传统。自 20 世纪 20 年代后期开始，无论新民主主义革命时期还是社会主义建设时期，中国共产党高度重视农村基层党组织工作，整合农村社会资源，动员一切可以动员的力量，为社会主义建设做出了重要的贡献。

（一）组织农民参加新民主主义革命

早期的中国共产党是由城市精英知识分子组成，对于农民问题重要性的认识，是随着中国共产党对中国革命发展规律的深入了解而逐步认清的。现有资料可查，历史上中国共产党第一个农村党支部是 1923 年 8 月由弓仲韬同志在其家乡河北省安平县台城村发起建立的，由弓仲韬、弓凤洲、弓成山三位同志共同发起成立的"中共台城特别支部"（简称"台城特支"），当时直接受中共北京区委领导。其中弓仲韬任党支部书记，弓凤洲为组织委员，弓成山为宣传委员。这是中国共产党将基层党组织向农村延伸的开始，是我党农村基层党组织组织力实践的发端。随着中国革命形势的发展，革命工作的重心从城市向农村转移，在广大农村革命根据地发展党员，成立农村基层党支部就成为了中国共产党在新民主主义革命时期的一项重要工作。通过一个个的农村基层党支部，中国共产党把农民有效地组织起来，积极投入新民主主义革命，为新民主主义革命的胜利做出了重要贡献。

（二）组织农民进行农业社会主义改造和人民公社化运动

中华人民共和国成立后，中国共产党在全国范围内建立农村基层党组织。中

华人民共和国成立初期，分散状态下的农民力量太薄弱，无法适应社会主义建设发展的需要。国家又通过农业合作化运动，在广大农村地区建立人民公社。在人民公社下，公社设党委，生产大队设党支部，生产小队设党小组。正是通过这种组织形式，党的支部从行政乡一直向下延伸到村庄和生产单位。人民公社是一个集政党组织、政权组织、经济组织的复合组织，公社党委书记全面负责乡村生产经营活动、社会生活，居于核心领导地位；生产大队、生产小队只是作为生产单位，服从人民公社党委领导。1954 年 5 月通过的《关于第二次全国农村工作会议的报告》，提出今后要在农村大力发展党员，在没有党组织的 12 万个新区乡村、2 万个老区乡村中建立党组织[①]。1954～1956 年，农村党员和基层党组织获得了飞速发展。到 1956 年底，农村党员发展到 670 万人，与 1953 年相比，增长了近 100%。98.1%的乡镇建立了党委或党总支、党支部，绝大部分行政村（高级社）建立了党支部[②]。从此，中国共产党的基层组织基本覆盖了全部乡镇和农村地区，完善的党组织体系为今后党和国家的社会动员打下了深厚的组织基础。"支部建在村上"就像"支部建在连上"一样强化了中国共产党对农村治理的绝对领导。它为中国共产党在农村的政治影响、资源整合和社会治理提供了有效的组织基础。基层党组织成为了农村经济社会生活的绝对权威，其对农村社会生活的影响是中国历史上绝无仅有的。其他社会组织如家族、宗族这种以血缘为纽带组成的血缘共同体，对农村基层社会的凝聚力逐步减弱。

（三）组织农民完成家庭联产承包责任制

人民公社废除后，国家在广大农村地区实行家庭联产承包责任制，农村基层党组织的组织形式也相应地发生了一定的变化。一是党支部从原来建在生产单位回归到建立在行政区域，即行政村。基层党支部基本实现了对每一个行政村的覆盖。二是这个时期的农村社会经济环境发生了深刻的变化，家庭联产承包责任制的实施使农业生产从原有的集体集中生产转变为个人分散经营。由于部分地方基层党组织无法适应这种变化，所以农村基层党组织的绝对权威开始受到了不同程度的挑战，党组织的战斗堡垒作用有所弱化。相反原来已经从乡村政治舞台中消失的家族、宗族等社会力量重新崛起，农村基层党组织在农村政治经济生活中的空间被挤压，甚至到了被边缘化的程度。

（四）组织农民进行新农村建设

党的十八大以来，农村基层党组织功能弱化、虚化、边缘化，这些问题引起

---

① 中共中央文献研究室．建国以来重要文献选编（第 3 册）［M］．北京：中央文献出版社，1992．
② 中共中央组织部．中共党内统计资料汇编［M］．北京：党建读物出版社，2011．

党中央的高度重视。习近平同志对于农村基层党建问题也做出了多次指示"党的工作最坚实的力量支撑在基层，最突出的矛盾和问题也在基层，必须把抓基层、打基础作为长远之计和固本之举"。"农村工作千头万绪，抓好农村基层组织建设是关键。"① 党的十八大以来，习近平的一系列重要指示，为加强农村基层党建提供了根本原则和强大的思想武器。党的十九大报告中更是明确指出，要以提升组织力为重点，突出政治功能，把基层党组织建设成为宣传党的主张、贯彻党的决定、领导基层治理、团结动员群众、推动改革发展的坚强战斗堡垒。

党的十八大后，党的工作重心从基层下移，中央推动人、钱、物政策往基层倾斜，越来越重视基层，提升基层党组织的组织力成为这一时期农村基层党建工作的首要任务，抓基层党建、发挥基层党组织的核心作用成为这一时期农村基层党建工作最显著的特征。

党的十八大以来，各地按照中央要求，围绕发挥基层党组织战斗堡垒作用和党员先锋模范作用，全面规范农村基层党组织生活，持续整顿村党组织，选好管好用好农村基层党组织带头人，强化村级组织运转经费保障，发展壮大村级集体经济。针对农村基层党组织"三化"问题，全国共整顿 3 万多个贫困村党组织，调整充实 5000 余名书记，进一步夯实了农村基层党组织的组织基础。各地结合乡镇和村"两委"换届，选优配强党组织书记，全国共设立基层党委 24.9 万个、总支部 30.5 万个、支部 412.7 万个，分别比 2018 年增加 1.0 万个、0.6 万个、5.5 万个，组织设置更加科学规范。

从新民主主义革命时期到中华人民共和国成立；从中华人民共和国成立到改革开放；从改革开放再到中国特色社会主义进入新时代。我国农村基层党组织的组织力在每个时期都发挥着重要作用，组织功能是农村基层党组织的核心功能。民主革命时期，农村基层党组织主要发挥的是革命动员功能，动员农村一切积极的力量投入新民主主义革命中，为中华人民共和国的成立做出了突出的贡献。中华人民共和国成立后，经过农业社会主义改造，农村基层党组织嵌入农村经济社会生活的各个方面，其凝聚力达到中国历史上的顶峰，为从农业汲取资源支持工业化建设奠定了坚实的组织基础。改革开放后，农村基层党组织带领广大农民走家庭联产承包责任制，为引领广大农民发家致富做出了应有的贡献。中国特色社会主义进入新时代，我国社会的主要矛盾转化为人民日益增长的美好生活需要和不平衡不充分的发展之间的矛盾，城乡发展不平衡是我国目前最大的不平衡，统筹城乡发展，在党的领导下走共同富裕的道路，顺应国家治理体系、治理能力现代化的现实需要就成为这时期农村基层党组织建设工作的主要内容。

---

① 中共中央党史和文献研究院 . 习近平关于"三农"工作论述摘编［M］. 北京：中央文献出版社，2019.

二、农村基层党组织组织力的构成

何谓农村基层党组织的组织力？如何科学界定农村基层党组织的组织力？如何提升基层党组织的组织力？党的十九大以来，学者对这些问题进行了多方面、全方位的探索。"组织力"本是经济学、管理学上的概念，如新古典经济学理论的代表阿尔弗雷德·马歇尔（Alfred Marshall）认为，组织力作为第四种生产要素，决定着企业的产出能力。而经济学领域通常所认定的企业劳动力、资本和资源禀赋，因彼此间具有一定的替代性，往往不直接决定企业的产出能力。具体而言，企业的产出能力受劳动、资本和资源之间替代率的影响，更为关键的是，取决于这种替代率实现的"力"——组织力。① 在管理学领域，研究者倾向于将组织力（要素排序、聚集状态、联系纽带和活动方式等）视为企业产出能力的根本。如罗宾斯（Stephen P. Robbins）在综合法约尔（Henri Fayol）和孔茨（Harold Koontz）等古典管理理论者研究成果的基础上，提出企业具有计划、组织、领导和控制四项基本职能。其中，组织职能决定着企业目标的实现、任务的落实和要素的科学配置等，具有关键性作用。② 经济学、管理学学者对"组织力"的相关研究，对本章研究政党组织力有很大的启示，但是直接将经济学、管理学上"组织力"相关概念嫁接到政党组织力、农村基层党组织的研究中并不适用。

在马克思主义思想史上，列宁是较早关注政党组织力的革命家和理论家，他认为："工人阶级的力量在于组织。不组织群众，无产阶级就一事无成。组织起来的无产阶级就无所不能。"③ 这里的"组织"，指政党组织社会的能力，并不完全等同于今天语境下的政党组织力。在新民主主义革命时期，党的文件中多次提到"组织力"的概念，最早如《第一次全国劳动大会宣言》和《中国共产党第二次全国代表大会宣言》提出了无产阶级"组织力"问题④；其后，毛泽东等又从组织建设和社会动员等角度，提出了"政治组织力"⑤ 和"组织起来"⑥ 等概念，丰富了"组织"的内涵。列宁、毛泽东两位革命家对于"组织力"的研究

---

① 唐丰义，房汉廷. 经营力：一个新的理论假说 [J]. 经济研究，1999（2）：26.

② 斯蒂芬·P. 罗宾斯. 管理学（第七版）[M]. 孙健敏等，译. 北京：中国人民大学出版社，2004.

③ 列宁全集（第14卷）[M]. 北京：人民出版社，2017.

④ 中共中央文献研究室，中央档案馆. 建党以来重要文献选编（第一册）[M]. 北京：中央文献出版社，2011.

⑤ 毛泽东选集（第2卷）[M]. 北京：人民出版社，1991.

⑥ 毛泽东选集（第3卷）[M]. 北京：人民出版社，1991.

由于受革命范式的影响，主要是从服从革命工作的需要，将政党的"组织力"归结为对社会的"组织动员能力"。

党的十九大报告明确指出，新时代加强基层党组织建设必须以提升组织力为重点，突出政治功能，把企业、农村、机关、学校、科研院所、街道社区、社会组织等基层党组织建设成为宣传党的主张、贯彻党的决定、领导基层治理、团结动员群众、推动改革发展的坚强战斗堡垒。党支部要担负好直接教育党员、管理党员、监督党员和组织群众、宣传群众、凝聚群众、服务群众的职责，引导广大党员发挥先锋模范作用。这次在党的报告中首次用"基层党组织组织力"这个提法。2018年10月20日全国组织工作会议上习近平同志指出："基层党组织组织能力强不强，抓重大任务落实是试金石，也是磨刀石。"这表明基层党组织组织力建设，不仅要提升基层党组织的组织能力，还需将基层党组织的组织能力落实到具体的治理任务，"确保基层治理正确方向"。仅将农村基层党组织的组织力归结为"组织起来"的能力是不够的，关键在于"组织起来"能够干什么，也就是组织能力只是手段，组织起来，能够达到什么样的目的，才是基层党组织组织力研究的真正指向。

党的十九大之后对农村基层党组织的组织力研究逐渐成为学术界研究的热点问题，但是当前对该问题的研究属于刚刚起步阶段，研究成果还不够系统化。目前学术界主要有两种认识。一种认为基层党组织的组织力是一种综合能力，它可以由组织所具有的若干种能力来构成。比较有代表性的观点是在《党的十九大报告辅导读本》中，李小新同志将组织力分解成六个方面的能力，分别是政治领导力、组织覆盖能力、群众凝聚力、社会号召力、发展推动力和自我革新力。有学者结合农村的实际工作将基层党组织的组织力分解为四个方面的元素，其中包括"凝聚力、引领力""动员力、号召力"。这种观点抓住了农村基层党组织组织力内涵的共性，但是存在着组织力内涵泛化的问题。另一种认识以组织理论为依据对组织力进行界定。例如，徐丙祥、乔克认为组织力是指基层党组织为实现其基本任务，将组织内部的各种要素进行调配、统合，从而展现出来的整体合力。沿着这一路径，学者更多从组织内外的视角来对组织力进行解释。齐卫平认为组织力应该囊括"吸引社会先进分子加入组织体系""以政党凝聚力达到影响群众、指导社会、引领发展的目标"两个方面。

对农村基层党组织的组织力的研究，可以从结构—功能主义的视角来入手，农村基层党组织组织力从性质上来看主要由两种能力构成：一是组织能力，二是治理能力。组织能力是基层党组织通过组织结构，优化组织设置，在组织内通过教育党员、管理党员、监督党员，通过党员的先锋模范作用，团结群众、联系群众、凝聚群众，将人民群众有效组织起来的能力。治理能力是基层党组织吸取、组织、配置资源，带领广大人民群众投身农村基层社会发展，推进农村基层民主法治进程、传承发展乡村社会文化、维护农村社会稳定、改善农村生态环境的综合能力。农村基层党组织的组织能力是基础，带有工具属性，没有有效的组织能力，要想把分布在基层的千千万万个党员组织起来根本不可能。治理能力是农村基层党组织组织力的根本，带有价值属性，如果没有强大的治理能力，广大人民群众不能从基层党组织提供的治理服务中受益，基层党组织提供的服务不能得到人民群众的满意，农村基层党组织没办法凝聚人心，照样也是组织涣散。

虽然"基层党组织组织力"这一概念是党的十九大提出来的一个崭新概念，但是对于这一概念的探索实际上很早就已经开始。而且在不同的历史时期，由于我党所处的社会环境不同，所要承担的历史任务也不同，因此对于基层党组织的组织力要求也有所不同。在国内革命战争时期，中国共产党尚未取得政权，作为一个革命政党，其最主要的任务就是吸取资源生存下去，所以这一时期的基层党组织组织力建设的侧重点就是通过组织动员能力，组织动员广大人民群众，支持中国共产党领导的革命事业。中华人民共和国成立后，服务于农业支援、支持工业战略，农村基层党组织的组织力建设主要是组织动员群众投入社会主义建设事业。改革开放之后，随着工业建设的进一步发展，工业在国民经济中的比重越来越高，农业在国家经济中的比重逐年下滑，国家不再需要从农业、农村吸取资源来支持城市工业的发展。农村基层党组织组织力建设内涵也随之改变，农业基层党组织组织力侧重于引领广大人民积极参与民主自治，通过有效的治理来凝心聚力。而且我国幅员辽阔，不同地区农村的社会经济发展情况各不相同，农村基层党组织力所面临的问题也各不一样，因此建设内涵也有所不同。

根据党的十九大报告中对基层党组织的功能定位以及农村基层党组织的实际状况，农村基层党组织的组织力必须根据新时代新环境对基层党组织在这一时期的新任务进行界定。在新时代农村基层党组织的组织力可以界定为一种包含了组织能力和治理能力的综合能力。农村基层党组织的组织力指农村基层党组织在党的领导下对内加强组织管理，对外动员团结群众，并引导人民群众积极参与乡村社会发展的能力。在乡村振兴发展的过程中，它具体表现为政治领导力、经济发展力、思想引领力、群众凝聚力、社会号召力五种能力的合力。基层党组织的战斗堡垒作用能否发挥，就看这五股力量能否形成乡村治理的合力。五种力量整合后，形成的合力越强，农村基层党组织的战斗力就越强，在乡村振兴战略中其战斗堡垒作用就能得到很好的发挥。

（一）政治领导力

农村基层党组织不同于其他一般的组织，它是一个政治组织，政治功能是其最核心、最本质的功能，是其灵魂。政治功能的发挥是通过基层党组织政治领导力来体现的。基层党组织的政治领导力指把党的全面领导落实到各类社会基层组织的能力；指把党的路线、方针、政策贯彻到基层的能力。政治领导力分解开来，由两种不同的能力构成，一是政策执行力，二是政策转化力。

1. 政策执行力

政策执行力是党的组织体系的末梢，负责把组织的意图下达到基层。不折不扣地宣传落实党的路线、方针、政策，执行党的部署，直接体现了基层党组织的政治领导。对政策执行力衡量的标准就在于农村基层党组织要自觉维护习近平新时代中国特色社会主义思想、党的核心地位，牢固树立"四个意识"，坚定"四个自信"，做到"四个服从"；执行党的路线、方针、政策的效果要与中央的政治方向高度一致；在乡村治理的过程中，要积极发挥农村基层党组织的引领作用，乡村重大事情、重大事项、重大方向要由党组织讨论决定，乡村治理要沿着党和国家设计部署的轨道运行。坚持党管农村，一直以来都是我国做好"三农"工作的关键，是我国的优良传统。我国正处于经济社会发展的转型阶段，农村人口流动更加频繁、社会结构更加多元、组织形式更加多样、利益关系更加复杂，面对新形势新任务，解决新矛盾新问题，农村基层党建只能加强、不能削弱，只能改进提高、不能停滞不前。农村处在贯彻执行党的路线方针政策的最末端，强化农村基层党组织的领导核心作用一刻也不能放松。

2. 政策转化力

农村基层党组织是乡村振兴战略的领导核心，不仅要宣传、贯彻、落实党的路线、方针、政策，而且还要根据本地区经济社会发展的状况、资源禀赋，制定与本地区发展水平状况相适应的发展线路；将党的路线、方针、政策转化成人民群众的伟大实践。再美好的蓝图如果不能转化成人民群众的伟大实践，那么也不过是蓝图规划者自娱自乐的空想。坚持党管农村，不是一句空口号，不是摆姿态。党中央、国务院虽然是农业、农村政策的顶层设计者，但是我国幅员辽阔，各个地区社会经济发展情况各异。各地的农村基层党组织要善于根据本地区的发展状况、资源禀赋，将党的惠农、支农、强农政策转化为地方的发展对策。盘活农村各项资源要素，充分调动广大农民的生产积极性，积极投身农业现代化建设。

（二）经济发展力

根据《中国共产党农村基层组织工作条例》，发展农村经济是农村基层党组织不可推卸的责任。坚持以经济建设为中心，贯彻创新、协调、绿色、开放、共享的发展理念，加快推进农业农村现代化，持续增加农民收入，不断满足群众对美好生活的需要。乡村基层党组织的经济发展力，由两方面构成。一是基层党组织驾驭市场经济的能力，即用市场经济的概念去指导当前的农业生产，其能力的强弱，直接关系农村经济发展的质量，直接关系人民群众的经济利益。二是农村基层党组织发展集体经济的能力。根据《中国共产党农村基层组织工作条例》，国家赋予农村基层党组织集体资产使用权益，农村基层党组织享有集体资产中土地、山林等集体资产的使用权，农村基层党组织应当积极探索集体经济的有效实现形式，调动广大农民的积极性，盘活农村集体经济资源，建立村级、乡级集体经济组织，走共同富裕道路。农村集体经济壮大了，农村基层党组织才有资金的支撑，才能增强其服务功能，改善农村基础设施，为人民群众多办好事实事。当前我国社会的主要矛盾是人民日益增长的美好生活需要和不平衡不充分的发展之间的矛盾，广大农民发家致富，向往美好生活的愿望很强烈，农村基层党组织肩负着带领广大农民增产增收、发家致富的直接责任。"农村富不富，关键看党支部"。农村基层党组织在领导农村经济工作时，不仅要将发家致富能手吸收进党组织，还要通过其党员先锋模范作用，以农业供给侧结构性改革为主线，调动广大农民积极性、创造性，使公民积极投身乡村振兴事业。农村基层党组织要把抓党建作为第一生产力，引领农民做大做强优势产业，扶持农民创业就业，提高农业劳动生产率，进一步激活农村基层活力，拓宽乡村经济发展空间，促进乡村产业兴旺，农民增产增收，要把农村党组织建设成带领群众致富的坚强战斗堡垒。

（三）思想引领力

中国共产党是用马克思主义理论武装起来的无产阶级政党。党的思想引领力指党根据中国国情，坚持和发展马克思主义理论，并且用马克思主义理论武装全党的能力。思想建设一直以来都是中国共产党的建设中的重要内容，始终坚持用马克思主义理论武装全党，是我们党不管是在革命时期，还是社会主义建设时期，永葆生机活力的一个重要法宝。在坚持马克思主义指导地位的同时，要不断根据我国社会主义建设的发展状况，与时俱进，理论创新，回答社会主义现代化建设中出现的新问题。习近平新时代中国特色社会主义思想正是我国社会主义现代化建设进入一个新的发展阶段的理论成果，是马克思主义中国化的最新理论成果，是乡村振兴战略的指导思想。

农村基层党组织是基层治理的主心骨。提升基层党组织的思想引领力，就是用党的创新理论武装头脑、统一思想、指导实践，这是实现乡村治理的关键。改革开放40多年来，中国乡村社会迎来了一个新的发展阶段，有了更多的发展机遇，乡村振兴和乡村治理需要和"五位一体"总体布局及"四个全面"战略布局相统一、相协调，需要习近平新时代中国特色社会主义思想的指引。从实践看，我国乡村治理现实中出现了很多新的问题，如农地产权和流转、农村基层民主、农业农村现代化、农村市场经济发展等，对于这些问题的认识、回答，都需要马克思主义理论的系统解释和指导。

（四）群众凝聚力

从群众中来，到群众中去。群众路线是我党的根本工作路线。党的群众组织力，就是党依靠群众、动员群众、发动群众、组织群众、服务群众的能力。中国共产党的宗旨就是全心全意为人民服务。群众组织力是我党的光荣传统和制胜法宝，使我党永葆旺盛生命力和强大战斗力。习近平指出，"历史和现实都告诉我们，密切联系群众，是党的性质和宗旨的体现，是中国共产党区别于其他政党的显著标志，也是党发展壮大的重要原因；能否保持党同人民群众的血肉联系，决定着党的事业的成败"。[①]

农村基层党组织是党联系农民群众的桥梁和纽带，其建立在农民群众生产生活的现场，居于农民群众之中，和农民群众有着密切而广泛的联系。农村基层党组织的群众组织力是有效组织群众、积极依靠群众、动员发动群众进行农村建设和乡村治理的保障。基层党组织的群众组织力，一方面，体现在组织覆盖力上，就是把党组织有效嵌入农村各类基层组织之中，推进党的工作覆盖，加大党组织建设力度和党员发展力度，充分发挥基层党组织在第一线的领导示范作用，做好党的先锋模范，增强党的凝聚力；另一方面，体现在群众凝聚力上，就是使基层党组织深深植根于社会基层组织和人民群众之中，贯彻党的群众路线，执行党的群众纪律，把党的正确理论和主张变成群众的自觉行动，组织引领群众听党的话、跟着党走。

（五）社会号召力

人民是党的执政基石。社会号召力指党对社会中不同群体、阶层的社会影响和政治动员的能力，由党的性质、宗旨、纲领、路线和自身形象等决定。从中国国内革命战争时期开始，我们党始终坚持的一条原则就是团结一切可以团结的力量，到后来的建设以及改革的各个历史阶段，党始终践行这一重要的经验，动员全社会的积极力量和因素加入社会主义的建设以及改革过程中，这样就保证最大限度地整合社会革命、建设和改革的有效资源，这也是我们党和人民事业不断向前发展的重要原因。从党的自身建设来看，增强党的社会号召力是全面从严治党、进行自我革新的必然要求；从党的社会革命来看，增强党的社会号召力是进

行伟大斗争、推进伟大事业、实现伟大梦想的现实需要。

　　基层是党的力量之源。基层党组织坚强有力，党员发挥应有作用，党的根基才牢固，党才能有战斗力。乡村基层党组织的社会号召力既依赖于政治领导力、思想引领力和群众组织力的作用和效能发挥，又依赖于基层党组织发展推动能力、社会治理能力、自我革新能力的保障。在乡村治理中，真正把基层党组织建设成为党的主张的宣传者、党的决定的贯彻者、基层治理的领导者、团结群众的动员者、改革发展的推动者，就必须增强社会号召力。实施乡村振兴战略，需要最大限度地把群众组织起来，最广泛、最有效地动员一切力量，形成乡村建设的合力。

第三节　农村基层党组织组织力弱化突出表现及其原因分析

一、农村基层党组织组织力弱化的突出表现

　　党的十八大之前，农村基层党组织存在着不同程度的问题，农村基层党组织的弱化、虚化、边缘化现象严重，其突出表现主要集中在以下三个方面：

（一）基层党组织弱化，政治领导力发挥有限

　　党员思想道德滑坡，不能按照党员的标准来严格要求自己，将自己等同于一般群众，不能发挥党员的先锋模范作用，有损党在农村的权威与公信力。部分农村基层党组织政治意识薄弱，对党的路线、方针、政策理解不到位，认识不透彻，落实、执行党的路线、方针、政策时有偏差，甚至存在"选择性执行"的现象。有调研资料表明当问及"基层党组织是否成为农村领导的核心"时，认为"不是"的村民达到24%，有12%的村民回答"说不清"，另外有6%的村民认为农村基层党组织在群众中缺乏威信。调研还发现，有38.1%的村民认为部分党员"党性弱化甚至消失"；有58.3%的村民认为"部分党员先锋作用发挥不好，党员意识淡化"。政治引领作用发挥的效果直接影响了党在人民群众中的形象和权威，直接影响了党在农村的执政之基。

（二）基层党组织虚化，形同虚设，经济发展引领作用有限

部分农村基层党组织党建工作无抓手，缺乏驾驭市场经济的能力，缺乏发展集体经济的能力，工作上疲于应付完成上级交给的任务。不能将党建工作的重点与本地区的经济发展相结合。农村基层党组织对本地区经济发展的引领作用有限。

（三）基层党组织边缘化，组织群众、社会号召力有限

这主要表现为一些地方农村基层党组织的家族化、宗族化，党支部成员家族化，党支部会议成为家族会议。农村基层党组织家族化有其历史方面的原因，尤其在一些家族和宗族势力比较大的村落，基层党组织往往会被一两个大姓家族所控制。党组织家族化虽有其合理的因素，如有利于基层党组织在该地区开展工作，但是乡村社会利益错综复杂，基层党组织家族化的结果就是利益向本姓成员那里倾斜，而其他姓氏成员则得不到平等待遇。在那些乡村恶霸、地头蛇等黑恶势力猖獗的农村地区，乡村黑恶势力向基层党组织渗透。在这里，既有黑恶势力试图渗透和控制农村基层党组织的情况发生，也有基层党组织的党员干部主动向黑恶势力靠拢的不良现象出现。其实，不管是农村基层党组织的家族化、宗族化，还是黑社会化，都意味着基层党组织的边缘化，因为此时党的利益已经完全为家族利益、宗族利益、黑社会利益所取代，基层党组织成为了部分家族，甚至黑恶势力的代言人，所以凝聚群众，整合农村各种资源的能力有限。

二、农村基层党组织组织力弱化的原因分析

在人民公社时期，人民公社作为"政社合一"的组织，对乡村社会公共生活的凝聚力、组织动员能力达到了历史的顶峰。今天基层农村党组织的影响力、组织动员力与当时不能相比，当然其弱化是由多方面深层次的因素共同作用的结果。这其中既有农村基层党组织自身的原因，也有社会环境的使然。

（一）部分农村基层党组织年龄结构老化思想陈旧

改革开放以来，随着我国工业化、城镇化的进程不断加速，农村适龄劳动人口（尤其是具有文化见识的人）大量外出打工、经商，农村"空心化"现象严重，农村基层党组织的年龄结构老龄化现象严重，农村党建后继无人。在笔者的调研中发现有个别农村党支部甚至已经连续几年没有发展新党员。调研的闽西北地区部分农村党支部甚至没有 30 岁以下的党员。留守党员文化程度不高，与外

界交流较少，思想保守、陈旧，不能适应时代发展的需要。基层党支部凝聚力不强，党建工作流于形式，基层党建工作陷入了有心无力、"老办法不管用，新办法不会用"的尴尬境地。

（二）部分农村基层组织党员理想信念动摇

受社会主义市场经济发展中负面因素的影响，部分农村党员党性意识薄弱，价值观混乱，个体功利主义盛行，不能发挥党员先锋模范作用，把自己等同于一般民众，没有担当意识。部分基层农村党员干部思想堕落，生活腐败，小官大贪，甚至部分农村基层干部还为了个人利益向农村黑恶势力靠拢，成为农村黑恶势力的保护伞，严重影响了党在农村基层的权威力与公信力，有损人民群众对基层组织的认同。

（三）部分农村基层党组织本领恐慌、发展经济能力低下

实行家庭联产承包责任制后，乡村农业发展从集体经营转向分散经营。农业生产经营活动从集体统一经营向个体分散经营转变，基层党组织不再是乡村经济绝对领导者，失去原先在农村经济中的绝对领导力。农民游离于组织外，成为一个个独立经营的个体，原子无序化的状态越来越明显。这种外部经济环境的深刻变革与人民公社时期不同，尤其是农业税全面取消、农村的"三统筹、五提留"全面取消后，农村基层党组织就失去了经费来源，有些地方的基层党组织连维持自身运作的经费都没有，更提不上服务群众、服务社会。农村基层党组织由于无力回应广大村民公共服务的需求，所以其权威也就一步步被侵蚀了，农村对农村基层党组织的依赖度也逐步降低，基层党组织的组织力也随之弱化。

同时农村基层党组织在激烈的市场竞争面前，无所适从，缺乏驾驭市场经济的能力，尤其缺乏发展集体经济的能力，无法将分散后的农民重新组织起来，走共同富裕的道路。广大农民希望改善经济生活，对美好生活的愿望非常强烈，基层党组织无法回应农村社会自下而上的这种强烈需求，直接导致了农村基层党组织在乡村社会发展中的作用被边缘化。

（四）部分基层党组织缺乏法治思维、不善于用法治的方式来领导农村工作

部分农村基层党组织工作方法简单、粗暴，仍然停留在计划经济时代，用行政命令的方式来领导和开展农村工作。更习惯用"管理"思维而不是"治理"思维，对村民自治制度没有给予足够的尊重，没有厘清基层党支部与村民自治委员会两者之间的关系，以党代政现象突出，造成了农村基层工作混乱的局面。村

民自治制度，并不是要否定中国共产党的领导，村委会虽然是依照相关法律成立，但不能脱离村党支部的领导。因为在乡村治理实践中，村民自治是"选人"而不是选"路线"。村党支部是农村社会主义事业的领导核心，其对乡村工作的领导主要体现在两个方面，一是把握乡村发展方针政策的大方向，涉及本村、本地区发展的重大事项必须要经过村党支部集体讨论和决定。二是对农民进行民主教育，以尊重和推动村民自治为核心，保障村民行使民主自治的权利，为广大村民有序参与村民自治创造条件。

第四节　提升农村基层党组织组织力的对策建议

根据中共中央组织部的数据，截至 2019 年 6 月 30 日，我国从事农牧渔业的党员达到 2544.3 万名；全国一共有 31610 个乡镇，545189 个行政村，超过 99%的建制村已经建立了党组织。因此，农村基层党组织的组织力强弱直接影响我国乡村振兴战略的成败。党的十九大提出了乡村振兴重大战略部署，中央开始推动财、物、人各种资源向基层下沉，对于承接国家下沉资源的农村基层党组织，这既是一个难得的机遇，同时又是一个不小的挑战，对农村基层党组织的组织力提出了更高的要求。因此，党的十九大提出要推动乡村组织振兴，需要打造千千万万个坚强的农村基层党组织的目标。结合当前我国农村的实际情况，农村基层党组织的组织力可以分为内部组织能力和外部治理能力。内部组织能力就是基层党组织管理和教育党员的能力；外部治理能力是基层党组织联系、团结、凝聚、服务群众的能力。各地基层党组织为提升自身组织力，在党的十八大后，进行了诸多有益的探索。总结当前各地农村基层党组织组织力的有益做法，可以从以下五个路径着手。

一、增强政治定力，提升农村基层党组织政治领导力

（一）坚持和加强党对农村工作的全面领导

东西南北中，党的领导是一切。农村基层党组织是党在农村全部战斗力的基础，加强和提升农村基层党组织的政治领导力，就必须坚持和加强党对农村工作的全面领导，健全和完善党管农村工作的领导机制。村基层党组织在乡村振兴战略中要发挥核心作用，在组织上全面领导村民委员会、村务监督委员会、村集体

经济组织、农民合作组织和其他经济社会组织。村重大事项、重大问题、重大方向必须要经过村党组织的研究讨论，健全党组织领导下的村民自治制度。

（二）突出其政治功能

基层党组织是一个政治组织，不同于一般基层组织，其政治领导功能是其突出功能。政治功能是基层党组织的灵魂。以政治功能为工作导向，发挥基层党组织把握方向、宏观决策、保障落实的作用，乡镇党委要加强对农村基层党支部贯彻、落实、执行党的路线、方针、政策的检查和监督。基层党支部要自觉维护党中央的权威，加强贯彻落实党的路线、方针、政策的能力建设，在乡村振兴战略实施的过程中根据本地区的实际情况，自觉地把党的路线、方针、政策融入本地区的经济建设、社会发展中。乡村基层工作纷繁复杂，要坚持党委总揽全局、协调各方，自觉把党的领导贯穿于乡村治理的过程中，确保乡村的各项工作沿着正确的政治方向开拓前进。

首先，要加强对农村基层党员干部的思想政治教育。当前有部分农村基层党员出现思想动摇，理想信念丧失，生活腐化堕落，不能有效地发挥党员的先锋模范示范作用。甚至有些党员，不信马列信鬼神，参与封建迷信宗教活动，直接降低了人民群众对党员的身份认同，严重影响了党在农村的形象，削弱了党在农村的公信力和凝聚力。加强对农村基层党员的思想政治教育，坚定理想信念，提升他们的政治意识，教育和引导基层党员讲政治、讲原则、讲规矩，与党中央保持一致，自觉贯彻党中央的各项部署，使乡村振兴战略能够得到贯彻和落实。

其次，要严肃基层党组织的政治生活。严格按照《中国共产党农村基层组织工作条例》的相关规定，严肃党内组织生活，严格落实"三会一课"制度，增强农村基层党员对基层党组织的认同感，当前农村基层党组织的组织生活要贴近农民生活，不能流于形式，组织生活内容不能空洞，必须紧扣乡村社会经济发展状况，不能只是简单地传达上级文件。

（三）厘清村两委关系推动农村基层民主政治建设

按照宪法的规定，在乡村基层社会治理中，农村基层党组织处于核心地位，发挥核心领导作用，这里的领导是政治领导，即基层党组织必须自觉维护党中央的权威，自觉贯彻落实党中央的路线、方针、政策。村民自治委员则根据相关法律规定，对乡村具体事务进行领导。在农村的政治实践中，必须厘清两者的关系，找到各自工作的落脚点。农村基层党组织必须要尊重村民自治制度，不能以党代政，不能让村民自治委员会形同虚设。农村基层党组织在乡村治理中的主要工作：一是进行民主教育，对广大村民进行民主教育，提升他们的民主意识。二是将优秀人才吸纳进党组织，将其作为村委员的候选人来推选。当村委会换届选举时，利用法定程序，使这些优秀人才当选村民自治委员会主任。村民自治委员会负责的是农村的具体事务，不能拒绝农村基层党组织的领导，两者之间是领导与被领导的关系。涉及农村发展、涉及农民自身利益的重大事件、重大事项必须向基层党组织汇报。农村基层党组织积极探索农村基层民主政治的实现形式，推动农村基层党组织有效地嵌入村民委员会、村集体经济组织中，增强其对乡村经济社会发展的引领能力。

二、嵌入乡村社会，增强农村社会经济发展力

（一）提升驾驭市场经济的能力，带领广大农民发家致富

乡村振兴战略中，产业兴旺是第一要义，只有产业兴旺，才能够调动农民的积极性，才能吸引更多的人才到农村，使农业真正成为有奔头的职业。驾驭市场经济能力是基层党组织引领乡村社会发展的一种关键能力。改革开放以来，虽然农村社会经济取得了丰硕的成果，但是城乡发展不平衡，城乡差距依然存在。广大农民迫切希望改变现状，对美好生活的愿望十分强烈。基层党组织作为乡村基层治理的主心骨，是乡村经济发展的规划者，是农村重大事项的最后决策者，在激烈的市场竞争中必须具有敏锐的观察能力，并能够根据本地区的情况，进行科学决策，增强抵御市场风险的能力，带领广大人民群众发家致富，把人民群众凝聚在基层党组织的周围，夯实农村基层党组织的执政基础。

（二）发展壮大农村集体经济的能力，增强其服务功能

集体经营是对抗市场风险的有力武器。在农村改革中，家庭联产承包责任制、包产到户均强调个体，属于统分结合中"分"的部分，其在调动农民积极性、增加农民收入方面在历史上起到了积极的作用。我们以往对家庭联产承包责任制"分"的部分强调得比较多，而对"统"的部分则强调得比较少。随着农村市场经济体制改革的深入，农业市场竞争异常激烈。一家一户式个体经营已经很难适应现代农业大规模发展的需要，因此，有必要把已经分散化、碎片化的农民整合起来，走集体经济、集体经营的道路，才能增强抵御市场风险的能力。农村基层党组织发展、壮大农村集体经济是时代发展的需要。虽然家族、宗族的力量在乡村振兴的进程中也能满足农民的需要，但是家族、宗族这种血缘共同体具有很强的排外性，在乡村振兴中只能起到局部、有限的作用。乡村振兴战略是社会主义的乡村振兴战略，社会主义本质就是共同富裕，不是一个家族、一个宗族

的富裕。因此在中国共产党的领导下，把分散、无序化的农民重新组织起来走集体经济，是乡村振兴战略的应有之义。

农村集体经济是农村基层党组织的经济基础，只有壮大、发展村级集体经济组织，农村基层党组织才能拓展其财政收入的来源，才能更好地为乡村基层提供公共服务。基层党组织的服务功能是我党全心全意为人民服务的体现。农村全面取消农业税后，基层党组织失去了经济来源，由于失去了经济基础的支撑，原先由基层党组织提供的乡村公共服务，由于缺乏资金支持心有余而力不足。壮大农村集体经济，一是要盘活存量资源，对农村基层集体财产进行盘点，摸清家底，制定村级集体存量资产的盘活方案。尤其是对一些集体经济空白的村落，上级组织要加大帮扶的力度，指导并根据本村资源禀赋的实际情况，制定村集体经济发展方案，力争消灭集体经济空白村。二是命运抱团联合发展，在发展壮大村集体经济时，可以探索将地理位置相近、产业又相近的村联合起来组建跨村集体经济组织，实现抱团取暖，增强村集体经济组织的造血功能。三是用好土地政策。2019年中央一号文件指出，完善落实集体所有权、稳定农户承包权、放活土地经营权的法律法规和政策体系。健全土地流转规范管理制度，发展多种形式农业适度规模经营，允许承包土地的经营权担保融资。伴随工业化、城镇化进程的加快，农村劳动人口向城镇流动，农村人口结构老龄化严重，农村土地的利用率低下。探索农村集体土地所有权、承包权、经营权"三权分置"新办法，在保障农民对集体土地承包权的基础上，引导农民将土地经营权流转给村集体，再由村集体划包给种植大户，以提升现有土地的使用效率。四是加强对村集体资产的管理，完善农村集体经济股份合作制，探索建立产权明确、权责清晰、管理民主的集体资产运行管理体制。

三、用科学理论武装全党，提升农村基层党组织的思想引领力

思想引领力是党推进理论武装和理论创新的能力。农村基层党组织处于农业、农村的一线，问题多且复杂，急需科学的理论来作为指导。中国共产党是以马克思列宁主义、毛泽东思想、"三个代表"重要思想、科学发展观和习近平新时代中国特色社会主义思想作为自己的指导思想。农村基层党组织是乡村振兴的领导力量，在领导乡村振兴战略时，自觉地以党的指导思想作为自己的行动指南，统一基层党支部成员来进行乡村治理。尤其要用习近平新时代中国特色社会主义思想对农村基层党员、群众进行思想政治教育，全面宣传党中央关于乡村振兴战略的政策、方针和主张，努力提升农村基层党员的政治素质，自觉抵御各种错误思潮的干扰。

积极推进理论创新。马克思主义并不是教条主义，马克思主义提倡与时俱进，要在实践中发展马克思主义。改革开放 40 多年来，我国农村社会发生了翻天覆地的变化，在取得丰硕成果的同时，很多新问题也随之涌现。像农村土地流转、农村集体产权制度改革等一系列农村经济社会发展新问题，也急需用马克思主义理论做出科学的回答。党的十八大以来，以习近平同志为核心的党中央对中国特色社会主义进入新时代做了一系列新论断、新阐述，很好地回答了当前农业发展、农村建设中的新问题、新情况。乡村振兴战略是党的十九大在新的历史高度上，在总结世界各国现代化发展经验的基础上，提出的新的战略部署，是新时代"三农"工作的总抓手。在乡村振兴战略全面实施的过程中，必然有很多新问题、新情况，只有用马克思主义理论做出回答，解决这些问题，才能提升农村党员、群众对党组织的认同，才能将广大人民群众凝聚在基层党组织的周围。

四、强化为人民服务意识，提升农村基层党组织的群众凝聚力

农村基层党组织的群众凝聚力是通过基层党组织的服务功能实现的。一直以来全心全意为人民服务是中国共产党的根本宗旨。农村基层党组织，作为组织体系的末梢，一直以来处于农村社会生产、生活的第一线，其就是要以人民为中心，通过为广大农村人民群众谋福利，把群众对美好生活追求作为党组织的奋斗目标，增强人民群众的获得感和幸福感，这样才能赢得广大人民群众的认同，才能夯实其执政基础。党的十八大提出了以服务群众、做群众工作为主要任务，加强基层服务型党组织建设。

家庭联产承包责任制实施后，农村农业生产从集体生产走向了个体分散生产，农民主体意识不断提高，农民的利益要求也越来越多样化、复杂化、碎片化，这给基层党组织的乡村治理工作带来了不少难题。农村基层党组织由于不能及时回应农民的诉求，不能有效解决农民生产、生活的实际问题，在一段时间甚至还造成了党群关系一定程度上的紧张。在新的历史时代条件下，我国社会的主要矛盾已经转化为人民日益增长的美好生活需要和不平衡不充分的发展之间的矛盾，因此要想提升农村基层党组织的群众凝聚力，就必须要强化为人民服务的意识。加强服务型基层党组织建设，就成为了中共十八大后农村基层党建的一个主要方向。2014 年 1 月 25 日，中共中央办公厅印发了《关于加强基层服务型党组织建设的意见》（以下简称《意见》）。《意见》充分认识到了加强基层服务型党组织建设的重要性和紧迫性，以服务型党组织建设引领基层党建工作，使服务成为基层党组织鲜明的建设主题，推动基层党组织在强化服务中更好地发挥领导核心和政治核心作用，要寓领导和管理于服务之中，使党的执政基础深深植根于人

民群众之中。

(一) 丰富党建工作内容，有效提升农村基层党组织的群众凝聚力

农村基层党建工作要避免为了抓党建而抓党建，党建工作没有实质内容。农村基层党组织熟悉党的路线、方针、政策，在党建工作中善于把党的路线、方针、政策与本地区的经济、社会发展状况相结合，以广大人民群众的美好生活为切入点，以基层党建为抓手，通过抓党建促发展。如在面对市场竞争对手时，农村基层党组织要善于利用自己在政策、信息等方面的优势，把农民群众组织起来共同应对市场危机，使广大农民群众（尤其是弱势群体）感受到党组织的关怀。农村基层党组织要避免行政化，避免工作上只满足于完成上级领导的考核，完全脱离了农村基层实际。农村基层党组织要充分发挥利益整合功能，了解农民的不同利益诉求，整合农民分散的不同意见，将这些不同意见及时上传到上级党员，让农民群众的利益诉求及时得到响应。

(二) 创新党建工作方式，有效提升农村基层党组织的群众凝聚力

农村基层党组织根据农村社会经济发展的实际需要，创新党建工作方式，借助互联网平台、微信、QQ、微博等现代信息技术平台来开展工作。农村基层党组织长期面临党员流动性大、党员教育管理难、活动开展难、党费收缴难、服务群众难等一系列问题，"互联网+党建"的特点使这种新型党建模式很好地弥补了传统农村党建的这些缺陷，其快捷、便利、成本低。切实有效地提升了农村基层党组织服务党员和群众的能力，提升了农村基层党组织的群众凝聚力。"党建+龙头企业+农户"这一党建新模式是近年来农村基层党组织探索出的又一新型党建工作模式。该模式打破了传统农村基层党组织只能设在行政村的固有模式，将农村基层党支部建到农业生产发展的产业链中，做到产业链在哪里，基层党支部就在哪里，既发展了乡村经济，又有效地维护了农民的切身利益。

五、优化农村基层党组织的组织结构，提升农村基层党组织号召力

今天的乡村社会利益错综复杂，农民自我意识日益增强，农民的利益诉求也日益多样化、多元化。作为乡村振兴主心骨的基层党组织，只有得到广大人民群众的认可，才能够团结群众，才能够整合乡村各种社会力量，形成强大的组织整合力和凝聚力，才能全面贯彻落实党中央关于乡村振兴的战略部署。

（一）加强农村干部队伍建设，提升农村基层党组织的号召力

第一，严把发展党员工作，根据总量控制、结构优化原则，提高党员的发展质量，将返乡优秀大学生、发家致富能手、返乡创业农民工吸收发展进党组织，优化现有农村基层党员的年龄结构、知识结构。更关键的是，要发挥这些党员在农业生产实践中的先锋模范带头作用。

第二，选好农村基层党支部负责人，吸引高校毕业生、机关企事业单位优秀党员干部到村任职，上级党委通过选派"第一书记"的方式，选优配强基层党组织书记；健全考录乡镇机关公务员、招聘乡镇事业编制人员制度，积极为基层干部的实践和成长搭建平台。

第三，加强村干部的教育培养工作，注重组织培养，强化党性教育、法治教育、公仆意识教育，加大选拔和培养基层干部的力度，激发基层干部干事的活力，培养党员干部乡村治理的综合能力和素质。一方面，加强党性教育，必须加强党员队伍建设，积极搭建党员发挥先锋模范作用的平台，引导党员在思想和行动上践行"四讲四有"，争做合格党员；另一方面，要注重党章党规党纪的学习，武装党员干部的头脑，增强政治定力，推动党建引领乡村振兴，严肃党内政治生活，积极开展组织生活会，增强基层党员的党性，提高自我净化的能力。

（二）创新基层党组织设置来提升农村基层党组织的号召力

传统的农村基层党组织设置，是按照行政区划进行设置，在每一个行政村都建立基层党支部，到目前为止，我国99%的行政村均已经建立了农村基层党支部。传统的基层党组织设置方式奠定了中国共产党在广大农村的执政基础。传统的基层党建模式没有摆脱一乡一村单打独斗的模式，随着农业产业化、市场化的深入发展，单个村落自身的资源禀赋、工作能力等各个方面都存在缺陷，这些会成为制约乡村农业产业化深入发展的一个重要瓶颈。跨村联合党建则是近年来基层探索出来破解该难题的新型组织形式。跨村联合党建以联建区域内的先进村作为主导村，联合周边发展较弱，但与主导村在人缘、地缘、产业相近的村联合起来建立联村党组织，并相应配套成立联村群团组织，强化联村党组织的引领作用。同时要选准带头人，以村级组织换届为契机，注重选拔在群众中威信高、能力强、公道正派的党员能人担任联村党组织书记。并且选优配强班子，化解弱村在政治领导上力不从心的难题。同时要建立好制度，建立健全联村党组织运行规则、议事会议等制度机制，明确职责分工，推动其有序运转。"跨村联建"要更好地发挥强村的产业龙头带动作用，创新"党支部+专业合作社+农户"的产业发展模式，发挥区域龙头经济实体在技术、管理、资金上的优势，辐射带动周边

同类产业共同发展；要注重强弱村的资源互补，整合各村项目、土地、资金等资源，采取项目联带、多村捆绑等形式，主动对接和策划生成一批优质产业项目，发展壮大村级产业经济。

通过扩大农村基层党组织的覆盖面，来提升农村基层党组织的号召力。随着社会主义市场经济在农村地区的深入发展，农村基层党组织覆盖出现了一些"空白点"。比如说农村基层的"两新"组织。所谓"两新"组织指在广大农村地区出现新的非公有制经济组织和社会组织，我们一般将其称为"两新"组织。"两新"组织适应了我国当前农村经济社会发展的需要，是我党治国理政的新对象，是基层党建的新场域。"两新"组织也对农村基层党组织建设工作提出了新的要求。按照《中国共产党章程》的规定，只要有三名以上正式党员，都要建立党的基层组织。只要符合建立农村基层党组织设立的条件，都要积极设立基层党支部。基层党组织要发挥政治引领作用，通过教育培训或者选派"第一书记"的方式，加强"两新"组织的党建工作。通过对"两新"组织党员的教育、管理、监督，将"两新"组织这些体制外的党员重新纳入组织体系内，实现对"两新"组织的政治领导。"两新"组织与传统的基层党组织不一样，高度自治性和经济性使"两新"组织在组织运作等各个方面与传统的基层党组织有很大的差异性。对"两新"组织的覆盖不能仅停留在组织上，还要将党的主流价值观嵌入"两新"组织中，将党的主流价值观与"两新"组织的发展理念有机融合，把"两新"组织锻造成在基层贯彻、宣传、落实党的路线、方针、政策的执行终端。

截至 2019 年底，中国共产党党员总数为 9191.4 万名，党的基层组织为 468.1 万个，根据相关统计公报，农村地区的基层党组织的覆盖率超过 95%，农村基层党组织已经嵌入乡村社会生活的方方面面。当前的紧迫任务就是根据不同地区的工作需要，结合不同地区的资源禀赋情况，制定具有针对性的农村基层党组织组织力提升方案，使农村基层党组织发挥其引领作用并带动农业农村各项事业发展。党的十八大以来，以服务型基层党组织建设为抓手，跨村联合党建"互联网+党建""党建+龙头企业+农户"等多种党建新模式在基层探索应用，增强了农村基层党组织建设，强化了基层党组织的动员能力，夯实了党的执政基础。通过农村基层党建工作，激活了农村的各种社会力量，使广大农民在基层党组织的领导下，积极投入乡村振兴战略。我们相信在中国共产党的领导下，到 2035 年，乡村振兴取得决定性进展，农业农村现代化基本实现；到 2050 年，乡村全面振兴，农业强、农村美、农民富全面实现。

第五章
推动农业科技进步

　　农业科技进步指在不断创造新知识、新技术的基础上，将之不断应用和普及于农业的各个领域、各个环节，以此转化为现实的生产力，进而提升农业发展效益的动态前进过程。长期以来，在农业科技进步的推动下，我国农业发展取得了历史性成就，粮食生产能力得到保障，产业发展的质量和能力显著提升。农业在国民经济中的基础性地位不断巩固，推动着农村改革的顺利实施。但我国农业科技进步对农村经济发展的支撑力不强，农业农村不能充分享受到科技进步带来的红利，制约着农业发展及农民增收能力的进一步提升。乡村振兴战略为我国农业农村现代化指明了方向，也为促进乡村农业科技进步提供了战略支持。随着农业发展的社会需求不断升级，乡村科技革命和产业革命加快推进，农业农村发展比任何时候都依赖科技进步。如何依靠农业科技进步推动乡村振兴已成为迫切需要解决的问题。

第一节　乡村振兴需要农业科技进步赋能

　　乡村振兴的本质是"三农"的现代化，涉及乡村产业、人才、生态等多方面的振兴。农业科技进步既是农业生产力的进步，也是农村科学文化的进步，能够推动农业供给侧结构性改革，实现质量兴农、绿色兴农，提升乡村人才发展的能力，帮助他们更好地扎根乡村、服务乡村。

一、农业科技进步促进乡村产业振兴

　　"产业兴旺，是解决农村一切问题的前提"①。农业科技进步有利于提升农业

---

① 习近平. 把乡村振兴战略作为新时代"三农"工作总抓手 [J]. 求是，2019 (11)：4-10.

生产能力，加强农业农村资源整合利用，从而延长产业链、提升价值链，挖掘和实现以农业为基础的乡村产业功能与价值，推动乡村产业的全面发展。

（一）夯实生产能力基础

广大的耕地面积和众多的农业农村人口决定了我国农业大国的定位。2017年，我国有耕地134.9万公顷，耕地面积占世界耕地面积的8%左右；2018年，我国乡村人口有56401万人，其中第一产业人口为20258万人，约占全部农村就业人员比重的59%。如果按照农业生产经营人员[①]来看，这个比重还会更高。而我国人均耕地面积不足1.5亩，约占世界平均水平的1/2。不仅如此，我国水资源少，每年农业用水量巨大，超过总用水量的62%，且灌溉水利用不足，水资源浪费严重。[②] 有限的自然资源造成我国农业自然生产力不足。随着我国城镇化进程加快和人民生活水平提高，农业不仅要产出更多数量的产品，还要产出更高质量的产品。如果不及时提升农业生产能力，那么将来会有越来越多的农产品依赖进口，威胁我国的粮食安全。破解自然资源束缚和人民日益增长的农产品需要之间的矛盾，就必须在"藏粮于地"的基础上"藏粮于技"。不断加强农业科技进步，将现代化农业科技成果运用于农业生产，推动农业生产提质增效，从而提供丰富优质的农产品，从根本上保障粮食生产的稳定。

（二）增强产业特色优势

我国共有11018个乡，20844个镇，596450个村[③]。不同乡村有着独特的自然资源和种植传统，从而形成产业发展的比较优势，以特色农业为基础发展乡村产业乃长效之策。乡村特色农业发展潜力和优势巨大，但也有许多问题尚待解决。我国众多特色农业地区地处丘陵山区，土地细碎化严重、地形不平坦、水利条件不足，难以进行机械化、规模化生产，农民种田辛苦且收入增长困难，特色农业地区无人种田的情况较为严重。由于经济落后、技术匮乏等，众多乡村特色产业资源没有得到良好的开发利用，导致农业产业结构单一，农业地区"有资源无产品、有产品无商品"的情况突出。此外，特色农业的优势在很大程度上依靠品牌价值，而乡村特色农业发展普遍存在产品"特而不多""特而不优""多而不特"的情况，难以实现品牌效应。

农业科技进步为挖掘特色农业潜力、发挥特色优势提供了重要的物质支持。

---

① 农业生产经营人员指在农业经营户或农业经营单位中从事农业生产经营活动累计30天以上的人员数（包括兼业人员）。

② 数据来源于《中国农村统计年鉴》《中国统计年鉴》《第三次全国农业普查主要数据公报》。

③ 数据来源于《第三次全国农业普查主要数据公报》。

研发推广适合丘陵山区农业技术装备，有利于改变特色农业地区传统的、分散粗放的生产经营模式，降低相应成本，并推动专业化、标准化生产，提高生产质量效益。把农业科技引入特色农业发展的重点问题和关键领域，研发推广品质优良且经济价值高的农产品品种，有利于挖掘特色农业的发展潜力，为其提供新的发展动能，并将特色优势延伸到渔业、林业等领域，调整和优化农业产业结构。在农业科技与特色农业资源相结合的基础上，将农业科技与当地的农业生产工艺和生产流程相结合，促进低端特色农产品向高端、精细化特色农产品转变，扩大消费市场，打造品牌优势。

（三）培育新产业新业态

我国乡村农业体系不完善，二三产业发展缓慢，必须让农业生产经营人员参与农产品加工、销售、服务多个环节，吸引第二、第三产业留在农村。依靠以乡村各类资源为基础的产业融合，创新经营模式，使人们认识农业新功能、新价值，改变农业发展理念。以此促进新产业、新业态的产生，转变农业发展方式，变革发展动力，强化城乡产业链关联，提高乡村产业的生产力、创造力、竞争力。如今，乡村产业内部划分不再界限分明，产业间的联系更加密切，这给推动乡村产业跨界融合、形成新业态、创造新就业带来了良好机遇。加大力度研发推广种养结合或种植业与林牧渔业融合的科学技术，优化产业内部资源配置，实现农业种养和农产品加工相结合，畅通生产、供给和销售之间的渠道，加强农工商融合发展。当前，文、旅、教、养等产业加快发展，人民消费结构不断升级，使得农业与其他乡村产业间的升级融合变得越来越重要。加强乡村农业科技创新，支持先进技术应用于乡村的新业态、新模式之中，以此发展创意农业、功能农业、农业观光旅游等，不仅可以实现农业产业增值，更可以促进乡村旅游业、新型服务业、信息技术产业等发展，打造乡村创新创业新气象，为乡村供给侧结构性改革提供有效路径。

二、农业科技进步助力乡村人才振兴

农业科技进步是乡村人才振兴的重要着力点。要充分发挥人才作为乡村最活跃因素的作用，通过农业科技进步在乡村集聚人才、培育人才、致富人才，真正实现乡村发展为了人、乡村发展依靠人。

（一）扩展人才发展空间

随着农业科技供给、应用和管理水平的提高，相关基础设施建设和科技服务的完善，为与农业科技相关的各类人才在乡村施展才华提供了巨大的物质支持和智力支持，使他们在发展乡村经济和科技事业中实现自身价值。首先，农业科技进步扩展农民的生产空间。如今，农业结构不合理、农业生产成本高以及产业链短，难以适应乡村产业发展的需要。而农业科技进步能够帮助农民实现高效的农业生产，助力农民挖掘农业农村资源，使更多农民将农业生产拓宽到种植业和畜牧业以外的园艺业、特色农业乃至农业休闲旅游业，提升农民的地位和自身价值。其次，农业科技进步扩展科技人才创新创业空间。乡村振兴意味着农业农村的全面进步，农业科技的创新推广应用不仅支撑着产业兴旺，也影响着乡村的生态、生活和文化等多个方面，这使得农业科技人才在乡村能够发挥更大的作用。而农业科技人才对科技的理解、对科技资源的利用，使科技更容易顺应乡村产业新业态的趋势。最后，农业科技进步扩展其他人才的发展空间。农业经营管理、电商、农艺等方面的人才都各有所长，在乡村中有着较大的"知名度"和认可度。对他们进行适当的科技支持和政策支持，有利于他们把自身的优势与农村产业发展相结合，起到带头、示范和引领作用，让乡村产业发展更活跃、更有张力。

（二）提升人才素质能力

在创造和使用科技的过程中，人自身的能力和素质也在不断提高。因此，科技进步的本身也是人才的进步。在乡村振兴中，农民和农业经营主体对科学种田的需求旺盛，农业科技和各类科学技术交流融合的程度进一步加深，科技的作用范围变广、效能增强，这对农业科技人才的能力素养提出了更高的挑战。而乡村振兴中政府政策、社会投入对农业科技领域的倾斜，给社会各界人才向农业农村领域施展才华、提升自我带来了良好的机遇。农民要拥有较高的科学文化素质，熟练掌握农业技术，不断提升生产过程中的技术含量，才能使自己生产经营不落后于其他农业生产者。农民素质和农业生产能力的提升，让农民有更多的闲暇时间去学习和更新生产知识，有更多的余力从事农业创新乃至科技创新。科研人才需要创新出质量更高、覆盖领域更广、适用性更强的产品。科技推广人才要注重科技应用与丰富的农耕文化结合，需要面向更多的农业经营主体，充分考虑更广大农民主体素质的差异，以产生良好的技术效益和生产效益。在农业科技与乡村产业关联度不断加深的趋势下，有素质、会科技、懂政策、善经营的综合型人才成为乡村发展的新需求。

（三）激发人才增收潜力

小康与否，最终得看老乡。只有实现村民富裕、人才富裕，使他们的生活得以保障，乡村才能留得住人，才能吸引更多新鲜血液。在农业技术、互联网技术、现代物流行业等多方面的支持下，农民既可以在网上购买生产所需的材料和技术产品，也可以轻松学习丰富的农业知识，选择适合自己的技术。农产品销售的时间限制和地域限制逐渐缩小，农民与农业科技的"隔绝"逐渐被打破，农业生产面向更广阔的消费市场。农民也通过农业科技进步参与更多的产业链环节，拥有更多就业兼业的机会，能够分享到更多的利益，这可以刺激农民的科技需求和职业化需求，给培养新型职业农民带来了良好的机遇。对这些拥有新理念、新技术的农民队伍进行支持引导，能够进一步带动传统小农户发展生产，促进其稳定增收。乡村产业兴旺少不了农业科技研发与推广人员、农业经营管理人才、电商人才和乡村土生土长的能人巧匠。他们虽然没有农民那样丰富的生产经验，却有着巨大的科技需求，懂得合理利用技术，控制生产规模，创新创业理念新颖。通过在乡村中营造科技创新应用的良好氛围，往往能使他们激发出巨大的增收潜力，带动乡村产业发展方式的转变，提升乡村整体就业质量。

三、农业科技进步推动乡村生态发展

良好的生态是乡村振兴的基础。合理应用农业科技，有利于改变不合理的农业生产方式，保护和恢复乡村生态环境，将发展自然生产力和提升乡村发展效益紧密结合，为乡村振兴提供绿色动力。

（一）治理农业环境污染

长期以来，我国农业生产对非绿色投入品具有很强的依赖性。1990～2016年，我国化肥、农膜和农药的施（使）用量分别增长了226%、424%和126%。施（使）用量远高于国际标准。其中，农膜使用量接近欧美国家和日本的总和，化肥施用量更是超过了美国和欧盟的2倍。① 此外，我国每年禽畜粪污产生量约有40亿吨，生产能源使用量增加、农业污水排放不合理等因素都在不同程度上造成了农业面源污染，乡村生态环境脆弱、生态功能弱化，对农村生产生活造成了巨大的破坏。在乡村振兴中，农业发展亟须转型升级，依靠非绿色投入品来实现高产出的发展方式已不再行之有效。因此，必须加强科技创新，将绿色高效的农业新技术、新产品、新方法应用于实际生产中，改进和替换落后的、高污染的生产技术，以科学的方法合理使用农业投入品，让科技成为生产效益和生态效益相统一的载体。

---

① 资料来源：《到2020年化肥使用量零增长行动方案》《到2020年农药使用量零增长行动方案》。

（二）推进农业循环发展

农业发展需要利用自然资源，同时受到自然条件的制约。当前，农业化肥农药等对环境破坏严重，这影响着乡村产业发展的自然根基。而秸秆、禽畜粪污等农业生产废料本身就是自然资源的一部分，其未能得到合理的回收利用，结果造成了农业资源的浪费，更提高了农业生产的成本。乡村振兴不仅要解决农业环境污染问题，还对农业的生产效益和生态效益提出了新的要求。因此需要加快转变农业发展方式，走农业循环发展之路。将生物技术、新材料技术等现代先进科技成果融入农业发展过程中，推进农业绿色生产和标准化生产，加强技术供给，创新推广对禽畜粪污、秸秆、农业废水等生产废料进行回收利用的新模式。综合性地开发利用，使得农副资源变废为宝，将处理废料的成本转化为生产投入，优化农业发展结构，提升落后产能。此外，加强种养结合、节水节能等方面的农业技术应用，这有利于形成生态循环农业、节水农业等农业绿色发展模式，改变生产中高能耗、高污染的粗放发展倾向，同时支持农用地的还林还草，治理和恢复已被破坏的乡村资源环境。

（三）实现乡村生态价值

乡村的生态价值体现在生产与生活中。随着居民消费结构升级，人们希望享受到高质量的农产品，而绿色安全就是农产品质量的重要体现。生态已经成为一种社会公认的农产品附加值。它不是居民消费中的"奢侈品"，而是一种必需品。乡村农业科技水平的提高能够把绿色安全落实到农业生产的全过程，成为农产品生产的重要标准，推动农产品生产从数量增长向数量与质量并重转变。农业技术进步还促进了乡村生态资源的开发，带动着城市人口、技术、资金等要素流入农村，形成乡村产业发展的生态品牌。良好的生态环境原本就是乡村的特色，寄托着人们对美好健康生活的向往。它不仅是乡村的生产条件，也是农村居民的生活条件。绿色农业生产技术的应用将推动治理污染的基础设施的建设，优化乡村生活环境，通过绿色健康的农产品供给引导人们形成健康的生活方式，由此提高农村居民的幸福指数，使乡村成为培育人文情怀、传播农耕文明与现代技术的课堂以及城市居民心灵的疗养院和绿色发展的试验田。

第二节　农业科技进步服务乡村振兴的现状

科技的创新、推广以及人的作用发挥是实现农业科技进步的三个重要方面。我国农业科技进步对乡村振兴的支撑力显著增强，农业科技创新激发乡村产业发展的潜力，农业科技人才成为乡村振兴的主力军，农业科技成果应用推动农业生产方式变革。但我们也看到，在取得成效的同时，也存在着许多的不足。乡村的农业科技创新供给不足，与农业科技相关人才的数量和素质不高以及农业科技成果未充分转化为乡村生产力，这些差距影响着农业科技进步服务乡村振兴。

一、农业科技进步对乡村振兴的支撑力增强

（一）农业科技创新激发乡村产业发展潜力

党的十八大以来，我国农业领域科技创新能力持续提升，创新成果丰硕，为实现质量兴农、绿色兴农打下了坚实的物质基础。

农业新品种成为农业发展的强大"芯片"。2013~2017年，我国农业植物新品种授权量增加了7791件，是1999~2012年产生的农业植物新品种授权量（3880件）的2倍。[①] 在良种的支持下，我国主要作物基本实现了自主选育，转基因抗虫棉在争夺市场的同时比普通棉花产量大幅提升，双低油菜榨出了"最健康的油"，众多畜禽牧草新品种被选育。农业发展质量从土壤里就得到了保障，推动着乡村种植业结构不断优化。

农业机械化向全程全面化推进。目前，我国农作物耕种收综合机械化水平超过67%，主要粮食作物综合收割机械化率超过80%。[②] 农业机械化水平的提高，适应了农民降低生产成本的需要，有力支持了小麦、玉米、大豆、棉花、油菜、花生等作物的产业化，从而为推进农业适度规模经营、发展农村集体经济提供了有力的技术支持。

种植技术的创新让节约资源和高效生产紧密结合。我国针对广大乡村发展情况，立足区域特色产业需求，研发果菜茶有机肥、测土配方施肥技术等绿色技术产品，形成控肥、减肥到使用有机肥的绿色投入格局，并通过使用生物防治技术、奶牛生猪健康养殖技术在一定程度上代替农药兽药投入，使安全、无污染成为农产品的基本"成分"。稻渔综合种养技术与模式使得亩均收益可提高到九成以上。花生玉米宽幅间作高效种植、玉米大豆带状复合种植等技术为粮油协调发展提供了新方案。农业绿色发展技术创新应用不仅缓解了乡村产业发展的资源环境压力，也让生态优势转化为农业提质增效和扩展发展空间的新动力。

---

① 数据来源于《中国科技统计年鉴（2014-2019）》。
② 全国农作物耕种收综合机械化率超过67%［J］.农村牧区机械化，2019（1）：6.

高新技术与农业的联系愈发密切。我国将智慧农业列为乡村科技发展的主攻方向之一，不断增加创新供给。农业无人机、数字化灌溉技术等都深受广大农民欢迎。智能化的技术应用和管理提高了农业生产的科学性和效率，让农业生产变得更加便捷，推动着农村信息化、数字化建设。农民不再面朝黄土背朝天，在家玩着手机就能执行生产操作，了解技术和市场情况。智慧农业有力推动着乡村"农旅融合"，借助智慧农业科技园、智能温室观光、智慧采摘园等，农业旅游新模式不断出现，为培育乡村新产业、新业态创造了良好的条件。

（二）农业科技人才成为乡村振兴的主力军

人才是乡村发展的第一资源。农业科技人才则是"三农"工作队伍的重要构成，承担着提升乡村农业科技水平和促进农村经济发展的重任。顺应产业兴旺、生态发展和生活富裕的发展目标，对农业科技人才提出更高的要求，我国将培育农业科技人才队伍作为"三农"工作的重要任务来抓。

农村实用人才活跃在农村各项事业的第一线，他们具备一定的素质和技能，是对乡村发展有着巨大贡献的劳动者。近年来，我国大力加强农村实用人才培养，实施农村实用人才带头工程等一系列重大人才工程。2019 年，我国农村实用人才数量达 2000 万人，他们将新理念、新技术运用于农业生产经营，提升自己种养技能、经营能力，深度开发利用乡村产业资源，进一步成为乡村的能人巧匠和科技带头人，带动乡村就业创业和农民增收。

自 2017 年起，我国加快培育新型职业农民，中央财政每年投入十多亿元资金支持，相关培育工程项目广泛开展，覆盖全国所有区县。政策、科技、收入等支持因素也吸引着务工返乡人员、学生、科技人员等社会各类人才加入这支队伍。目前，全国新型职业农民在 1500 万人以上，虽然仅占乡村就业人口数的4.26%，但其带动效应不断显现。2017 年，我国新型职业农民中有半数不再单打独斗，他们有的参加了农民合作社，有的成为企业员工；近七成的人都能联系对接小农，平均每人带动 30 个农户。① 新型职业农民已成为农业农村经济发展和乡村人才振兴的突出亮点。

科技特派员是国家选派的长期奋斗在农村、服务于"三农"事业，并将科技技术从理论推向生产实践的重要力量。2013 年我国科技特派员还只有 24 万人，仅四年的时间，其数量已增加到 84.56 万人。他们覆盖了全国所有县（市、区），带领农民学文化、学技术、学经营，不断壮大乡村产业，成立利益

---

① 于静.《全国新型职业农民发展报告》出炉，新型职业农民总量已突破 1500 万人 [J]. 现代农业装备，2018（6）：69-71.

共同体、办企业，带动千万农民增收。科技特派员已成为乡村产业振兴的排头兵。①

（三）农业科技成果应用推动乡村生产方式变革

农业科技创新最终要落实到农业生产实际中。乡村振兴战略提出以来，广大农村积极承接丰硕的农业科技创新成果，农业生产方式发生巨大转变。

发展现代农业必须改变传统农业生产中"靠天吃饭""靠人力畜力生产"的情况。为保障乡村农业用水供给，我国大力加强大中型灌区、固定灌溉排水泵站等工程建设，基本建立了完整的灌排工程体系。2018 年，全国耕地灌溉面积超过 6800 万公顷，突破总面积的一半。在已有灌溉面积的基础上，大力发展农田节水灌溉，有力推动了低压管灌、喷灌和微灌等先进高效节水灌溉技术在农业领域的应用和普及，使得在耕地灌溉面积快速增长的情况下，耕地灌溉用水量也实现了零增长。2018 年，全国农业机械总动力接近 10 亿千瓦，农业机械化、自动化和规模化稳步推进。除了大宗农作物机械化提高外，农机装备的应用也扩展到林牧渔业、设施农业等领域。仅在 2013～2017 年，全国畜牧业养殖机械从661.70 万台（套）增加到 763.49 万台（套），渔业机械从 348.78 万台增加到442.50 万台，林果业机械从 27.62 万台增加到 46.07 万台；在设施农业装备中，水稻工厂化育秧设备从 0.96 万套增加到 1.84 万套，温室面积从 1450260 公顷增加到 2099950 公顷。② 农机装备的广泛应用实现了乡村农业生产动力的历史性变革，大幅提高了实际生产的稳定性和效益。

在相关技术支持下，农业绿色发展的路子越走越清晰。广大乡村地区大力开展种植绿肥、果菜茶有机肥替代化肥等行动，推广测土配方施肥技术，减少化肥施用量，提高化肥利用率，以此调节作物需肥和土壤供肥矛盾，降低生产成本。将生态调控、生物防治和科学用药统一起来，以减量增效为目标，做到不用或者少用农药，农业病虫害绿色防控取得成效。在养殖业方面，减少并规范兽药使用等方式推进奶牛生猪健康养殖，稻鱼种养专用稻、"稻鱼、稻虾"综合种养等绿色技术和模式的不断推广开启了致富新模式。农业废弃物综合利用方面也取得了重大成效。全国乡村积极开展禽畜粪污资源化利用行动，加强相关配套建设，我国禽畜粪污综合利用率达 60%。在农用地膜污染问题上，各地实行应用和回收两手抓。在推广加厚标准地膜的同时，通过机械捡拾、统一回收和生物降解等方式不断提高地膜回收利用率，全国农膜回收率达 60%以上，甘肃省、新疆维吾尔自治区等省份农膜综合治理成效显著。我国在部分乡村试点推进秸秆饲料化、基料

---

① 陈芳，胡喆. 科技特派员明年覆盖 10 万个贫困村［J］. 农村·农业·农民（B 版），2018（9）：7.

② 数据来源于《中国农村统计年鉴》《中国农村统计资料》。

化、肥料化、原料化、燃料化"五料化",秸秆回收利用能力大幅增强,综合利用率达 82%。①

二、农业科技进步与乡村振兴要求存在差距

(一)乡村农业科技创新供给不足

种业是农业科技集聚的重要载体,对于巩固和培育优势乡村产业意义重大。虽然我国种业创新取得了一系列重大突破,但我国小麦、大豆、食用植物油等大宗农产品仍大量依赖进口,"蔬菜、瓜果、养殖等产业半数以上品种需要进口"②。随着城乡居民农产品需求的多元化,人们对大宗农产品和乡村特色农产品在数量和质量上都有了更高的要求。乡村振兴,种业为先,加强种业创新是实现农业高质量、多元化发展的重要前提。

乡村产业的不断转型升级,亟须在生产中应用耗能低、污染少、动力强、效率高的新型农机装备。我国农机发展起步晚,农业机械化基础不足。乡村地区普遍存在着中低端农机过剩、高端农机少且依赖进口、农机装备配套设施建设缺失等问题。多数农机装备用于种植业的耕、种、收环节,涉及渔业、畜牧业等其他农业领域的农机装备创新成果较少,难以满足乡村振兴中农业全面发展的要求。此外,位于山地丘陵地区的乡村农业机械化水平低,许多平原地区的农机装备在此并不适用,导致当地农业生产过于依赖劳动力,无法实现农业的产业化。

农业科技创新是实现农业绿色生产、减少面源污染、推进生态保护和修复治理、实现农业农村可持续发展的迫切需要。2017 年起,我国主要非绿色投入品总量均有所减少,农业面源污染势头得到一定的遏制,但化肥农药施(使)用量仍然巨大。而各个乡村对优质生态农产品的需求不同,不同农作物生产对肥料、降耗技术等投入品的需求也有一定的差别,需要加强创新来丰富农业绿色投入品的种类,替代不合理的技术投入。农业绿色发展技术作为我国农业科技创新的新领域任重道远。

智慧农业技术能够与其他农业技术相结合,最终实现精细、高效、信息化的生产经营。虽然我国许多乡村地区已经用上了智慧农业技术成果,但这些技术也存在着许多不足。例如,农业信息处理和智能控制的能力较低,尚多停留于检测、收集数据技术层面,技术适用性和可靠性有限;与特色产业相匹配的设施农

---

① 大步走上农业绿色发展之路 [J]. 中国畜牧业, 2017 (24): 8.
② 王书华, 郑风田, 胡向东, 等. 科技创新支撑乡村振兴战略 [J]. 中国科技论坛, 2018 (6): 1-5.

业技术创新进展缓慢；大数据在应对自然灾害、疫病灾害、市场风险等方面还未完全做到"心中有数"。这些都影响着乡村产业兴旺的发展，不利于农业全产业链的转型升级。

（二）乡村农业科技进步相关人才的数量不足和素质缺失

人才是乡村振兴中最活跃的因素。缺少人气，乡村各项事业难以顺利进行，农业科技也将没有用武之地。2016 年全国农业生产经营人员年龄在 35 岁及以下的人员占 19.2%，36~54 岁的人员占 47.3%，55 岁及以上的人员占 33.5%。可以看出，青年是乡村十分稀缺的资源，而这种情况有进一步加剧的可能。我国农民工总量还在进一步增加，在 2018 年已达到 28836 万人。与此同时，农民工整体素质提高，大专及以上学历占比从 2013 年的 1.8% 增长到 2018 年的 8.1%。[①]农村人口外流带走了许多有智慧、有能力的年轻人，也带走了乡村经济发展的活力。青年科技人才"进不来"的情况也十分突出。中国农业大学统计，2018 年该校共有毕业生 5144 位，只有 400 多位毕业生从事农林牧渔领域中相关工作，虽然在所有就业行业中所占比例最高，但有明显减少趋势。[②] 高校大学生在农业创新创业、科技研发和推广上都有着巨大的优势，他们不愿意留在农村，影响着农村发展的后劲。

农业生产经营人员的素质影响着其对农业技术的吸收应用、市场信息的把握、创新创业的能力。2016 年，全国农业生产经营人员为 31422 万人。这些人员中有 6.4% 未接受过教育，37.0% 上过小学，48.3% 上过初中，只有 8.3% 有高中或以上学历（见表 5-1）。即使是在规模农业经营户中，高中及以上学历只占 10.4%，也就是说，10 名农业生产经营人员中仅有 1 名具有较高文化水平。2018 年，我国农村居民家庭户主大学以上学历仅占 0.3%，排除掉其中的非农人员，意味着一千名农业生产经营人员中不到 2 人具有大学及以上学历。[③] 新型职业农民是农业生产经营人员中的领头羊。但 2017 年他们之中不到 8% 的人持有国家职业资格证书，约 20% 的人处于学历教育的过程中。[④] 农业生产经营人员是将科技转化为生产力的重要力量，其素质不高的现象令人担忧。

---

① 数据来源于《第三次全国农业普查主要数据公报》《2018 年农民工检测调查报告》。
② 数据来源于《中国农业大学 2018 年毕业生就业质量报告》。
③ 数据来源于《第三次全国农业普查主要数据公报》《中国农村统计年鉴统计》。
④ 于静.《全国新型职业农民发展报告》出炉，新型职业农民总量已突破 1500 万人 [J]. 现代农业装备，2018（6）：69-71.

表 5-1　农业生产经营人员受教育程度构成　　　　　单位：%

人员	未接受教育	小学	初中	高中或中专	大专及以上
农业生产经营人员	6.4	37.0	48.3	7.1	1.2
规模农业经营户	3.6	30.6	55.4	8.9	1.5

资料来源：根据《第三次全国农业普查》整理。

（三）农业科技成果未充分转化为乡村生产力

科技创新成果要从知识生产力转化为推动实际生产的现实生产力，这样才能为乡村振兴提供有效技术供给。有关统计显示，我国每年产生的农业科技成果大约有 7000 项，只有 30%~40% 的成果得以转化推广。而西方发达国家平均农业科技成果转化率高达 80%，其中德国、英国、法国等农业科技成果转化率更是达到 90%，我国农业科技成果转化能力明显不足，大量的农业科技创新成果被"雪藏"。虽然我国农业科技成果转化率不到 40%，但这些成果如果能有效应用于农业生产过程也能产生巨大效益。而现实的情况是，在已得到转化的科技成果中只有两成左右能够应用到乡村产业的规模生产中。① 目前，农业科技推广成效好的地区主要是经济发达的平原，偏远落后的乡村地区存在农业弱质性、水利条件差、机械化作业难、交通差、信息落后等问题，农业科技推广工作难以顺利进行，这些地区普遍存在着农业科技投入品少、利用率不高和使用不规范的现象。正常情况下，我国的主要农作物品种每五年就可以大规模更换一次，而多数乡村地区却难以对其进行及时更新，更不用说推广与特色产业有关的技术产品。

三、案例分析——以福建省 S 县为例

S 县是典型的传统农业大县，是国务院首批开放县之一，素有"中国芦柑之乡""中国名茶之乡"之称。长期以来，S 县致力于实现农业和生态转型，积极实施乡村振兴示范点建设项目，大力创新推广先进农业技术，农业产业提质增效显著。但落后的农业生产方式在 S 县农业发展中占据主导地位，如何通过农业科技进步巩固和提升产业优势，已成为 S 县建设现代农业、发展县域经济的关键。为更好地了解农业科技进步服务乡村振兴的现状以及产生这些现状的原因，2019 年 7 月，笔者跟随导师带领的"福建省以马克思主义为指导的哲学社会科学学科

① 钱福良. 中国现代农业科技创新体系问题与重构 [J]. 农业经济，2017 (1)：38-40.

基础理论研究重大项目"课题组对 S 县进行了社会调查。

（一）调查研究对象：S 县农业发展概况

S 县地处福建东南，是泉州市下辖的县级行政区。截至 2018 年，S 县常住人口 46.8 万人，城镇人口 27.94 万人，乡村人口 18.86 万人，城镇化率为 59.7%。其土地面积 1456.87 平方千米（约 219 万亩），山地面积 160 万亩，耕地面积 28.35 万亩；位于亚热带季风气候区，全年气候温和，降水充足；森林资源丰富，覆盖率为 69.5%，林业用地达 10.59 万亩。

S 县耕地面积不多，仅占全县总面积的 13%，但多年来 S 县积极应用良种良法，建设农田水利、标准农田等农业基础设施，有效保障了粮食生产的增产和稳定。2015 年，S 县粮食播种面积为 37.25 万亩，粮食产量达 13.37 万吨，单产量为 358.9 公斤/亩，接近同年全国粮食单产平均水平（365.5 公斤/亩）。

山多地少的独特地理和优越的气候条件使得 S 县具有丰富优质的特色农作物资源。芦柑、乌龙茶、食用菌、佛手瓜、荔枝等名优农产品成为 S 县农业的响亮名片，畅销国内外。芦柑产业是最有影响力的富民产业。截至 2017 年，S 县芦柑种植面积达 11.72 万亩，产量 18.40 万吨，产量及总量长期名列国内县级之首，出口量更是位居全国第一。佛手茶、水仙茶和铁观音是 S 县的金字招牌，远销海内外。此外，S 县的食用菌种植面积和产量均居泉州市第一位，灵芝、白芨等野生药用植物达千余种，并且在花卉苗木、名优果、稻米、鸡蛋生猪产业、林业等方面也均有不错发展。

多年来，S 县立足农业区位和资源优势，深化农业农村改革，通过完善农业基础设施建设、提升科技推广服务能力水平、培育新型经营主体等做法，有力促进了县域农业发展，带来了巨大经济效益。2013~2017 年，S 县农业生产总值从 2012 年的 31.63 亿元增长到 43.82 亿元。

（二）调查过程和内容描述

1. 调查过程

（1）选择调查地点。S 县辖 18 镇 4 乡，难以一一走访。在大致了解 S 县各乡镇农业发展情况后，本次调查以具有典型性和代表性的 A、B、C 三镇作为调查地点。A 镇位于 S 县中部，交通便利，常住人口超过 S 县总人口的 1/5，政治、经济、文化方面均较为发达，农业现代化程度高，农业科技进步成效最为显著。B 镇位于 S 县西部，是本县面积最大的乡镇之一，常住人口不到 S 县总人口的 4%，农业自然资源丰富，主要种植水稻和茶叶、柑橘、香菇等经济作物，其旅游业发展较快。C 镇位于 S 县南部，常住人口约为 S 县总人口的 5%，荔枝是其特色支柱产业之一。B、C 镇人口少，政治、经济发展不如 A 镇，农业生产方式较为落后。

（2）实地调查。2019 年 7 月 3 日，对 A 镇进行调查。首先，到达 A 镇，在副镇长召开的座谈会上展开交流，提出了"目前该镇在农业生产、农产品加工等方面主要应用了哪些科学技术""当地开展农业绿色生产的现状""乡镇一级单位是否有专门机构负责农业科技技术工作及农业科技推广的人员构成""农民接受农业科技推广的程度如何""农业科技下乡遇到了哪些困难"等具体问题。其次，了解该镇承担的 S 县市级乡村振兴示范项目和基本点建设项目情况，并获得项目表。最后，参观该镇农业园区和农产品加工工厂。

2019 年 7 月 4 日，对 B 镇进行调查。首先，到达 B 镇，在镇团委书记召开座谈会上展开交流，了解当地农业基础设施建设、旅游业发展、村民人均收入、农民接受农业科技推广的程度等情况。其次，走访该镇美丽乡村建设成效显著的四个村并获得各村发展简介，了解当地农业生产和"一村一品"发展情况，体验各乡村生态农业旅游项目。

2019 年 7 月 5 日，对 C 镇进行调查。首先，到达 C 镇，与相关负责人员共同参观荔枝园，了解荔枝栽培技术、病虫害防治手段以及当年荔枝产量。其次，询问当地农户从事荔枝生产存在的问题和销售情况。最后，参加当地举办的荔枝节，体验荔枝文化，了解产业链结构。

2. 调查内容

（1）农业科技创新能力方面。科技创新是县域农业经济发展活力的重要源头，S 县利用农业科技创新相关项目有效增强了产业发展能力。以 A 镇某村为例，2018 年 9 月 5 日，该村签订 S 县市级乡村振兴示范点建设项目共八个，涉及农业领域项目有"创意休闲农业"和"农产品新品种培育推广"两个。"创意休闲农业"项目总投资额 220 万元，项目内容为：对村中 71 亩农田进行专业规划设计，实施花田彩绘，稻田周边种植绣球花，开发小知青农耕体验园；大力发展水稻果蔬种植业，成立专业合作社，建设农（特）产品交易平台，建设杨梅采摘基地。"农产品新品种培育推广"项目总投资额 50 万元，项目内容为：利用本村山地和原有的芦柑基地与省农科院水稻研究所合作，进行有机水稻和芦柑新品种的培育推广，同时在种植区内引进黄皮果等本地水果的培育。除了乡村振兴示范点建设项目外，该村对接福建省对发展绿色农业要求，鼓励有意愿的人员向省级部门申报绿色产业项目，审批成功的每年可获取 10 万元的项目经费。

虽然创新能力增强，创新成果增加，但对于特色产业发展来说，技术不够、科技含量不高问题仍然突出。B 镇 2012 年在福建省率先开启美丽乡村示范村建设，紧紧围绕山歌、彩绘、酒香古街、耕读文化等主题对四个乡村进行重点开发，打造出"一村一品"的乡村特色旅游产业，建设较好的乡村每年旅游收入可达500万元以上。该镇依靠乡村旅游取得了可观的经济效益，但乡村中农业凋敝，缺少人气的情况仍然突出。以B镇南部某村为例，该村交通条件好，全年温和湿润，林业资源十分丰富，同时也适合种植香菇、茶叶等农作物。该村共有1032人，除少数村民从事乡村旅游业外，其余村民都从事当地特色农作物生产活动。但由于土地细碎化严重，规模化空间小，缺少适用的现代农业设施技术，导致农产品产量与质量提升缓慢，具有产业优势的乡村旅游业发展仅以农村景观为基础，特色农业难以与其形成联动发展。C镇荔枝产量巨大，其正常年份下产量最高的一个村就可达到1500吨。C镇荔枝生产受气候影响大，加之缺乏相关设施技术，其抵御自然灾害能力弱。受2019年寒潮影响，镇里荔枝大量减产，不足往年的一半左右。虽然因荔枝供不应求导致价格升高，农民经济损失不大，但靠天吃饭的模式仍严重限制了C镇荔枝产业做大做强。此外，C镇生产的荔枝更是采取现摘现卖或纸箱等形式包装销售，缺少科技含量，产业链短，品牌优势不足，难以扩大市场。

（2）农业科技人才队伍方面。近年来，S县依托涉农院校，要求各乡镇以自愿报名的形式组织一部分符合条件的农民参加新型职业农民专科学历教育培训，开展学制三年的非全日制涉农专业学历教育，并通过减免学费和农业职业资格证书考试报名费等方式帮助农民更好地完成学业，提高素质和种养技能。这些举措减轻了农民的经济负担，在很大程度上提升了他们参与培训的积极性。目前，S县的农业科技推广工作基本由镇农业综合服务中心承担，人员结构较为完整，主要由农技人员、畜牧兽医人员、水利人员、经管人员、水产人员、林业人员、农机人员构成。由于科技的推广应用大大降低了生产成本，进一步解放了农民的双手，带来农作物经济效益的显著提升。农民十分乐意配合农技人员的科技推广工作，积极学习如何应用科技于生产，甚至有些农民主动维护、修缮相关的基础设施。

S县新型职业农民培训给部分农民带来了实实在在的好处，但其2019年的新型职业农民培训名额却只有17人。A镇的城镇化率仅有30%，农民数量较多，培训名额过少，许多想提升专业技能以及学历的农民吃了闭门羹。此外，返乡大学生缺乏农业科技相关支持和指导问题也值得重视。近年来，A镇政府鼓励大学生返乡创业或工作，对返乡的大学生提供不低于3000元的基本工资保障，并给予2~3年的时间，对到期没有创业成功或没有考到理想单位的大学生继续提供就业帮助，安排他们在旅游业合作社、旅游服务有限公司工作，并要求他们带动项目，创造一定的经济效益。创业和工作条件十分宽松，在吸引大学生返乡上具有一定成效。但近年来，返乡大学生都更愿意去政府机关部门工作，基本没有人从事与农业推广、生产以及农产品加工方面有关的工作。

（3）农业科技推广应用方面。S县在科技推广上的成绩单是亮眼的。在农业生产上，S县探索发展现代化种植模式，农业园区内推广与应用节水灌溉设施，采用先进的农业机械进行施肥、喷药。S县注重农业技术的创新升级，进一步加强"五新技术"在特色水果产业中的推广应用，生产出的释迦果、砂糖橘和葡萄等品质都十分优良；在农产品加工上，主要运用保鲜技术保证产品能够及时出售；在发展绿色农业上，通过推广无公害种植模式，生产绿色产品，保证群众的食品安全。

农业科技应用使生产效益得到了质的提升，但也存在着农业生产对农药施（使）用量大、施（使）用不规范和科技推广工作不够深入的问题。荔枝种植易受到病虫害影响，C镇农户为防止产量减少会定期喷洒农药。在荔枝成熟的关键时期，农药施（使）用的量和频率都会大幅增加。而大多数农户施（使）用农药缺乏规范，根据自己的经验喷洒，喷洒过多、不均匀，较少依附在树上，容易飘散在风中，影响着C镇的生活环境。A镇经济较为发达，农业生产和科技进步都有很大成效，农民深知科技能够帮助他们致富，因此科技推广工作较为顺利。但对于S县多数乡镇来说，情况却不尽如此。B镇农业生产多分布于山地丘陵，农业生产者以小农户为主，他们将生产出的农产品徒步运至附近的乡镇进行销售。传统小农户生产模式根深蒂固、农民素质不高、平均年龄大和思维保守等因素使他们更偏向"安于现状"，以纯手工劳动或传统农具进行耕作，不愿意接受应用"五新技术"。而小农户在科技应用和交通运输等方面的成本也会大于传统生产经营的成本，这进一步加大了科技下乡的难度。

（三）调查研究结论

建设农业强县一直以来是S县的发展目标，而农业科技进步水平不高是其农业"大而不强"的重要症结。乡村振兴战略提出后，S县大力实施"科技兴农"战略，积极开展农产品新品种培育推广工作，为农民参与新型职业农民培训提供政策支持，推广先进农业技术并增强科技推广工作与农民的联系。这些措施有效推动了S县传统农业的转型升级，农业经济效益显著提升。但S县大多数优质农产品的生产经营缺少高技术含量和涉及全产业链的农业技术创新成果。全县的新型职业农民培训资源有限，返乡大学生少且不愿从事农业的生产和技术创新推广工作，农业科技推广的质量和覆盖面都十分有限，部分地区基层农业科技工作开展难度较大。依靠农业科技进步实现产业兴旺、发展乡村经济是普遍的需求，我国乡村众多，影响各地农业科技进步的因素各不相同，需要有针对性地进行分析。

第三节　推动和制约农业科技进步的原因分析

2013～2017 年，我国农业科技进步贡献率从 53.5% 跃升到 57.5%，我国农业科技事业得到前所未有的推进，引领乡村发展转型。究其原因，主要在于党的相关战略和政策支持、农业科技进步的社会需求增加以及农业科技整体实力的提升。但与此同时，农业科技创新投入长期不足、农业科技创新资源配置不合理、乡村对农业科技人才吸引力不足、农业科技人才培育不充分和农业科技推广服务职能缺位的问题也成为制约乡村振兴的重要因素。

一、推动农业科技进步的原因分析

（一）党的相关战略和政策支持

党的十八大以来，党高度重视农业科技进步在农业农村发展中的地位和作用，深入实施科教兴国、人才强国和创新驱动发展战略，大力支持农科教联合发展，推动农业知识普及，培养农业科技人才，强化农业科技研究。党中央深刻总结现代农业和科技发展的规律，在 2013～2020 年的中央一号文件中以较大篇幅对农业科技工作进行统筹部署。根据农村发展实际调整农业科技工作（见表5-2）。把创新驱动农业发展作为农业科技工作的根本方向，紧抓农业农村的发展机遇与节点，牢牢掌握科技创新的自主权，着力解决农业科技重点领域和关键问题。加强"三农"政策和农业科技政策的支持力度，坚持多予少取放活，加大农业领域补贴，进一步完善农业农村发展的制度框架，增强了乡村发展活力，也为科技在农业农村应用发展提供了良好的机遇。将农业产业化、特色农业、项目农业建设等与科技进步协调推进，促进先进农业技术在农村落地生根，提升农业综合生产能力，推动乡村产业稳定发展。

表5-2　党的十八大以来历年中央"一号文件"关于农业科技的部分论述

2013 年	加大科技驱动力度；强化农业物质技术装备
2014 年	传统精耕细作与现代物质技术装备相辅相成；推进农业科技创新；加快发展现代种业和农业机械化

2015 年	强化农业科技创新驱动作用
2016 年	着力强化物质装备和技术支撑；实施藏粮于地、藏粮于技战略
2017 年	强化科技创新驱动；引领现代农业加快发展
2018 年	夯实农业生产能力基础；深入实施藏粮于地、藏粮于技战略；发挥科技人才支撑作用
2019 年	夯实农业基础，保障重要农产品有效供给；加快突破农业关键核心技术
2020 年	加强农业关键核心技术攻关；发展壮大科技特派员队伍；加强农业产业科技创新中心建设；加快现代气象为农服务体系建设

资料来源：根据 2013~2020 年的中央一号文件整理。

党积极推动农业科技进步与乡村发展相融合，始终把解决中国的现实问题作为发展农业科技的目的和要求。面对新时期的粮食安全问题，提出"以我为主、立足国内、确保产能、适度进口、科技支撑"的粮食安全新战略，确立"谷物基本自给，口粮绝对安全"的国家粮食安全目标，保证中国饭碗装中国粮。面对农业供给侧结构性改革问题，党将科技进步作为质量兴农、绿色兴农的现实需求，加大先进技术推广应用，支撑农业生产质量效益提升，留住乡村发展底色。党的十九大以来，乡村振兴战略成为"四个全面"战略布局和"五位一体"总体布局的乡村表达。《乡村振兴战略规划（2018-2022）》中提出，深入实施创新驱动发展战略，加快农业科技进步，提高农业科技自主创新水平、成果转化水平，为农业发展拓展新空间、增添新动能，引领支撑农业转型升级和提质增效。[①] 中央及各级地方政府积极响应、全面贯彻党对农业科技事业的部署，创新求变、有序推进，乡村农业科技发展势头强劲，根据《乡村振兴战略规划（2018-2022 年）》指标，2022 年我国农业科技进步贡献率将达到 61.5% 以上。在党的领导和支持下，农业科技进步拥有强大的政治保障，成为推动乡村发展、破解城乡二元结构的强大引擎。

（二）农业科技进步的社会需求增加

党的十八大以来，我国经济发展步入新常态。第一产业增加值占国内生产总值比重从 2013 年的 9.3% 降低到 2018 年的 7.2%[②]，市场和科技越来越成为乡村发展的主要动力。政府不断促进农业市场化改革，加强市场信息服务，加快农产

---

① 中共中央国务院印发《乡村振兴战略规划（2018-2022 年）》[N]. 人民日报，2018-09-27（001）.

② 数据来源于《中国统计年鉴》。

品和各类要素市场建设，形成了农产品价格市场化机制和市场调控机制。2016年，第一产业市场化程度达到100%，农产品市场化让更多的经营主体有更多的机会走进市场，市场对农业生产效益提出了新的要求，带动了农业科技需求的提升。同时，政府以市场为导向不断推进科技体制改革，支持企业创新能力提升，强化政府、企业、高校之间产学研合作，深化要素市场改革，推进技术市场建设，整合科技资源和规划，开放重大科研基础设施，加强农业保护知识产权，促进竞争体制环境合理公平。这些都使得农业科技发展取得良好成效。2017年我国农业知识产权创造指数为118.95%，申请量指数为123.80%，授权量指数为115.48%，维持年限指数为117.74%，对比2012年，分别增长了78.85%、81.50%、59.28%、93.94%，我国农业科技成果在获取国内外知识产权上的能力显著增强，农业知识产权质量不断提高。①

党的十九大以来，党坚持巩固和完善农村基本经营制度，深化农村土地制度改革，完善农村土地"三权分置"。在国家的政策和制度推动下，家庭农场、合作社、龙头企业、农业社会化服务组织等农业新型经营主体开始壮大，土地流转、入股、合作以及生产托管等多种形式规模也不断发展。规模经营与农产品价格改革带来了更多的农业发展需求，极大程度上推动了农业产业链的延伸。2017年底，各类新型农业经营主体超过300万家，多种形式适度规模经营占比达到40%，越来越多的农民成为独立的农业生产经营主体，逐渐从"营生"到"经营"转变。② 他们懂得利用农业科技从事标准化的生产，产出更多优质绿色的农产品，增加了农产品和农村劳动力的竞争力。农民经营主体地位不断确立，农村基本经营制度改革与农业科技进步协同推进，给乡村发展带来稳定的环境和广阔的空间。

（三）农业科技整体实力提升

我国农业科技进步取得了质的飞跃。党的十八大以来，国家加快推进农业科技创新条件建设，许多重大科研基地和设施建设都实现突破性发展，为农业科技进步提供了强大的"硬件"支撑。农作物基因资源与基因改良国家重大科学工程、国家农业生物安全科学中心先后建成投入使用，中国畜禽改良研究中心于2018年7月通过验收竣工，中国热带农业科学中心正在加快建设；我国自主建造的、亚洲吨位最大的调查船"南锋号"建成，为渔业资源调查奠定了坚实的基础。在中央财政的大力支持下，农业部大力推进重点实验室体系建设。截至2017年，农业部建立了42个综合实验室，并以此为龙头建立了297个专业性或区域

---

①　数据来源于《中国农业知识产权创造指数报告（2017年）》。
②　韩长赋. 中国农村土地制度改革［J］. 农村工作通讯，2018（Z1）：8-19。

性的实验室以及 269 个科学观测试验站。不仅如此，农业部还在全国范围内选取和建立了近 460 个农业科学野外观测站以及 10 个数据中心，极大提高了众多农业领域的科学研究和创新能力。一批国家级农业科技创新中心正在落地。2016 年 12 月，农业农村部批复南京成立首个国家级农业科技创新中心，建设至今，"农业硅港"格局已初步形成，此外，国家成都农业科技中心也正在建设当中，其将成为支撑西南地区和"一带一路"沿线国家农业科技中心。[①]

科研与经济的"两张皮"素来是农业科技走向市场的阻碍，为解决这一问题，中央不断推进农业科技创新机制改革。为实现农业科技资源共享、加强科技与经济联系、优化农业科技创新环境、集中力量突破重大农业科技制约，农业农村部主导的、汇集中国农业科技创新各主体力量的国家农业科技创新联盟于 2014 年 12 月成立。截至 2018 年，已有 70 多个子联盟成立，形成了农业科技创新的巨大合力，为我国农业发展提供了强有力的科技供给。现代农业产业技术体系建设也不断完善。2007 年以来，农业部、财政部以产品为单元、产业链为主线，启动并建设了玉米、小麦、生猪等 50 个产业技术体系，有效联合科研机构、大学和企业解决产品的科技问题。2017 年，现代农业产业技术体系"十三五"启动，在保持体系总量的基础上，通过合并或增加体系、增加岗位和试验站以优化内部结构，进一步提升了国家农业科技创新能力，有力推动了农业产业发展。为激发科研机构和科研人员创新的主体性、积极性，农业部、科技部和财政部共同推动科研成果权益比例改革，瞄准种业在四家中央科研机构进行试点，科研人员可以依法从其科研成果中得到不少于 40% 的回报，并可以持股和兼职，公开交易科技成果，促进了新品种的推广与培育，是农业科技体制机制创新的重大突破和重要引领。

二、制约农业科技进步的原因分析

（一）农业科技创新投入长期不足

农业科技创新投入是衡量一个国家农业科技能力水平的重要指标。长期以来，非政府主体的农业科研投入占全国科研投入的比重十分有限，政府承担了农业科技创新的主要责任。党的十八大以来，政府不断加大投入力度，2013～2017 年农业科研机构 R&D 经费年均增长 16 亿元，其占全国科研机构 R&D 经费的比重增长趋势明显。随着我国农业发展的科技需求不断增加，政府对农业科技创新

[①]　数据来源于中华人民共和国农业农村部官方网站。

投入的支持显得愈发重要。截至 2018 年，农业科研机构 R&D 经费投入强度尚未超过全国科研机构 R&D 经费投入强度，意味着农业科技创新投入的缺口仍然较大，如表 5-2 所示。

表 5-3 农业研究机构 R&D 经费投入情况

年份	农业科研机构 R&D 经费（亿元）	占全国科研机构 R&D 经费比（%）	农业科研机构 R&D 经费投入强度（%）	全国科研机构 R&D 经费投入强度（%）
2013	113.47	6.37	0.21	0.30
2014	120.41	6.25	0.21	0.30
2015	144.32	6.75	0.24	0.31
2016	158.14	7.00	0.26	0.31
2017	182.59	7.50	0.29	0.30
2018	193.07	7.16	0.30	0.30

资料来源：历年《中国科技统计年鉴》《中国统计年鉴》。

如果按全社会农业科技创新投入来看，投入不足问题会更加严重。从全国范围来看，2018 年我国全社会农业科技创新投入不超过 564.93 亿元，其投入强度为 0.87%[1]。而同年我国研究与试验发展（R&D）经费投入强度为 2.19%，两者水平相差悬殊。[2] 相关研究显示，只有农业公共科技投入强度达到 2% 以上时，才能使农业科技真正进入自主创新阶段，低于 2% 时则处于技术应用和技术改进阶段。[3] 投入的短缺已经成为制约我国农业科技创新顺利进行和取得成果的重要因素。

（二）农业科技创新资源配置不合理

只有优化科技资源配置，才能集中创新力量办大事。当前，科技创新主体缺乏合作的现象十分突出。以政府种植业科研机构 R&D 经费为例，近 10 年来政府资金占比均在 84% 以上。2018 年政府种植业科研机构 R&D 经费有 90.51% 来源于政府资金，高于全国政府科技投入平均水平，而仅有 1.61% 的资金来源于企

---

[1] 根据《中国科技统计年鉴》《高等学校科技统计资料汇编》数据估算。
[2] 数据来源于《2018 年全国科技经费投入统计公报》。
[3] 袁学国，郑纪业，李敬锁. 中国农业科技投入分析 [J]. 中国农业科技导报，2012（3）：11-15.

业。① 科技创新上的各自为政，导致政府难以把更多的力量放在基础研究上，企业也因为政府过多地占据创新市场而难以发挥其在应用研究的优势。随着乡村中粮食安全、食品安全、产业发展、生态宜居等方面的需求不断被激发，以科技创新为核心的全面创新是乡村经济社会整体进步的重要驱动力。由于经济发展的优势，城市科技实力雄厚，科技创新资源丰富，其经费支持、基础设施、政策支持、人才质量等都优于乡村。在城乡二元结构下，乡村经济水平无法较好地支持科技创新工作，城市的科技资源又难以流入乡村和被有效利用。例如，2018 年 S 县 A 镇某村签订的 S 县市级乡村振兴示范点建设项目总投资 2840 万元，其中"农产品新品种培育推广"项目投资额仅有 50 万元，是投资额最少且唯一没有政府以外自筹资金的项目。这反映出乡村农业科技创新资源的短缺。

（三）乡村对农业科技人才吸引力不足

近年来，乡村发展取得了一系列重大成就，农村居民生活水平明显提升，但城乡收入之间仍有明显差距。2018 年，我国农村居民人均可支配收入为 14617.0 元，而城镇居民人均可支配收入为 39250.8 元，是乡村居民的 2~3 倍。新型职业农民是各类农业农村人才中数量最多的群体，与一般农民相比，其具有较高收入。2017 年全国新型职业农民的平均农业经营纯收入为 2.78 万元，只有 27.68% 的新型职业农民的农业经营纯收入大于等于同期城镇居民人均可支配收入②。低收入成为农业科技人才不愿留在农村、不愿意从事农业生产和科技创新推广工作的重要因素。从基层农技人员来看，他们需要推动科技的运用，他们四处奔波，工作量大，而收入有限，并且乡村基础设施、公共服务的落后动摇了他们扎根农村的信心。乡村农业科技人才的付出与获得之间的不匹配，造成了社会的职业偏见，进一步阻碍了人才向农业农村的聚集。这些都导致教育水平较高、懂得技术的人才更愿意在政府部门从事行政工作或到城镇企业任职，其中包括涉农院校学生在内的大量潜在人才流失。

（四）农业科技人才培育不充分

长期以来，乡村教育发展相对滞后，农村居民受教育水平普遍偏低，加之传统的生产方式和思想观念影响，他们对新知识、新技术的认识和应用不足，无法较好地适应农业发展的需要。只有立足提高职业素养和就业创业本领来培养、发展农业科技人才，才能真正激发乡村发展的动力。同时，农民在接受职业教育上

---

① 数据来源于《中国科技统计年鉴》。
② 数据来源于《中国统计年鉴》和《全国新型职业农民发展报告出炉新型职业农民总量已突破 1500 万人》。

存在困难，职业农民培育上存在名额规划不足、培育不充分的情况。老一辈农民身份转变困难，而新一辈的青年农民没有及时跟进。这些不仅制约本地农民的就业水平，也增加了外来人才就业创业的难度。除此之外，乡村基层农技人员的培育也是一大难题。在乡村基层农技人员中，农业科技推广人员直接影响着科技变成生产力的"最后一公里"。调查发现，"从事农业科技推广服务的人员几乎一半为非农技专业人员，而农技人员所从事的工作也多与自己所学专业不相符"①。而从事工作与所学专业相符的农技人员又存在着知识更新慢、专业知识老化的问题。农业科技推广是实践性很强的工作，许多农业科技推广人员对这些一知半解，极大降低了农业科技推广工作的效率，导致农民即使有心用技，也无计可施。

（五）农业科技推广服务职能缺位

我国农业科技创新势头良好，乡村产业发展并不缺乏好的技术支持，关键是将技术推广到农民手里，让科技成果种到大地上。当前，农业科技推广服务职能的缺位首先表现在推广主体的缺位。政府是农业科技推广的主要承担者，其科技推广行政化倾向严重。推广工作被当成一种行政任务，对农民的培训和科技人员的工作内容都较为依赖行政计划。这不仅造成推广内容和形式的单一固化，难以满足农民学习和发展生产的需要，给基层科技推广人员带来较大的行政压力；也使得科技推广人员未能把更多的时间和精力投入实践中，减少了对农民的技术服务。农业科技推广面广量大，需要面对复杂多样的环境、多层次的发展需求，仅靠政府难以承担全部的推广工作。特别是在偏远地区，政府科技推广服务职能难以充分发挥，农民盼望着企业到农村投资、带来技术。而在城乡二元结构下，社会对农业、手工业和加工业的资本、技术等方面的投入难以跟进，形成科技推广的马太效应，甚至一些地区科技推广出现似有似无的情况。

科技推广与农民需求的衔接不足直接影响着推广效益。广大农民科学文化水平有限，受到生产成本的限制，往往对新技术产品的应用采取保守态度，生产方式和经营管理都比较粗放。除了农民本身在科技应用上的困难，农业科技推广中"重产品、轻服务"的情况突出。推广过程往往更关注技术的先进性，忽视技术的实用性，接地气、效益好的产业技术推广少，这在一定程度上影响了生产效果。此外，相关科技推广组织机构倾向于把技术成果推广给农民，注重技术的销售和产前服务，缺少产中和产后环节的技术推广服务。在技术推广后，没有较好地帮助农民使用、维护该技术，缺乏全产业链式、全过程、多方面的指导服务。许多农民"冒险"用技、辛苦耕耘，而生产出的农产品受到市场不稳定因素的

---

① 胡瑞法，孙艺夺. 农业技术推广体系的困境摆脱与策应［J］. 改革，2018（2）：89-99.

影响，面临产品价格低、卖不出去等问题，导致农民增收不稳定，挫伤他们应用技术的积极性。

第四节 提升农业科技进步服务乡村振兴的能力

抛开时代背景和发展需要的科技进步，只是科技本身的进步。乡村振兴既是新时期农业科技进步服务的对象，也是推进我国农业科技事业迈向新台阶的发展动力。要通过强化党对农业科技进步的领导、构建农业科技创新能力、做好乡村留才育才工作和完善农业科技推广服务体系的方式，不断提升农业科技进步服务乡村振兴的能力，以此实现两者之间的良性互动。

一、强化党对农业科技进步的领导

"党政军民学，东西南北中，党是领导一切的"。增强党对农业科技进步的领导不仅是推动乡村振兴的必然要求，还是提高党领导农村工作能力的重要着力点。

（一）加强基层党建与农业科技工作的联系

基层党组织最接近人民，是党与人民联系的重要桥梁。习近平指出："如果没有一个坚强的、过硬的农村党支部，党的正确路线、方针政策就不能在农村得到具体的落实，就不能把农村党员团结在自己周围，从而就谈不上带领群众壮大农村经济，发展农业生产力，向贫困和落后作战。"[1] 因此，需要解决科技与党支部建设脱节的情况，充分发挥基层党支部在推动地方科技进步的战斗堡垒作用。探索坚持"党支部+"模式，提高党建工作和科技工作的效率，增强科技单位党组织战斗力和凝聚力。完善相关科研院所、企业、合作社等的党支部建设，针对科技工作人员不集中、流动频繁等情况，还可以把党支部建在科技项目上。增强基层党组织对农业科技进步重要性的认识，把领导科技工作制度化、常态化，将科研、推广、人才资格审查、科技保障后勤等作为党支部建设的重要内容，成为先进党支部的评价标准，健全党支部的科技工作职责。

---

[1] 习近平. 摆脱贫困 [M]. 福州：福建人民出版社，1992.

（二）增强农业科技工作中的党员力量

党员是党的细胞，要加强党对农业科技事业的领导，离不开一支数量可观、有素质、有责任、有作为的党员队伍。乡村工作者和生产者中的党员较少，党在管理人才和党员上的优势没有得到充分发挥。科学种田能手、职业经理人、创新创业能人、职业农民等都是应用科技生产经营的重要主体，将他们培育成党员，不仅有利于发挥他们在科学种田中的带头作用，促进党和国家政策执行落实，还能壮大科技队伍中的党员群体，改善党员队伍的科技人才结构。要在自愿基础上吸纳党员，在严格执行入党标准的同时，为乡村青年人才开通绿色通道，并从人员的贡献、素质等方面综合考虑，将科技创新推广等工作作为党员考评的指标，考评过程需要参考农民意见，从而改善部分党员"讲政治，轻实务""重自己产业，轻农民产业""往城里跑"的情况。科技工作和思想工作是相辅相成的。乡村科技工作发展缓慢，困难较多，要做好党员思想工作，增强其责任意识。将科技教育和党员教育相结合，加强党员对关于党的政策理论、农业技术、社会主义市场经济等方面知识的学习，提升他们从事科技工作的能力。坚持"不忘初心，牢记使命"教育，明确农业农村农民问题在党和国家工作中的战略定位，鼓励党员干部深入乡村实际，了解科技人员和农民的真实需求和意见，与基层群众一起研究、解决问题。

（三）坚持党建引领乡村科学风尚

乡风是乡村振兴的灵魂所在。农业科技进步不仅要关注经济效益，也要注重科技文化给乡村带来的社会效益。将先进科技文化、科学思维、现代化的农业思想融入乡村文化建设中，让农民认识科技与他们生产生活和自身发展密切相关，在乡村营造尊重科学、崇尚科学的良好氛围。基层党组织要发挥其在思想政治工作上的优势，推动科技应用主体志、智、德共同发展。要通过乡村居民喜闻乐见的方式，做好农耕文明传承和农业科技相关信息的宣传普及。利用好互联网、媒体，有条件的地区可以建立科技活动室，积极开展党支部主题联学、党员讲好科技故事、科技节、科技讲堂等活动，让农业科技与农民的生活有更多的联系。同时加强对科学知识、科技创新创业的宣传报道，帮助农民了解当地科技发展情况，并鼓励农民依靠技术勤劳致富，拒绝"等靠要"思想。此外，基层党组织要积极引导乡村建立生产公约，培养职业精神，减少滥用化肥农药、滥排污水等现象，倡导科学、绿色、高效的生产方式，引领良好的生产规范。

二、构建农业科技创新合力

（一）建立多元化农业科技创新投入机制

由于农业科技具有公共产品性质，政府投入是农业科技创新发展的必要保障。为了满足日益发展的农业科技创新需要，要加强地方性科研投入规划，在技术创新上敢于"啃硬骨头"，根据不同地区的实际情况和科技需求，加强对生物种业、重型农机等基础性、公益性、前沿性的技术投入，同时引导资金投入向具有区域优势、产业优势、产品优势的地方集中，做到精准适度。积极探索地方性科技创新投入增长机制，通过制度和法令的方式加强财政投入的稳定性、可持续性，根据社会不同主体在科技创新上的投入额、难度和公益性等因素进行相应的税收返还或政策倾斜。此外，有能力的地区还可以设立农业科技发展基金，专门用于新技术产品的研究与推广。

面对庞大的农业科研投入需求，仅凭政府之力显然是不够的。随着市场经济体制改革的持续推进，非政府性投入在各国农业科研工作中都发挥着越来越重要的作用。必须建立以政府为主导、以市场为主体的科研投入机制。一方面，要明确政府和市场科研投入的分工。政府攻关关键性、难度大、周期长的科研任务，同时加强对市场的引导，以政策、投标等方式将可以商业化的科研项目交给市场，发挥企业在试验发展研究上的优势，努力完善政府与市场的投入结构。另一方面，要扩宽投资渠道，不断创新投资融资的方法和形式。通过金融信贷、风险投资等形式减少企业研发创业阻力，推动科技创新主体的投资与合作，形成安全、高效、共担、共享的科技创新投入体系。

（二）加强区域性农业科技创新平台建设

经济发展中的弱势地位使得农村缺少进行科技创新的能力，而外来的技术成果流向农村后，往往会出现"水土不服"的情况。农业科技创新平台是各科技创新主体开展合作的重要依托。要加强具有农业特色优势的乡镇、区域的科技创新平台建设，发展适当规模的农业科技创新中心、产业园、科技园，打造创新融合动力。发挥农业科技创新平台的聚集和开放功能，强化创新主体对接、行政与科技对接、科研与推广对接，把社会科技创新主体合作的领域拉向乡村，引导科技成果流向乡村、产生在乡村，更好地适应乡村科技需求。通过资金、政策扶持、监督和保障，鼓励企业在乡村建立科技研发中心，让企业成为投入、创新、推广的主体。在完善创新平台建设的基础上，可以创建以乡镇企业为主导的科技创新联盟。通过政策支持企业坚持问题导向、产业导向，推动科技、人才、资金向产业聚集，鼓励企业在育种、产品开发、新业态扩展投入，促进传统产业、新兴产业、特色产业提质增效。同时要建立以社会影响为标准的退出机制，不断优化联盟内部团队、人员结构，提升创新效能。

三、做好乡村留才育才工作

（一）改善农业科技人才待遇

科技人员和科技推广人员工作十分辛苦，创造价值大。只有提高人才待遇、丰富待遇构成，让他们切实感受到农业科技工作的奔头，才能吸引人才到乡村服务。首先，提高人才的收入水平。要通过加强政策支持和资金投入保证基层科技工作者的工资待遇高于基层事业单位的平均水平。同时，给予下乡工作的科技工作者适当及时的补贴，不可作为一种单位普惠性福利，以此提高农业科技人员下乡的积极性。其次，关注人才的生活问题。工作与生活是相辅相成的，要在医疗、子女教育、住房等多方面予以人才适当帮助或政策优惠，减少人才后顾之忧，使他们能够专心地从事科技和生产工作。再次，帮助人才在农村实现理想，提升他们的晋升空间。努力营造"尊重劳动、尊重知识、尊重人才、尊重创造"的社会环境，让科技人才拥有更多的精神获得感和社会认同感。给予能力强的优秀人才独当一面的机会，提拔嘉奖农业科研领军人才和农业科技推广骨干，并对贡献大的"田秀才""土专家""种养大户"等乡土人才予以物质奖励和社会表彰，使他们既在本职工作上发光发热，又能带头推广科技成果。同时，积极引导青年大学生在农村实现理想，建立针对农业高校、农业职业院校涉农专业毕业生的空编空岗定向招收机制，公开招聘高校涉农专业毕业生。最后，完善农业科技人才的工作条件。良好的工作条件是农业科技人才开展工作、施展本领的基础。完善科研院所和推广机构的办公室基础设施，对农业科技人才提供下乡办公地点、给予他们网络、交通、住宿等基本物质支持和经费补贴，消除农业科技人才"没条件办公"和"自掏腰包办公"的情况。

（二）注重农业科技工作者的长期培训

长期以来，农业机构普遍存在对科技人员"重使用、轻培养"的现象，严重影响在职科技人员科技素质的提升。因此，要格外注重在职农业科技人才的长期培训。创新人才培养机制，给用人单位更多的人才培养自主权，做好人才培养规划。根据人才专业、产业发展类型、农民需求进行人才培育，定期开展专业学习和岗位培训，组织优秀人才进行专业性学习培训，并将再教育机会更多向青年倾斜。建立常态化教育机制，通过联合培养、远程教育、异地学习、专业讲座、学术交流等方式，支持在职农业科技人才到高校、企业学习交流，让科技人员拥有学习和知识更新的渠道，促进提升人才培养的自主性。支持在职农业科技人才出国、攻读研究生、学习双专业等，增长人才视野，提升人才的素质、能力及学历。此外，通过建立创新人才团队、推广人才培养工程等形式，会集科技英才，增强人才之间交流合作，从而进一步丰富培养模式。

（三）加强新型职业农民培育

农村人口空心化现象严重，高素质劳动力更是匮乏。培育"爱农业、懂技术、善经营"的新型职业农民队伍是解决"谁来种地""谁来种好地"的关键。首先，鼓励农民积极参加新型职业农民培育。农民群体中的新型职业农民数量仍然较少，需要加强相关人员上门宣传指导力度，并通过学费减免、交通补贴等方式支持农民完成学业，提升广大农民对新型职业农民培育的认识和参与积极性。依托涉农高校积极推广"学历+技能+创业"的新型职业农民培养模式，对顺利毕业的农民分类分级地颁发资格证书。此外，乡村精英拥有的农业资源较多，受教育水平高，而大多数农民则不具有这些优势。政府在考虑乡村精英示范作用的同时，要将培训名额适当向具有较大培训需求的农民倾斜。其次，坚持线上线下相结合的培训模式。一方面，要依托农业机构、企业、生产合作社、涉农高校等各方力量建立农民田间学校、开办田间课堂，将专业培育和"家门口"办班相结合，促进职业教育在土地上开展。另一方面，利用好县级农业信息网站、当地电视台、微信、报纸等手段，建立线上培训平台，方便农民学习，帮助他们及时更新农产品、生产技术知识，了解市场情况，增强培训整体效果。最后，扶持新型职业农民就业创业。要针对乡土人才、农村妇女、返乡农民、大学生、退伍军人等群体分类制定切实可行的就业创业培训方案，并在培训后予以资金帮扶、资源对接，将他们培育成专业大户、家庭农场主、合作社领办人、农业企业骨干，发展适度规模经营，为农村产业发展注入新鲜血液。

四、完善农业科技推广服务

（一）优化政府农业科技推广服务职能

引导和支持技术在乡村产业发展中开花结果，离不开政府科技推广服务的职能。首先，制定好地方性科技推广工作的中长期规划。对科技研发推广、产品销售和产业发展做出整体性安排，以人力和财力为重点，做好推广中科技资源的合理配制。推广注重先进性和实用性、推得稳和推得广的统一。增强推广的针对性，传统产业更注重销售问题，特色产业更注重技术创新，配备几种可供农民选择的实用技术，建立技术储备库。地方政府在具有代表性和发展潜力的乡村先试先行、以点带面地扩大推广覆盖范围。其次，加强科技推广人员与农民的联系。借鉴创新发展的经验，完善科技推广人员在评估农民、市场调研、技术推广、后期服务方面的职责，同时注意待遇与工作的匹配度，实行基本工资基础上工作量与总收入挂钩，允许乡镇科技推广人员在县级范围内跨乡、镇进行服务。农技推广人员的评价工作要由推广机构、政府和接受推广服务的农民共同参与，注重推广实效。科技特派员是实现科技致富的强大人力资源，要深化科技特派员制度，把科技特派员作为乡村技术需求和产业发展的感应器，保证其服务年限，做好人员流动过程中的工作衔接。最后，完善乡村公共信息服务。当前乡村信息化程度低的现象较为普遍，要建设必要的农村信息服务设施，扩展信息渠道，提高农民获取病虫害防治、产品质量、环境保护治理、市场变化等方面信息知识的能力，并以此为基础建立农民需求反馈机制，实现政府、农业机构和农民之间的信息互通。

（二）鼓励经营性主体参与农业科技推广服务

鼓励经营性主体承担农业科技推广服务，有利于促进科技推广公益性和经营性的统一，促进政府与市场化、多元化科技推广主体之间的优势互补，优化科技推广资源配置，增加科技推广的灵活度、覆盖面和活力。应区分好排他性和非排他性的农业科技推广工作，对农产品、病虫害防治技术、化肥施用方法、土壤改良技术等普惠性较强的科技产品和技术指导应更多地采用无偿推广；而对于排他性较强的新作物品种、农机装备、化肥产品等应更多地采取有偿推广，在资金、税收、信贷方面加大对经营性主体的支持力度，提升科技推广的效率和质量。政府通过采购、定向委托、招标投标等方式向社会购买科技推广服务，将有偿推广任务向涉农企业、农业合作社、供销合作社、专业技术协会等经营性主体转移，让他们公平竞争获取项目，签订推广合同，鼓励更多的社会资本进入农业农村领域。合理规定推广项目的人员、技术、权责和产品价格范围等，根据其科技推广服务的效果予以额外奖励和支持，同时要加强经营性组织行为监督，严格推动推广服务活动规范化、利民化、可持续，积极推动相关信用体系建设，确保推广活动办实事，而不是一个走形式的过程。

（三）实现覆盖全产业链的农业科技推广服务

只有科技推广与农民的生产实践顺畅连接，满足农民产业化需求，使农民感受到农业科技是他们生产和自身发展的现实需要，科技推广工作才能真正在乡村发展中焕发活力。要改变传统科技推广过程中农民被动接受技术的状况，将农民有效地融入推广体系之中。坚持农民用户导向，在对农民进行技术培训、生产引导的基础上，充分考虑农民综合素质、生产经营条件，尊重农民现实需求、经验和创造，帮助农民自主选择、应用技术于生产。通过生产示范、宣传等方式带动更多农户合理使用技术，相互学习借鉴经验，稳定增收。注重科技推广工作对于延长产业链的作用。以特色、高质量发展作为技术推广的方向，做好用户评估、区域自然禀赋、经济基础、技术基础、农耕传统、产品市场等方面的调查研究，确定研发推广的产品，做到精准有效推广。要做好技术推广后的配套服务，帮助农民结合技术优势、自然资源优势和人文资源优势挖掘产品的功能价值，促进标准化生产加工，发展国家地理标志产品、区域特色产品，同时要教农民用好淘宝等电子商务平台，指导其制定产品价格，提升产业发展质量，带动农民就业创业。此外，要加强农业科技推广模式的创新，发展"企业+集体+农户""农民+科技示范基地+企业""专家+科技示范基地+农技推广人员+示范户"等科技推广模式，提高科技推广效益，并利用好农业科技推广模式带来资源聚集效应，完善农村基础设施建设。强化各科技推广模式推动产业适度规模经营的作用，促进农民与推广机构、企业等推广主体之间的合作互利，逐渐地改变小农生产经营模式，减少小农单打独斗的情况。

第六章
新型职业农民培育

第一节　新型职业农民及其培育的意义

一、我国现有农业劳动力的基本特征

由于我国城镇化水平还比较低，农村人口还占有很大比重。较长时间里，我国的政策主要关注农村劳动力的转移，农村农业劳动力的短缺，以及农村劳动力素质低下无法适应现代农业发展的现实问题愈发突出。因此，有必要从数量、结构和文化素质等方面对我国农业劳动力的现状进行分析，以此帮助我们认识培育新型职业农民的现实意义。

（一）农业劳动力总量减少

20 世纪 90 年代初我国开始实行社会主义市场经济改革，我国农村劳动力开始较大规模地向非农产业转移，我国农业劳动力的绝对数量开始明显下降。从表 6-1 可以看出，从 2002 年开始，我国农业劳动力下降的速度更快、趋势更明显。到 2017 年，农业劳动力数量降至 2.09 亿元，农业从业人员在总人口中所占比重降至 59.5%，而 1978 年此数值为 92.4%。

表 6-1　全国乡村人口和乡村就业人员情况

年份	乡村人口		乡村就业人员情况		
	人口数（万人）	占总人口比重（%）	就业人员数（万人）	第一产业（万人）	第一产业人员所占比重（%）
1978	79014	82.1	30638	28318	92.4

续表

年份	乡村人口		乡村就业人员情况		
	人口数（万人）	占总人口比重（%）	就业人员数（万人）	第一产业（万人）	第一产业人员所占比重（%）
1991	84620	73.1	48026	39098	81.4
1995	85947	71.0	49025	35530	72.5
2000	80837	63.8	48934	36043	73.7
2005	74544	57.0	46258	33442	72.3
2010	67113	50.1	41418	27931	67.4
2015	60346	43.9	37041	21919	59.2
2016	58793	42.5	36175	21496	59.4
2017	57661	41.5	35178	20944	59.5

资料来源：《中国统计年鉴》（2018）。

2017 年《中国流动人口发展报告》显示，2016 年我国 2.45 亿流动人口中，"80 后"占比 56.5%，"90 后"占比 18.7%，呈现比例增加态势[①]。这些流动的中青年人，绝大部分是向城市转移的农业劳动力，农业劳动力流失现状非常严重。

根据卢锋等（2012）的估计和预测，2025~2030 年，农业劳动力转出量将为2704 万人，农业劳动力退出量为 2949 万人，农业劳动力的进入量为 1142 万人；2025 年农业劳动力的数量为 1.52 亿人，到 2030 年农业劳动力的数量为 1.07 亿人。届时农业劳动力在总劳动力中的比重将从 2010 年的 35.6% 下降到 13.6%[②]，如表 6-2 所示。

表 6-2　农业劳动力数量变动情况预测

农业劳动力数量变动情况	2020~2025 年	2025~2030 年
农业劳动力转出量（万人）	2716	2704
农业劳动力退出量（万人）	2920	2949
农业劳动力进入量（万人）	1229	1142

① 孙学立. 农村人力资源供给视角下乡村振兴问题研究［J］. 理论月刊，2018（5）：128-132.

② 卢锋，杨业伟. 中国农业劳动力占比变动因素估测［J］. 中国人口科学，2012（4）：13-24.

续表

农业劳动力数量变动情况	2020~2025 年	2025~2030 年
期末农业劳动力数量（万人）	15247	10753
期末农业劳动力比重（万人）	19.10	13.60

资料来源：卢锋，杨业伟．中国农业劳动力占比变动因素估测［J］．中国人口科学，2012（4）：13-24.

农村劳动力大规模向非农产业转移，也从一个侧面证明了在当前的农业生产条件下，我国农业剩余劳动力的数量越来越少。根据英国经济学家刘易斯的说法，农村剩余劳动力指边际生产率为零甚至是负数的农业劳动力。也可以说，农业剩余劳动力是指在当前的生产力水平下超过农业生产需求的农业劳动力。

因此，社会普遍认为，我国农业劳动力不仅数量多，而且剩余劳动力也多。但早在 2006 年，国务院发展研究中心对全国 2749 个村庄的调查结果就表明，除了 25.7% 的村庄认为本村还有青壮年劳动力可以转移以外，74.3% 的村庄认为本村能够外出打工的青壮年劳动力都已出去了。[1] 张兴华（2014）认为中国农村剩余劳动力已所剩无几，或者说已基本没有剩余劳动力。[2]

农业劳动力数量一路下滑，甚至不少地方已出现有效劳动力不足，在当下面临"无人种地"困境的现实面前，通过动员全社会力量培育新型职业农民迫在眉睫。

（二）农业劳动力年龄结构失衡

随着农村青壮年劳动力不断离开农村，农业劳动力老龄化问题越来越突出。田地劳作的农民，以 50 岁以上的中老年人居多，40~50 岁的中年人较少，30~40 岁的青年人极为罕见，根本看不到 20~30 岁年轻人劳作的身影。

人口老龄化是影响农业劳动力老龄化的原因之一，但这并不是主要的原因，影响农业劳动力老龄化的最主要原因是农村劳动力的转移就业。我国近一半的农村劳动力已转移到非农产业，而转移出去的劳动力主要以青壮年劳动力为主。

2018 年 7 月，有课题组在河南省固始县和息县随机抽取了 111 户样本农户进行问卷调查。统计结果表明，在这两个产粮大县的留村种地农民中，年龄最大的 77 岁，最小的 34 岁。其中，60 岁以上的 26 人（女 6 人，男 20 人），占 23.4%；50~59 岁的 42 人（女 26 人，男 16 人），占 37.8%；40~49 岁的 39 人（女 26

---

① 韩俊．寻求农村改革新突破［J］．理论参考，2009（1）：12-15.
② 张兴华．我国营业劳动力供求状况与粮食安全［J］．改革与战略，2014（8）：22-24.

人，男 13 人），占 35.1%；34～39 岁的 4 人（女 3 人，男 1 人），占 3.7%；33 岁以下为 0[①]。这一结果说明：我国产粮大县的种地农民已经出现 20～30 岁的断代。

可以预计，我国农业劳动力老龄化的现象将会越来越严重，即使现在对农业生产还没有产生较大的影响，但并不能保证将来不会对农业产生影响。培育新型职业农民，通过吸引一批青壮年劳动力加入农业生产，是应对农业劳动力老龄化的有效措施。但是还应看到农业劳动力老龄化这种世界性的普遍趋势，除了要注重对农业劳动力的教育培训，还应加强对农业劳动力的保障投资，增强农业劳动力的身体素质，尽量延缓农业劳动力的衰老速度。

（三）农业劳动力整体素质偏低

首先，农业劳动力的基础教育程度普遍不高。我国农村的教育事业是在非常薄弱的基础上起步的。在改革开放之前，由于受到各种因素的影响，农村的教育事业发展十分缓慢。改革开放以来，由于国家高度重视农村教育事业的发展，农村劳动力受教育程度得到了极大的提高。今天，大学教育早已从精英教育转变为大众教育，但是，2017 年国家统计局开展的农村居民家庭户主的受教育程度调查数据显示，农村主要劳动力中未上过学的占 3.2%，具有小学文化程度的占 29.8%，初高中文化程度的占大多数为 65.5%，接受过高等教育的比例最低，仅为 1.5%[②]。这些数据都远远低于全国就业人员的平均受教育程度，如表 6-3 所示。

表 6-3　农村居民家庭户主文化程度　　　　　　　单位：%

指标	2013 年	2014 年	2015 年	2016 年	2017 年
未上过学	4.7	4.4	3.8	3.3	3.2
小学程度	32.3	31.8	30.7	29.9	29.8
初中程度	51.0	51.5	53.1	54.6	54.7
高中程度	10.7	10.9	11.1	10.7	10.8
大学专科程度	1.1	1.2	1.1	1.3	1.3
大学本科及以上	0.2	0.2	0.2	0.2	0.2

资料来源：中国农村统计年鉴。

---

① 蒋和平. 我国乡村振兴面临的农村劳动力断代危机与解决的出路 [J]. 江苏大学学报（社会科学版），2019（1）：35-37.

② 中国农村统计年鉴委员会. 中国农村统计年鉴 [M]. 北京：中国统计出版社，2018.

其次，农业劳动力较少接受农业职业教育和职业培训。职业教育和职业培训是提高劳动力素质十分关键的环节，但是我国现有农业劳动力却很少接受比较系统的农业职业教育和培训。中专和大专教育一般是培养人们的专业职业技能，可以用劳动力是否受过中专或大专教育来大致判断他们是否受过职业方面的教育。在我国农村，具有中专和大专学历的人员非常少，而且大多转入了非农业产业就业。以北京农民工数据为例，北京农民工中大专以上学历的占比为 12.5%。由此可见，在我国农业劳动力中，接受过系统农业职业教育的人屈指可数。

最后，除了很少接受过系统的农业职业教育以外，我国的农业劳动力也很少接受过各种短期农业职业培训。虽然过去我国也曾实施了许多农民培训的项目，但是培训的重点主要是提高农村劳动力的非农就业能力，真正对农业生产经营的培训项目并不多。在德国、法国等欧洲国家，农业从业人员必须参加农业职业培训，并取得职业资格证书后才能从事农业生产经营活动。因此，随着乡村振兴战略的实施和全面建立职业农民制度的启动，新型职业农民将在教育培训、职业资格认定、学历教育、政策扶持等方面获得较大的提升。

二、新型职业农民应运而生

2012 年中央一号文件《中共中央　国务院关于加快推进农业科技创新　持续增强农产品供给保障能力的若干意见》首次明确提出要"培育新型职业农民"，并将"新型职业农民"定义为以从事农业生产作为职业的、具有相适应的专业技能、一定的资金投入能力、可以根据市场机制做出管理决策判断从而获得农业经济效益的有文化、懂技术、会经营、善管理的农村专业人才。[①]

2013 年，我国印发的《农业部办公厅关于新型职业农民培育试点工作的指导意见》对"新型职业农民"做了进一步确切的概念界定，即从我国农村基本经营制度和农业生产经营现状及发展趋势看，新型职业农民是指以农业为职业、具有一定的专业技能，收入主要来自农业的现代农业从业者。

自此，在"新型农民"和"职业农民"两个概念基础上，"新型职业农民"应运而生。与这两个概念相比，"新型职业农民"更加强调农民的职业化性质，新型职业农民利用新技术、新材料、新方法，遵循市场需求生产出标准化产品并通过产品的流通来实现自身的经济增收。[②]

①　薛晴. 陕西凤翔县新型职业农民培育工作效果及影响因素研究 [D]. 南宁：广西大学硕士学位论文，2017.

②　孙雪莹. 新型职业农民素质培训研究——以湖北省为例 [D]. 荆州：长江大学硕士学位论文，2018.

（一）新型职业农民的类型

根据 2017 年 1 月《"十三五"全国新型职业农民培育发展规划》，新型职业农民包括以下三大类：

一是生产经营型职业农民，指以农业为职业、占有一定的资源、具有一定的专业技能、有一定的资金投入能力，收入主要来自农业的现代农业劳动力，主要包括专业大户、家庭农场主、农民合作社带头人等。

二是专业技能型职业农民，指在农民合作社、家庭农场、专业大户、农业企业等新型生产经营主体中较为稳定地从事农业劳动作业，并以此为主要收入来源，具有一定专业技能的农业劳动力。主要是农业工人、农业雇员等。

三是专业服务型职业农民，指在社会化服务组织中或个体直接从事农业产前、产中、产后服务，并以此为主要收入来源，具有相应服务能力的农业社会化服务人员。主要是农村信息员、农村经纪人、农机服务人员、统防统治植保员、村级动物防疫员等农业社会化服务人员。

（二）新型职业农民与传统农民的区别

"70 后不愿种地，80 后不会种地，90 后不谈种地。"这句最近被人们熟知的话，道出了未来"谁来种地？怎么种地？"的隐忧。从 2012~2019 年，每年中央一号文件都对新型职业农民培育做出部署，新型职业农民被国家寄予厚望。仅 2017 年，中央财政就投入 15 亿元，培育新型职业农民 100 万人以上。[①] 那么，新型职业农民与传统农民具体有何区别？

新型职业农民与传统农民最大的区别在于其建立在一定的契约基础之上，有约束主体，职业变化是其自主选择而非天然继承，技能更注重专业优势。具体来说，新型职业农民与传统农民的区别主要体现在以下六个方面[②]，如表 6-4 所示。

表 6-4　新型职业农民与传统农民的区别

区别	新型职业农民	传统农民
身份属性不同	单纯的职业身份	社会阶级、户籍身份和职业身份三者的统一
选择权不同	自由职业选择的结果，不受户籍和世袭身份的限制，具有自主选择权	受户籍和世袭身份的束缚，无自由选择权，具有强制性和不可选择性

---

① 数据来源于《2017 年全国新型职业农民发展报告》。

② 任玉霜. 基于新型农业经营主体的职业农民培育研究 [D]. 长春：东北师范大学博士学位论文，2016.

续表

区别	新型职业农民	传统农民
社会地位不同	社会地位相对较高，因职业技能、社会贡献和经济地位而受到尊重	社会地位相对较低，不同程度受到歧视
生产目标不同	获取社会平均劳动收益	维持家庭基本生产和生活需要
职业素养不同	职业素养较高，擅长学习新技术	职业素养较低，多依赖经验
经营方式不同	专业化、精细化、产业化	小生产、小交易、小而全

（1）身份属性不同。从上文对"新型职业农民"这个概念的内涵及本质特征的分析可知，新型职业农民是以农业为职业的现代农业从业者，"把务农作为终身职业"是其本质特征，因此，"农民"是其单纯的职业身份。而"传统农民"是阶级身份、户籍身份和职业身份的统一，前两者在传统农业社会更加突出。

（2）选择权不同。传统农民是一种基于世袭制的社会等级分化的结果，对于农民的身份而言，传统农民具有强制性和不可选择性；职业农民则具有自主选择权利，职业农民是理性经济人，他们基于对自身知识、技术、资金、经营管理能力等进行评估后所做出的理性选择，他们自愿选择将农民作为其终身从事的职业。

（3）社会地位不同。生产力决定生产关系，传统农民由于生产力较低，其社会地位也相对低下，传统农民代表着身份和职业的双重含义；职业农民则生产力水平较高，社会地位也较高，职业农民更强调农民是一种职业，而不是身份等级。与传统农民相比，新型职业农民是一种新型的职业群体，他们将农民的身份属性剥离，回归于农民的职业属性，有助于农民社会地位的提高。

（4）生产目标不同。职业农民作为理性经济人，参与社会分工并获取社会平均劳动收益是其明确的生产目标①。传统农民则不同，当农民是世袭身份，是社会等级分化的结果，而非社会分工下的职业选择，受到自身素质与能力的限制，农业生产与经营的目标是维持家庭基本的生产和生活需要。

（5）职业素养不同。传统农民素质较低，科技文化水平和经营管理能力等都较低，对于农业生产多依靠经验习惯，农业生产较为保守盲目；职业农民则具有较高的素质结构，他们擅长学习，自主学习意识较强，具有较高的科技文化素质和经营管理能力，能够更好地适应农业现代化生产。

---

① 赖德胜．人力资本与乡村振兴［J］．中国高教社会科学，2018（6）：38-41.

（6）经营方式不同。传统农民运用简单的生产工具，以家族或家庭为单位，追求生计，从事小规模生产，是自给自足的小生产者，其生产力水平较低，生活条件较差；职业农民则参与市场竞争，在市场机制下，以实现利润最大化为目标，运用先进的农业科学技术，采取高投入高产出的集约化生产方式，将农业作为产业来经营，实现了生产经营规模化和经济利润最大化。

（三）新型职业农民的主要特征

新型职业农民的主要特征集中在"新"字上。概括起来，新型职业农民的"新"主要体现在以下方面：

（1）他们是新的农业经营、农业专业化服务、农业管理的主体，既要懂经营，又要懂管理，还要为农业提供社会化服务。

（2）他们是农业新知识的掌握者和传播者，只有广泛掌握生物科技、计算科学、现代管理等知识，才能提高农业在国际市场中的竞争力。

（3）他们是新技术、新品种、新技能的使用者和发明者，没有新的技术装备武装现代农业，就难以实现规模经济；而没有新的优良品种被培育推广，市场竞争力就难以提高。

（4）他们是现代农业新业态的创新者，新型职业农民将农产品的生产、加工、营销联结为一体，将特色农产品生产与农村生态旅游融为一体，使农业成为集种养、旅游、教育等于一体的多功能新业态。

三、新型职业农民培育推动乡村振兴

《乡村振兴战略规划（2018-2022年）》为我们绘制了"到2050年，乡村全面振兴，农业强、农村美、农民富全面实现"的美好蓝图。要实现"农业强、农村美、农民富"的目标和任务，人力资本具有自身的独特优势。习近平同志曾经强调，"要推动乡村人才振兴，把人力资本开发放在首要位置，强化乡村振兴的人才支撑"。培育亲农、支农和爱农的新型职业农民，引导和鼓励资本向乡村配置，提高人力资本配置效率，是统筹实现乡村振兴总要求的有效手段。

第一，培育新型职业农民，提升现代农业劳动生产率，是实现"农业强"的必经之路。[①] 如舒尔茨所言，"一个像其祖辈那样耕作的人，无论土地多么肥沃或他如何辛勤劳动，也无法生产出大量的食物。一个得到并精通运用有关土壤、植物、动物和机械的科学知识的农民，即使在贫瘠的土地上，也能生产出丰

---

① 赖德胜.人力资本与乡村振兴［J］.中国高教社会科学，2018（6）：38-41.

富的食物"①。

首先，从专业化角度看，通过培育更多具有高技能、高素质的新型职业农民，可以提高农民的科技技能，使得智力型中间产品不断增加，农业通过增加中间品的投入，加长生产的链条，实现迂回经济，从而提高农业的生产效率。农民的职业化和专业化发展，有利于提高劳动效率、促进农业经济的增长、推动现代农业的发展。据《2017 年全国新型职业农民发展报告》，新型职业农民的互联网利用程度高，70% 的新型职业农民通过手机进行农业生产销售。

其次，从职业化角度看，新型职业农民以农业作为终身职业，而且此"终身职业"是从业者自主自愿选择的，并以致富为目标，它与传统农民将农业作为其谋生并赖以生存的手段是有本质区别的。应该说，农民的职业化和专业化，是提高农业劳动效率、促进农村经济发展、实现"农业强"乡村振兴目标的最重要的前提保证。

第二，培育新型职业农民，大力推进绿色发展和乡风文明，是实现"农村美"的重要着力点。②

首先，绿色农业发展需要新型职业农民的辐射带动。传统农民的兼业程度高，短期化倾向严重，多实行粗放式经营，较少关注生产对环境的影响；职业农民通过培训学习了科学的生产技术和先进的经营管理理念，更注重环境保护。一方面，新型职业农民倾向于使用现代生产工具进行绿色生产。职业农民不仅有资金和技术优势，而且具有较高的生态素养，更愿意生产绿色有机农产品。另一方面，职业农民对其他小农户具有辐射带动作用，通过其开办的家庭农场、农业合作社，引领带动周边农户改变生产方式，走绿色发展道路。

其次，推进乡风文明需要新型职业农民发挥示范效应。依据马斯洛需求层次理论，在收入不高、经济状况较差的情况下，农民往往关注的是对物质需求的满足，而很少关注精神需求。因此转变农村生活方式，培育乡风文明最根本的是夯实农村发展的物质基础。职业农民利用自己的知识和技能，带动村民致富，有利于巩固实现乡风文明的物质基础。职业农民在参与培训提升自己思想素质水平的同时，不断用自身的科学知识、道德修养影响周围的人，是乡村文明和现代文明之间的转化枢纽。职业农民的农民身份使他们具有天然的亲和力和较高的可比性，因此具有独特的激励优势，在开展移风易俗的行动中可以发挥号召作用，推动乡风好转。

第三，培育新型职业农民，提高农业人口收入，是实现"农民富"的治本之策。根据我国新型职业农民认定条件标准，基本条件之一是初、中、高级新型

---

① 西奥多·W. 舒尔茨. 改造传统农业 [M]. 北京：商务印书馆，1987.
② 姚宇，毕彭钰. 乡村振兴战略视域下新型职业农民培育研究 [J]. 市场周刊，2019（6）：41.

职业农民的收入水平应分别达到当地农民人均纯收入的 2 倍、3 倍、5 倍以上。可以说，新型职业农民就是我国农民中的高收入群体。而我国农民收入长期以来滞留在较低的水平上，这导致农业和农村吸引力不够，而大力培育新型职业农民，除了可以显著提高农民平均收入水平，更重要的是，可以促进农民与农村物质资本积累之间的良性互动，最终实现农民收入整体的增加和社会经济地位的提升。

首先，新型职业农民培育能够促进农村物质资本运行环境的改善。当前，农民收入长期滞留在较低的水平上，这导致农业和农村的吸引力不够，而大力培育职业农民，可促进城乡资源要素平等交换和合理配置，加速农村金融资本的注入，形成农村经济发展的良性循环①，进而提高农民的收入水平以及社会地位，从根本上解决农业和农村吸引力不足的问题。

其次，新型职业农民能科学地决策物质资本的投向与分配。种植业、养殖业、农产品加工业、农产品贸易、交通运输等多种农村经济服务产业，在物质资本既定的条件下，这些农业产业的物质资本投资分配与组合直接决定着农民的利润收益②。职业化和专业化的职业农民能够优化这些产业间的物质资本投资分配与组合，从而加速了农业发展的物质资本积累。

综上所述，培育新型职业农民是实现"农业强""农村美""农民富"的重要助力，是乡村振兴的重要人力支持。这在《2017 年全国新型职业农民发展报告》中已经得到有力证明。报告显示，现有超 1500 万的新型职业农民呈现出"五高"的特点，包括：来源多元化程度高、规模化经营程度高、互联网利用程度高、农业绿色发展水平高、农业经营纯收入比较高。51.6% 的新型职业农民销售农产品总额达到 10 万元以上，31.2% 的新型职业农民的土地经营规模超过 100 亩。70% 以上的新型职业农民实现了畜禽粪便、秸秆和农膜的资源化利用。70% 的新型职业农民通过手机进行农业生产销售。农业经营纯收入比较高，2017 年新型职业农民的人均农业经营纯收入达到 2.78 万元，27.7% 的新型职业农民人均农业经营纯收入超过城镇居民人均可支配收入。更为重要的是，68.79% 的新型职业农民对周边农户起到辐射带动作用，平均每个新型职业农民带动 30 户农民③。他们推广运用新理念、新技术、新装备，积极创办、创新壮大新型农业经营主体，引领、带动其他农民致富，已成为乡村人才振兴和农业现代化的突出亮点。

---

① 赵根良. 基于乡村振兴战略的新型职业农民培育 [J]. 河南科技学院学报，2018（10）：13-16.
② 袁金辉. 推动多元力量参与乡村振兴 [J]. 改革纵横，2018（10）：25-28.
③ 数据来源于《2017 年全国新型职业农民发展报告》。

第二节　我国职业农民的培育和国外经验启示

一、我国职业农民培育实践的成效和问题分析

2007 年 10 月，国家将新型农民、职业农民的培训写进了党的十七大报告。2012 年中央一号文件明确做出了"大力培育新型职业农民"的最高指示。随后农业部在全国 100 个县市试点推行，并根据每个县区的特色产业为基础，每个试点培育 5000~10000 名新型职业农民。2017 年 9 月农业部编制并印发了《"十三五"全国新型职业农民培育发展规划》。该规划指出，2020 年，新型职业农民队伍不断壮大，总量超过 2000 万人，如表 6-5 所示。

表 6-5　"十三五"新型职业农民培育发展主要指标

指标	2015 年	2020 年	年均增长	指标属性
新型职业农民队伍数量	1272 万人	2000 万人	146 万人	预期性
高中及以上文化程度占比	30%	≥35%	1%	预期性
现代青年农场主培养数量	1.3 万人	≥6.3 万人	≥1 万人	约束性
农村实用人才带头人培训数量	6.7 万人	16.7 万人	2 万人	约束性
农机大户和农机合作社带头人培训数量	示范性培训为主	≥5 万人	≥1 万	约束性
新型农业经营主体带头人培训数量	示范性培训为主	新型农业经营主体带头人基本接受一次培训	≥60 万人	预期性
线上教育培训开展情况	试点性开展	完善在线教育平台，开展线上培训的课程不少于总培训课程的 30%，开展线上跟踪服务	≥6%	预期性

资料来源：根据《"十三五"全国新型职业农民培育发展规划》整理。

目前，新型职业农民培育已经成为一项工程在全国推广，2018 年 10 月发布的《2017 年全国新型职业农民发展报告》显示，新型职业农民年龄结构不断优化，45 岁及以下的新型职业农民占 54.35%，高中及以上文化程度的新型职业农民占 30.34%，较以往均有所提高。但是，这项工程仍处于起步阶段。从统计结

果来看，仅有 7.5% 的新型职业农民获得了国家职业资格证书，15.5% 的新型职业农民获得了农民技术人员职称认定，21.1% 的新型职业农民正在接受学历教育。

从这些数据不难看出，我国职业农民的培育实践在取得显著成效的同时也存在诸多不足。

（一）我国职业农民培育实践取得的成效

1. 制度设计逐渐规范

2011 年 12 月 31 日，中共中央　国务院发布 2012 年中央一号文件，首次提出了"培育新型职业农民"的目标。紧接着中共中央、国务院和相关部委，分别围绕着新型职业农民培养模式、培训体系、资金支持和制度环境等方面，相继出台了大量的政策文件，并在全国范围内进行了大量的新型职业农民培育的有效实践。从表 6-6 可以看出，从 2011 年至今，我国新型职业农民培育工作进入了政策的逐步明确和大力发展阶段。①

表 6-6　2011~2019 年有关我国新型职业农民培育的主要政策概览

年份	发布机构	文件主题	核心内容
2011 年 12 月	中共中央 国务院	《中共中央　国务院关于加快推进农业科技创新持续增强农产品供给保障能力的若干意见》	首次提出要大力培育新型职业农民
2012 年 8 月	农业部	《新型职业农民培育试点工作方案》	提出新型职业农民培育的总体思路、原则和目标，并做出在全国开展新型职业农民培育试点的决定
2012 年 12 月	中共中央 国务院	《中共中央　国务院关于加快发展现代化农业　进一步增强农村发展活力的若干意见》	要求大力培育新型农民和农村实用人才，着力加强农业职业教育和职业培训
2013 年 5 月	农业部办公厅	《农业部办公厅关于新型职业农民培育试点工作的指导意见》	强调要深刻认识培育新型职业农民的重要性和紧迫性，要准确把握新型职业农民的主要类型及内涵特征

---

① 张亿钧. 新型职业农民培育保障体系、政策回顾、效果评价和完善路径［J］. 继续教育，2019（6）：15.

续表

年份	发布机构	文件主题	核心内容
2014 年 1 月	中共中央 国务院	《关于全面深化农村改革　加快推进农业现代化的若干意见》	加大对新型职业农民和新型农业经营主体领办人的教育培训力度
2014 年 5 月	国务院	《国务院关于加快发展现代职业教育的决定》	把新型职业农民的培育和发展纳入了国家粮食安全保障战略体系
2014 年 3 月	教育部、农业部	《中等职业学校新型职业农民培养方案》	明确了我国以中等职业学校为主的新型职业农民培养模式
2015 年 1 月	教育部	《职业教育与继续教育 2015 年工作要点》	进一步明确提出要推进农业职业教育，培养新型职业农民
2015 年 2 月	中共中央 国务院	《中共中央　国务院关于加大改革创新力度　加快农业现代化建设的若干意见》	要求积极发展农业职业教育，大力培养新型职业农民
2015 年 12 月	中共中央 国务院	《中共中央　国务院关于落实发展新理念加快农业现代化　实现全面小康目标的若干意见》	要求将职业农民培育纳入国家教育培训发展规划，基本形成职业农民教育培训体系，把职业农民培养成建设现代农业的主导力量
2016 年 12 月	中共中央 国务院	《中共中央　国务院关于深入推进农业供给侧结构性改革加快培育农业农村发展新动能的若干意见》	要求重点围绕新型职业农民培育、农民工职业技能提升，整合各渠道培训资金资源，建立政府主导、部门协作、统筹安排、产业带动的培训机制
2017 年 1 月	农业部	《"十三五"全国新型职业农民培育发展规划》	要求加快培育新型职业农民，造就高素质农业生产经营者队伍，强化人才对现代农业发展和新农村建设的支撑
2017 年 3 月	农业部	《2017 年农业部人才工作要点》	要精准培育新型职业农民，并全面推进以新型职业农民为主体的农村实用人才认定管理
2017 年 7 月	农业部办公厅	《农业部办公厅关于做好 2017 年新型职业农民培育工作的通知》	实施现代青年农场主培养、新型农业经营主体带头人轮训、农村实用人才带头人培训和农业产业精准扶贫培训四个计划，着力做好七方面工作，并发布全国新型职业农民培育工作绩效考核指标体系
2018 年 1 月	中共中央 国务院	《中共中央　国务院关于实施乡村振兴战略的意见》	强调实施乡村振兴战略，必须破解人才瓶颈制约。要把人力资本开发放在首要位置，大力培育新型职业农民

续表

年份	发布机构	文件主题	核心内容
2018 年 2 月	中央农村工作领导小组办公室	《乡村振兴战略规划（2018-2022 年）》	通过全面建立职业农民制度，实施新型职业农民培育工程等措施大力培育新型职业农民
2019 年 1 月	中共中央国务院	《中共中央　国务院关于坚持农业农村优先发展做好"三农"工作的若干意见》	强调要建立乡村人才定向委托培养制度，探索岗编适度分离、在岗学历教育、创新职称评定等多种方式，大力发展面向乡村需求的职业教育，加强高等学校涉农专业建设。抓紧出台培养"三农"工作队伍的政策意见
2019 年 4 月	农业农村部、财政部	《2019 年重点强农惠农政策》	要求以农业职业经理人、现代青年农场主、农村实用人才带头人、新型农业经营主体骨干、农业产业扶贫对象作为重点培育对象，提升其生产技能和经营管理水平

2. 资金支持逐渐增长

新型职业农民培训作为一项公益性强的教育事业，需要国家与各级政府的财政支持。一方面，中央财政每年安排的新型职业农民培育工程专项资金从 2012 年的 11 亿元增加至 2017 年的 15 亿元，2018 年中央财政则安排补助资金 20 亿元，分层分类培育 100 万新型职业农民。另一方面，中央财政与地方财政在涉农专业、农业职业教育、农民培训助学政策、补贴政策等方面的经费支持也在不断增加。这使得新型职业农民培训经费有了长期的保障，为新型职业农民培训工作的开展提供了巨大的动力。①

3. 培育体系趋于稳定

截至 2018 年，省级农广校 34 所，地（市）级农广校 280 所，县级农广校 1922 所，乡村教学点（田间学校）2.4 万个，四级办学体系基本稳定。在培育资源上，以中央农业广播电视学校为主体，形成了 6.3 万人的师资库、9000 个基地库、100 个新型职业农民示范基地、100 门精品课程的教学资源供农民学习。② 在

---

① 杜彬 . 新型职业农民培育政策：变迁特点、效应评析及完善方向 [J]. 继续教育研究，2018（10）：35-40.

② 张亿钧 . 新型职业农民培育保障体系、政策回顾、效果评价和完善路径 [J]. 继续教育，2019（6）：15.

培育方法上，各地探索开展采取分级、分类、分层培育，突出培育精准性。在培养模式中，有的设立农民培训和指导站，协调和指导新农民的培育，整合资源，形成协同效应；有的依托农业院校成立职业农民培训学院，探索培育新路径；有的依托产业建立农民田间学校，在产业链上培育职业农民。在培育手段上，充分发挥信息化手段扩大影响力，如全国"农业科教云"平台、山东"农技宝"、湖南"湘农科教云"平台，开展线上培训、科技服务。

4. 配套措施逐步改善

自 2012 年以来，各地各级政府高度重视新型农民培育制度环境的改善，为新型职业农民培训构筑了一个良好的社会环境。如 2015 年的中央一号文件提出要完善新型职业农民的金融支持服务，建立信贷支持体系；2016 年的中央一号文件要求建立新型职业农民养老保障体系；2017 年的中央一号文件要求建立社区教育、成人教育、职业教育的购买服务，为新型农民提供多元化的培训产品。这些政策的出台不仅为新型职业农民培育提供了制度方面的保障，还为农民参加教育培训解决了后顾之忧。

总之，经过多年新型职业农民培育探索，初步形成了一种由政府推动、部门联动、产业驱动、农民主动的工作模式，基本建立了生产经营型、专业技能型、专业服务型"三类协同"，以及初、中、高三个层次的新型职业农民培育体系框架①。

（二）我国职业农民培育实践存在的问题

尽管新型职业农民培育工作已经取得了一定的阶段性成效，但还存在不少不容忽视的问题。问题集中体现在两大方面，一是法制保障方面，培育工作赖以开展的法律和制度建设明显滞后；二是工作开展方面，培育工作在对象、主体、内容、形式等具体工作环节都不同程度反映培育的精准度不高等问题，导致开展的一些培训工作低效甚至无效。

1. 从法制角度看，保障新型职业农民培育的法律和制度建设滞后②

一是培育工作缺乏专门的法律法规。新型职业农民在美国、法国、德国、日本等发达国家取得有效成果的主要原因就在于有健全的法律法规来保障政策的实施。与发达国家相比，我国在培育新型职业农民方面还缺乏专门的法律法规③；涉及的相关法律也只规范部分工作，如《中华人民共和国劳动法》中涉及职业

① 陈祥云. 新型职业农民培育的现状与对策分析 [J]. 当代农村财经，2018（6）：51.

② 钟慧. 论培养新型职业农民的法律政策支持体系 [J]. 云南大学学报（法学版），2016（6）：32-34.

③ 陈娟，向姝. 关于新型职业农民培育的对策建议 [J]. 四川农业科技，2018（11）：72-73.

资格鉴定的规定，《中华人民共和国职业教育法》对职业农民培训的相关内容少有涉猎。虽然从表6-6可知，自2012年中央一号文件首次提出"培育新型职业农民"这一目标至今，我国已陆续出台了关于新型职业农民培训的一系列政策文件，但是这些文件都是纲领性的。内容相对宽泛，缺乏具体的操作要求，也不具有足够强制力。这导致具体实践过程过于依赖地方政府的实施规则，以至于在实施上存在很大的地区差异，难以形成政策的统一性和稳定性。

二是跨部门间合作方式缺乏法律规范。首先，各级农业行政管理部门存在涉农事权不清、财力不匹配等问题。从各级、各地有关新型职业农民培育的发文机构可以看出，负责职业农民培育的农业行政部门各有不同，并没有规范化。"上面千条线，下面一根针"的问题在新型职业农民培育中同样存在。同时，目前由县级农业部门主要承担培育工作，显然不符合财权和事权相匹配的要求，也不符合县级政府的实际培育能力。其次，不同部门间存在职责交叉、农业投入多头管理、安排分散、使用效益偏低的问题。农业行政管理体制，尤其是各部门之间工作的协同机制是保障新型职业农民培育工作的重要保障，培育新型职业农民需要各部门协同开展工作。目前由于新型职业农民培育主要由各级政府的农业部门牵头，无法高效协同同级部门共同开展培育工作。

三是监督和考核机制缺乏制度规范。对新型职业农民培育的主要监督途径是政府内部监督，具体表现为财政监督、审计监督和行政监察三个方面。从财政监督来看，对新型职业农民培育的专项资金目前都由地方财政项目绩效管理，其考核和监督尚缺乏规范性。从审计监督来看，目前对培训专项资金落实、培训效果等情况的审计工作还需继续加强。从行政监察来看，目前，各地还未将新型职业农民培育工作纳入农业现代化考核中，同时对新型职业农民培训工作的考核和资格认定还未实现细化管理，因此需要通过完善相关制度规范考核监督和资格认定工作。

2. 从培训工作开展的角度看，新型职业农民培育的精准度不高

中央高度重视并多次发文强调，新型职业农民需要精准培育的问题。2016年中央一号文件就提出新型职业农民培育的核心是"围绕职业农民本身的性质、特点、规律推进精准培训"。2017年1月，农业部印发的《"十三五"全国新型职业农民培育发展规划》强调"坚持精准培育"，分类分层开展培训。同年，农业部下发《农业部办公厅关于做好2017年新型职业农民培育工作的通知》，再次强调各级农广校要以精准培育为目标，提高培训的针对性、有效性和规范性。2019年中央一号文件同样在强调精准培育，并明确要求以农业职业经理人、现代青年农场主、农村实用人才带头人、新型农业经营主体骨干、农业产业扶贫对象这五类人群作为重点培育对象。由此可知，精准培育是提升新型职业农民培育

质量的重要选择。但是从各地区开展的具体工作情况看，新型职业农民培育的精准度较低。

一是培育对象选取的精准度不高。首先，在广大农村地区，"新型职业农民"一词对大多数人来说还比较陌生，无论是基层政府部门的工作人员还是农村居民对这一概念都知之甚少。由此可知新型职业农民的概念及政策的宣传还不到位。其次，对新型职业农民培育对象的选择不够精准[①]。部分地区在培育对象的选择上，以完成任务为目标，缺乏深入调研，没有掌握一手资料。结果导致有培训需求的农民没有被纳入培训范围，反而去强迫没有意愿的农民报名参加培训，一方面挫伤了有培训意愿而没能参训农民的积极性[②]；另一方面导致参加培训的农民积极性不高，甚至有抵触情绪，从而严重影响了培育质量。

二是培育主体的职责定位不精准。目前，我国正在构建以全国农广校体系为基础的、"一主多元"的新型职业农民教育培训体系，不同培育主体职责不同。但目前我国各地区的农广校建设完善程度不一，部分地区农广校还存在有名无实、机构不健全、职责不清晰、任务不明确等现象；部分省级农广校甚至没有正式的网站，发布信息的途径及方式相对老化、落后等；部分社会资源培育主体对新型职业农民培育的重要性及意义认识不足，对自己的培育职责认识不清，对培育工作存在完任务、走形式现象；临时拼凑讲课人员，教师素质和业务能力参差不齐，严重影响培育质量。

三是培育计划及培育内容的精准度不高。精准培育新型职业农民，既要求对培育对象进行综合素质、职业素养、绿色发展理念等综合课程的培训，也要根据不同类别培育对象进行因材施教。但在实际操作过程，有些地方仅一个县或区的新型职业农民培训内容就涵盖了种植、养殖、农机技术、农产品质量安全、农业法规和创新创业等诸多类别，师资力量很难满足不同类别的培育需求。从而导致培训一统化，不能很好实现"分层次、分类别"培训要求，使培训质量大打折扣，这对于培育主、客体双方都是资源的浪费。[③]

四是培育形式及方法的针对性不强。目前，新型职业农民培育形式主要有两大类，第一类是课堂理论授课，主要讲授国家和省市政策以及当前国内农业形势等理论知识。虽然有助于学员了解掌握国家政策和形势，但缺少了职业农民急需的经营管理、创新创业、职业素养、综合素质类课程的讲解。第二类是进行实践教学，主要通过到企业进行实训、到田间课堂进行现场观摩等方式来开展。企业实训多是企业管理人员介绍企业的规模、操作规程、技术要点等，走马观花式的

---

① 岳秀红．提升新型职业农民培育质量的必然选择——精准培育［J］．农业经济，2019（7）：21-24．

②③ 刘万友．论新型职业农民培训存在的问题与解决对策［J］．山西农经，2019（5）：20-22．

参观。目前，不少地区建有田间课堂，可以到田间地头进行现场教学，但因农作物生长的季节性特征明显，导致培训内容及时间限制较大。因此，无论是课堂理论授课、企业实训，还是田间课堂，仍存在培训形式化、缺乏长效机制等问题，培训内容无法精准满足新型职业农民发展的客观需求。

五是职业资格的认定不精准不严格。新型职业农民职业资格认定，目前大多数地方采取的认定过程是，学员要参加新型职业农民培训，然后参加政府部门组织的认定考试，考试合格后经本人申请，由主管部门集中审核后报相关部门同意，颁发新型职业农民资格证书；或者由当地县级政府部门组织相关专家对受训学员进行实地考核并提出审定意见，在此基础上认定新型职业农民资格，并颁发资格证书。但是在实际操作过程中，首先，由于认定的类别较多，比如部分县级新型职业农民认定的类别就包括果树、蔬菜、养蜂、农民信息员、农机等，导致认定标准的制定不够具体细致，甚至不同类别的新型职业农民认定标准大同小异，类别特征不明显。其次，认定人员的专业水准参差不齐，认定流程随意性较强，且定性认定的成分多，定量认定的成分少，降低了认证标准和资格证书的含金量。

二、国外职业农民培育实践的经验启示

从国外农业培育的经验来看，许多国家都非常重视农民的培育，加大对职业农民培育的力度，主要表现在对农民教育培训立法的保障和政策的支持上，以及严格的农民教育质量监控机制等。

（一）国外职业农民培育实践的经验分析

1. 强大的政策支持和立法保障

国外许多国家对于农民的教育，无论是在教育经费的投入上，还是在立法政策的支持上，都给予了充分的支持保障，这使得农民教育优先得到发展。政府的农业教育法律是农业教育顺利开展的有效保障，其有效地调动了农民进行教育培训的积极性，提高了农民的科学文化素质。美国、日本、德国、法国等发达国家都非常重视对于农民教育的立法，教育的立法化保障了对农业教育的人力、物力、财力的投入。

（1）美国。作为世界上最大的农产品出口国，美国在法律上极为重视对农民的职业教育。19世纪60年代美国就开启了世界农民教育培训的先河，并在1862年通过了《莫里尔赠地法案》为早期的农业职业教育奠定了法律基础。然后在1887~1936年，美国联邦政府先后颁布了《哈奇法》《史密斯—利弗法》

《乔治—里德法案》《乔治—埃雷尔法案》和《乔治—迪尔法案》等一系列具有农民培训特色的法律法规①，规定联邦政府对农业职业培训教育的义务和责任，并加大对各州农业职业教育推广机构的政策、资金支持的力度。

另外，美国不间断完善立法。2002年的美国联邦政府农业法，特意增加了对新型农业牧场及牧场青年农民开展农业基础性教育、农业能力培养和农牧场技术培训，并提高资金支持力度。2012年《新农业法草案》进一步提出实施美国农业就业与职业基金项目，以帮助本国农业雇工的技能发展，并为农民提供培训信息、交通住宿的培训补贴。

（2）德国。德国涉及农业职业教育的法律包含联邦政府、部门政府和行业协会三个层面。联邦政府层面的法律有1969年颁布的《联邦职业教育法》，该法确立了德国双元制的职教模式；1981年联邦政府颁布的《联邦职业教育促进法》进一步完善了德国职教法律体系；2004年颁布的《联邦职业教育保障法》，将职业教育的保障措施纳入法治化轨道，三大法律构成了德国的职业教育法治基础。② 部门政府层面法律主要是职业教育相关部门在上位法的框架下制定的管理文件。该类法律主要对农业职业教育的专业设置、师资配备、资格认证等方面予以规范。农业行业协会层面主要是由农业行业协会在政府授权下颁布相关条例。如德国部分地区农业行业协会制定的《毕业考试条例》，该条例会对农业类专业毕业考试程序、合格标准等方面做出规范。

（3）日本和韩国。亚洲的一些国家也非常重视立法的建设，尤其以日本和韩国为代表，日本在1949年颁布的《社会教育法》中规定，要利用图书馆等资源设施对农村青少年、妇女、成人进行教育。在1953年颁布的《青年振兴法》中规定，由政府投资对青年农民教育开展培训，这使得农业教育走向制度化和规范化。韩国在1949年颁布的《教育法》和1963年颁布的《农业局中教育课程》使得农业教育更加规范化和法制化，1980年通过的《农渔民后继者培养基本法》和1990年通过的《农渔村发展特别措施法》，确立了农渔民后继者培养制度和专业农户的培养制度。③

2. 完善的农民教育管理体系

在国外，农业教育由专门的机构负责管理和领导，例如，美国的农业部推广局、英国的农渔食品部农业培训局、法国的农业部等，这些政府机构专门负责农业的教育培训。日本由农民研修所负责农民培训，韩国由政府的农村振兴厅指导局和农民教育院来专门负责开展农民的专业技术指导和职业教育。在专门机构领导和管理下，发达国家纷纷建设起较为完善的农业教育培育体系。

（1）美国。美国政府通过多年的探索，构建起富有特色的新型职业农民培育体系。一是开展农业合作推广服务计划。该计划由各级政府依据农业社会团体负责组织实施，通过政府与农业院校加强合作，采取农业生产示范、专家上门指导、设立农业咨询点等多样化的形式，提升农民的科学技术水平。二是建立美国未来农民组织。未来农民组织是一个非官方的团体。其职能在于针对美国青少年群体开展农业机械操作、作物育种、病虫害防治等方面的培训。美国未来农民组织经费来源稳定、培训理念与方法先进，在美国新型职业农民培育方面发挥了重要的作用。三是大力提倡农业4H教育。美国政府多年来提出在农业教育领域实施4H教育（Hand手，Head脑，Health身，Heart心），通过实践与理论的结合提升青少年的农业实践能力。4H教育的一般模式是，成立4H俱乐部，招募农业生产经验丰富的教导员，吸引青少年参加4H俱乐部。青少年在教导员的引领下开展农业实践操作、召开总结会议、展示实践成果，目前4H教育成为美国较为普遍的农业技术推广手段。

（2）德国。"双元制"是德国职业教育最为典型的特征，其实质是一种将理论学习与企业实践紧密结合的一种职业教育模式，基本特点体现为教育地点的双元——企业和职业学校；受教育者身份的双元——学生与学徒。德国双元制农民职业教育学制一般设定为2~3.5年，教学活动在学校和农场交替开展，在农场实践的时间为60%~70%，在学校学习的时间为30%~40%[①]。农民必须在学习培训之前，与相关的具备培训资质的农场签订从事实践生产的劳动合同。农业协会拥有监督权，可以代表政府对双元制教育体系下的农场进行资质审查，并对其日常教学活动进行监督。

（3）法国。早在1960年，法国就颁布了《农业教育指导法案》[②]。该法案规定农民必须接受职业教育，只有获得合格证书后，才能取得经营农业的资格，并享受国家的农业补贴和优惠贷款。之后七次通过法令，对农民培训的方针政策以及组织领导的具体措施予以规定。

法国设立了专门机构组织管理农民培训工作，具体由农业部设立的培训晋级和就业委员会以及各省设立的相应机构负责，另外还有一些农民团体建立的民间培训机构。在法国，政府主要负责较长期的培训，专业性的短期培训多数由农会开展。法国全国有农民业余技术培训中心350多个，其中私立的有200多个，其任务是使没有受过农业教育、不具备农业经营知识的农民，取得经营农业所必需

①　仲彦鹏. 德国农民职业教育对我国新型职业农民培育的启示［J］. 现代化农业，2018（7）：43-45.
②　郭徽. 法国农民培训教育状况及对我国农民教育的启示［J］. 河北大学成人教育学院学报，2007（9）：28-30.

的基础知识，使参加农业生产一年以上并受过一定农业教育的农民，进一步提高专业知识和经营管理水平，取得相应的技术职称实现晋级。

（4）日本。日本从1995年开始实施扶持新农民（又译，新规就农者）系列政策。其中不少经验值得中国借鉴。一是实行新农民培训计划。日本规定新农民必须经过专门的农业教育或者在农业生产现场进行研修，并达到一定的研修标准。准备成为新农民的申请人必须在都、道、府、县认可的农业大学或农业经营者培育机构进行一年以上的专门学习，或者在具有一定技术水平和经营能力的农业法人单位研修一年以上（累计学时不少于200小时），政府为了支持年轻人成为农民，在其申请研修期间给予一定的补助金[①]。二是农业继承者培训计划。为了培养现有农业法人等的接班人，以保证日本农业法人的经营持续性，扶持培养农业法人的职员成为该法人的继承经营者，鼓励现有法人企业选派现有职员到先进的农业法人、其他行业的法人单位进行进修和培训，在法人选派的职员进修和培训期间，政府也支付一定的补助金[②]。三是营农洽谈制度。为了保证新农民顺利开展农业生产和农业经营活动，及时解决其在农业生产和经营过程中所遇到的各种问题，日本在基层农业行政主管部门普遍设置营农洽谈室，可以随时向农户提供有关农业政策、土地、经营、技术等方面的咨询服务。

3. 严格的农民教育质量监控机制

国外的许多国家对于"农民"的标准都有着较为明确的规定，且普遍实行绿色证书制度，即规定农民只有在接受专业的职业技能教育培训后，取得了国家颁发的相关职业证书的情况下，经考核合格后才可从事农业生产经营，成为职业农民，享受相应的农业补贴和优惠政策。

（1）德国。德国实施的是分层定级式的农业执业资格认证制度。依据执业技术水平的差异性，德国农业领域执业资格一共包含五个等级，如表6-7所示。

表6-7 德国职业农民分层定级认定

等级	证书名称	认定标准	证书功能
1	学徒工证书	通过规定的结业考试	初级证书，未成为合格职业农民
2	专业工证书	经过3年学徒期间的系统学习，并通过农业职业教育结业考试	农业专业工人，成为合格职业农民
3	师傅证书	接受1年的专科学校农业职业教育，且考核合格	授权准予招收学徒和经营农场

① 李凤荣. 日本扶持新农民政策及其效果分析 [J]. 农业经济, 2017 (2): 37-38.
② 费娜. 日本职业农民培育的经验及启示 [J]. 当代职业教育, 2018 (7): 47-49.

续表

等级	证书名称	认定标准	证书功能
4	技术员证书	继续接受 2 年的农业高等专科学校的农业职业教育，且考核合格	可担任技术员和管理者
5	工程师证书	通过附加考试，并进入高等农业院校进修学习，且顺利毕业	正式成为一名农业工程师

从表 6-7 中可知，德国职业农民有着明确的入职门槛，且需要持证上岗；这五级证书，代表着可以从事的相对应等级的农业工作；每一级证书的获得，都需要经过严格的考试或考核；从学徒到农业工程师，需要经过至少 6 年以上较长时间的系统学习。

（2）法国。法国的职业农民资格认定与德国存在很大的相似性（见表 6-8）。法国的农业职业资格证书分为四个等级，每一级都分别有受培训时间的规定。培训所需基础能力的要求是，必须拥有了前一级证书所要求达到的能力，才能参加下一级证书培训。另外，法国对农民培训证书的考试要求比较严格，考试由主管部门或机构设立的考试委员会专门负责。考试委员会一般由雇主（农场主）、雇员（农业工人）和教师三方代表组成，制定考试所要达到的基本要求。①

表 6-8　法国职业农民培训证书类别

等级	证书名称	认定标准
1	农业职业教育证书	3~5 年的农业实践；欲经营农场，还要接受 200 小时以上的专业培训。获得证书，可获取国家农业补助
2	农业专业证书	进行 680~920 小时某一专业培训，政府确认其具有某种专业能力
3	农业技术员证书	2 年专业培训
4	高级技术员证书	2~3 年专业培训，达到农业专科水平

另外，还有许多发达国家，农民的教育在认证考核上都有着严格的制度和规定，并有着一定的淘汰比例。例如英国，只有经职业资格评审委员会认定考核合格者才能够获得国家颁发的职业资格证书。匈牙利规定参加资格认证的培训者并

① 郭徽．法国农民培训教育状况及对我国农民教育的启示［J］．河北大学成人教育学院学报，2007（9）：28-30.

不一定都能够获得证书，有的学校的淘汰比例最高可达 50%。①

在国外，农民教育培训机构和组织还依据不同的培育目标和要求，颁发不同种类的证书。英国关于农民教育培训的证书就有 17 种，法国有 4 种，如农场管理证书、喂养奶牛证书等。严格的考试制度和认证机制为国外农民教育培训提供了切实可行的运作模式，这同时也体现了国外农民教育培训的质量。

（二）国外职业农民培育实践的经验启示

1. 加强政府主导，完善顶层设计

通过上述梳理发达国家的经验做法，我们可以看到政府参与职业农民培训的角色各有不同，由政府完全主导的国家有日本和德国，日本将农民职业教育完全纳入教育体系中，未有社会其他组织参与。德国虽鼓励社会组织参与这个过程中，但参与的组织需要政府资格审查。政府"主导+引导"的国家为法国，法国政府主要负责较长期的培训，专业性的短期培训多数由农会开展。只有美国采取的是完全引导的方式，只是投入大量的资金给各类大学农业推广中心、社会组织及其他公益协会，让它们按照政府计划展开培训活动。②

美国在教育体系和社会组织能力方面现阶段强于我国，所以美国政府采用的完全引导的方式不适用于我国。我国政府作为新型职业农民培育工程的发起者，政府需要加强主导作用，对其进行合理有效的顶层设计。对此，首先应该确定我国要构建的新型职业农民培育模式的理念，政府自身的主导作用，以及开展这项工作的方式。如果理念是像日本这样侧重终身教育的复杂模式，从现在开始就应全面评估自身的主导作用，将最顶层的主体确立，然后再逐级向下确定复杂的关系。③ 如果培育理念并没有这么复杂，只是面对解决当下农业现代化中出现的问题，为了让农业现代化进程更加顺利，可以参考德国和法国的模式，将专业的教育部分交给教育机构进行，将技能培训交给授权单位组织或某些具有实力的农业大户。

2. 立法保障先行，政策大力支持

农业教育管理的立法化，是确保农村教育规范化发展的保障。国外许多国家都非常重视法制的建设，对于职业农民的教育培训都有相应的立法保障。而相较于发达国家，我国有关职业农民培育方面的法律法规比较滞后。虽然我国有一部

① 朱雪明. 国外农民教育 [J]. 世界农业，2013（2）：44-47.
② 胡景祯. 新型职业农民培育现状与发展对策研究 [D]. 长沙：湖南农业大学硕士学位论文，2017.
③ 杨妍玮. 地方政府培育新型职业农民存在的问题及对策 [D]. 重庆：中共重庆市委党校硕士学位论文，2017.

分法律法规对农民教育培训有所涉及，但是却没有针对农民培育的专门法律法规，而且已颁布的农业教育培训的法律条例，均不够具体完善。

因此，我国应当在结合国情的基础上，借鉴发达国家培育职业农民立法方面的经验，进一步完善现有的农业教育培训的相关法律条文，制定全国性职业农民培育的法律法规势在必行。如依据发达国家立法经验制定《职业农民培育法》，规定职业农民培育的重要地位、培育主体、经费来源、培育内容、认定标准和办法、执业证书、扶持政策等，为打破当前城乡职业教育二元化的局面，开展适应新农村建设和农业现代化特点的农业职业教育、成人教育以及各类实用的农业职业技能教育培训提供了全面的法律保障。

3. 严格资格准入，加强培育质量动态监控

在职业资格问题上，上文案例国对职业农民都有着不同程度的严格准入制度，"持证从业"已成为农业准入制度的一部分。如德国的职业证书就分为学徒工、专业工、师傅、技术员、工程师五个等级。不同等级的证书分别代表不同水平，具有不同的功能。法国职业农民认定主要体现在职业资格证书上，分为四个级别，更高一级的获得须以前一等级为基础。职业农民分等级培训，并经考试、考核达标获取职业资格证书。① 其他发达国家也普遍实行"绿色证书"制度，国外的"绿色证书"是对农业从业者实施"先培训、后就业"的持证上岗制度。

在我国新型职业农民培育中，认定管理应该成为我国培育制度体系的基础。只有通过认定的新型职业农民才能获取政府相应的支持。对职业资格进行动态管理是发达国家农业职业化准入的基本经验。地方政府应制定并严格执行认定管理办法，细化科学的认定条件、认定标准和程序、认定主体、相关责任等，按照本地的实际情况，进行职业资格的动态管理。动态管理应与土地管理、农业生产管理、环境保护相结合，设定有效期，到期考核并重新认定。在动态管理的基础上配套相关政策，作为从业规程，提高本地农业从业人员的专业素质，全面推动农业现代化发展。②

第三节　我国新型职业农民培育体系设计

高效的培育需要完整的培育体系作为支持，而完整的新型职业农民培育体系

---

① 李环环，牛晓静. 法国农民职业培训体系对我国的启示 [J]. 中国成人教育，2017（1）：154-157.
② 张亮，周瑾，赵帮宏. 国外职业农民培育比较分析及经验借鉴 [J]. 高等农业教育，2015（6）：127-128.

需要培育理念、培育客体、培育主体及培育管理四大部分作为支撑。

一、与时俱进，创新培育理念

（一）推动培育理念革新

首先，由数量导向到质量导向转变。根据《"十三五"全国新型职业农民培育发展规划》提出的发展目标，到2020年全国新型职业农民总量要超过2000万人。一大批新型职业农民加速涌现，正在成为现代农业建设的先导力量。过去，培训单位为了完成目标过度追求数量而忽略了质量的提升，从而影响了培育效果。当前我国新型职业农民培育的矛盾是结构上的相对失衡，因此必须推进新型职业农民培育改革，由数量导向转变成质量导向。

质量导向意味着，我们既要做减法，减少农民数量，推动新型城镇化；又要做加法，增加新型职业农民培育质量。在培育的源头加强培育对象选择的精准化，培育内容上做到统筹兼顾，培育体系注重与信息化结合，使得新型职业农民培育更加专业化，从而增加培育的效果，提升整体培育质量。

其次，由局部侧重向协调发展的转变。传统的农民培训往往只侧重专业技能的培训，乡村人才振兴要求新型职业农民培育从全局出发，以新型职业农民的全面发展为目标，培育内容要覆盖乡村振兴全面发展的要求，做到文化素质、专业技能、经营管理素质和职业道德等各方面培养并重。培育出一批对农业事业满怀热情，愿意为现代农业发展服务，同时兼备乡村振兴所需的农业科技技术和信息化技术，善于利用电子营销手段展开农业经营，以推动乡村发展、促进乡村振兴为目标的新型职业农民。

（二）转变农民发展观念

第一，激发新型职业农民的自我发展意识。在新发展理念的指导下，引导新型职业农民成为主动发展的个体。首先，改变传统"等、靠、要"的观念，充分发挥自身主观能动性，主动提高自身素质，变"要我培训"为"我要培训"。其次，作为新型职业农民培育对象本身，要树立主体观念和终身学习观念，明确自己在新型职业农民队伍的主体地位，提高参与培训的积极性和主动性，支持新型职业农民培育工作的开展。

第二，培养农民的绿色发展意识。2018年中央农村工作会议提出"走质量兴农之路""加快推进农业由增产导向转向提质导向"等要求，明确了"唱响质量兴农、绿色兴农、品牌强农主旋律"的重要工作思路。我国在培育过程中，坚持可持续发展的绿色培育理念，培育一支绿色发展的新型职业农民队伍，把发展绿色农业作为职业农民队伍的重要素质和主要职责，引导新型职业农民从对产量的追求转移到质变上来，把生产过程的质量考核列入职业考核中。

二、精准培育，选准培育对象

《"十三五"全国新型职业农民培育发展规划》强调，要着眼构建新型职业农民队伍，科学遴选培育对象，分产业、分类型、分层级、分模块实施教育培训。

（一）依据政策规章，界定培育对象基本范围

如前文所述，新型职业农民培育对象可以分为生产经营型、专业技能型、专业服务型三类，主要包括种养大户、新型经营主体（如家庭农场主等）、农村返乡创业农民、农村初高中毕业生及农业院校毕业生，以及有志于从事农业的社会人士等。

种养大户指在粮食、蔬菜种植和畜牧养殖等方面的专业大户，往往投入大量资产进行农业，且从业方向较为固定。新型经营主体作为新型职业农民培育的"蓄水池"，地方政府应该合理引导新型经营组织的发展，包括政府多方面培育家庭农场主，加大对家庭农场的政策扶持等，使家庭农场不断发展成熟。农村返乡创业农民，包括新生代农民工，其在城市中掌握了一定的知识和技能，积累了一定的物质资本，是有志于回乡创业的主动回流者。农村青壮年学习能力强，其返乡为新农村建设注入了生机与活力，可作为新型职业农民培育的主要对象①。初高中毕业生投身农业生产对于农业发展的意义不容小觑，亦可纳入培育对象范围。政府在新型职业农民培育中还应重视农业院校毕业生，其往往拥有丰富的农业知识，受过系统的技能培训。随着农业成为一种新的"朝阳产业"，更多的社会人士将会投身现代农业，则社会人士也应成为新型职业农民培育的重要对象。②

（二）以特色产业为重点，分类开展针对性强的培育

以产业发展规划人才需求为重点进行遴选、组建培育对象库是保障新型职业农民培育工作的基底，是"抓主要矛盾，具体问题具体分析"的表现。依据农业生产经营的特点和优势，遴选与之产业相关的新型职业农民。

---

① 倪春华. 涪陵加快培育新型职业农民的对策研究 [J]. 中外企业家，2015（34）：201.
② 李正梅，周静璇. 农业现代化与新型职业农民培育 [J]. 中国集体经济，2015（30）：3.

以福建省安溪县为例①，作为国家农业部新型职业农民培育试点，加强新型职业农民培训主体的选择和建设。首先，新型职业农民科技培训。安溪县针对本县农业发展的实际，推进以茶产业为主的劳动密集型企业的农村新型职业农民培训，重点夯实受训人员的茶园生产管理、茶叶加工流通销售知识技能，包括茶树栽培、茶树病虫害统防统治、土壤改良、质量安全等。并辅助传授其他各类农牧产品生产管理所需的科学技能，以满足不同人群的需求，平衡农业生产各部门的发展。科技培训涵盖从生产、加工到销售的一系列内容，有利于提高受训人员的学识水平和技能，从而增强产业竞争力。其次，新型职业农民服务技能培训。现阶段安溪县社会服务型新型职业农民主要是统防统治植保员、村级农技员、茶艺表演人员等。安溪县新型职业农民试点领导小组选派高级农艺师进村入户对其进行技能培训、指导。此外，遴选有资质、经验丰富的培训人员对有志于从事茶艺表演、茶文化推广的人员进行茶艺、茶文化基本素质教育，使受训人员真正获得职业资格，进而助力传播安溪乌龙茶文化。最后，新型职业农民创业培训。安溪县依托电商产业孵化园，对于有一定电商基础知识的新型职业农民支持其上"淘宝大学"，提高其电子商务水平。此外，致力于培养新农村建设主体的跨世纪青年农民培训工程、培养农业后继者的百万中专生计划等多项培训也在稳步推进。

（三）严格遴选程序，完善培育对象遴选做法

《农业部办公厅关于做好 2017 年新型职业农民培育工作的通知》强调，要依托新型职业农民培育工程，实施现代青年农场主培养、新型农业经营主体带头人轮训、农村实用人才带头人培训等四个计划，并要求以县为单位开展从业人员摸底调查，按主导和优势特色产业建立培育对象库，遴选有意愿、有需求的农民参训。

据此，省市级层面制定新型职业农民培育对象遴选的基本条件，如年龄、学历、收入、生产类别、生产规模等。各区县依据本地的实际情况明确培育对象的具体遴选条件，依据条件遴选培育对象。地区遴选新型职业农民培育对象的程序，包括农民个人填写《新型职业农民培育遴选登记表》，自愿报名申请。然后由村（委会）推荐、乡镇政府初审、培训机构调查核实上报，区县级新型职业农民培育领导小组办公室审核备案，再经公示遴选确定。② 其中，大力宣传新型职业农民培育政策和培育对象遴选程序，培训机构积极与村委会、乡镇政府、农民合作社等配合，集聚优势资源和力量共同完成遴选任务。经审定的培育对象须

① 吴晓茹. 安溪县新型职业农民培养问题研究［D］. 泉州：华侨大学硕士学位论文，2018.
② 张海瑞. 西峡县新型职业农民培育模式现状分析［J］. 现代农业，2016（7）：69.

报市农委备案。同时，鼓励区县创新新型职业农民培育的遴选程序，完善科学做法，便捷地开展新型职业农民培育对象的遴选工作。

三、明确目标，优化培育体系

（一）明确新型职业农民的培育目标

明确职业农民培育目标，关键是要弄清楚我们需要什么样的职业农民的问题，各类培育对象的培育目标应有一定的差异性。因此，职业农民的培育目标不仅包括总体培育目标，还因培育对象的不同有着具体的培育目标。

1. 总体目标

培育能够适应现代农业发展需要的高素质职业农民，在农村中能够起示范带头作用的农民，包括农业企业家、农业产业工人以及为农业发展提供相关服务的人员。

2. 具体目标

对于现有的职业农民，包括农业大户、农民专业合作社的带头人、家庭农场主、农业企业家、农场工人、农业技术专家等，培育目标主要从生产、技术、经营、管理、发展策略等方向入手，提高他们的经营管理与服务水平，其具体目标如表6-9所示。

表6-9 我国新型职业农民的培育目标

职业农民类型	定义	培育对象	主要培育目标
生产经营型	指以农业为职业、占有一定的资源、具有一定的专业技能、有一定的资金投入能力和收入主要来自农业劳动力	专业大户、家庭农场主、农民合作社带头人等	提高经营管理能力，适应更大经营规模的生产经营
专业技能型	指在农民合作社、家庭农场、专业大户、农业企业等新型生产经营主体中较为稳定地从事农业劳动作业，并以此为主要收入来源，具有一定专业技能的农业劳动力	农业工人、农业雇员等	提高文化水平和生产经营能力，能够通过培训获取经营家庭农场或农民专业合作社、农业企业的资格

续表

职业农民类型	定义	培育对象	主要培育目标
专业服务型	指在社会化服务组织中或个体直接从事农业产前、产中、产后服务，并以此为主要收入来源，具有相应服务能力的农业社会化服务人员	农村信息员、农村经纪人、农机服务人员、统防统治植保员、村级动物防疫员等	提高产前、产中和产后各环节为农业生产经营提供各方面服务的能力，以扩大服务的范围、提高服务的质量
总目标	培育能够适应现代农业发展需要的高素质职业农民，在农村中能够起示范带头作用的农民，包括农业企业家、农业产业工人以及为农业发展提供相关服务的人员		

资料来源：樊英．职业农民培育问题研究［D］．长沙：湖南农业大学，2014.

（二）丰富新型职业农民的培育内容

1. 结合地方产业特色进行培育

新型职业农民培育要结合地方产业特色进行培育，既要注重产业知识的培育，又要兼顾产业经营理念的培育。首先，每个地方的产业特点各有差异，培育主体在培育的过程中要结合本土特色产业对新型职业农民进行培育，并把农民需要的产业知识和技术作为培育重点，在培育对象的选择上，就应该相应地分地区、分产业集中培育。其次，加强对经营管理和创业方面知识的培育，农业产业化最大的特点是"农工商"一体化，这就要求新型职业农民要从过去自给自足小农经济的传统意识中走出来，成为具备经营管理知识和创业理念的市场主体。在培育过程中加强经营理念的培养，提高他们对市场规律的敏感度，同时还要培养其在农产品生产和经营方面的专业敏感度，提升他们对农业市场的全局性思维和战略性眼光，致力于把他们培养成专业的生产者和优秀的经营者。[①]

2. 强化现代农业科技的培育

农业现代化的重要标志是生产方式的现代化和机械化，现代农业是技术密集型农业，讲究的是高产、高效、高速。这就要求新型职业农民掌握现代农业生产技术，包括科学的种植、养殖技术和现代化农业机械的操作技术，因此培育过程应加大对科学技术的培训力度。由于当下新型职业农民培育多以集中授课为主，而科技是操作性比较强的知识技能，在课堂教学中难以展开。因此课堂上可主要教授基本的操作原理，而加大现场示范的时间和次数，或者开设专门的技术培训

[①]　廖静云．四化同步发展背景下新型职业农民培育研究［D］．福州：福建农林大学硕士学位论文，2018.

课程，为新型职业农民现场讲授示范操作方法，确保每个人都能把技术学到家。发挥教育实训基地的作用，为新型职业农民提供实训操作的场所，同时在基地配备足够的解说咨询人员，为新型职业农民及时答疑解惑。发挥农技推广机构以及现代农业经营主体，如农机合作社、家庭农场、农业企业等在培训中的作用，同级之间的相互教学更利于技术的快速掌握，同时也更利于技术的交流学习。

3. 加强乡村文化教育

首先，要挖掘农村经济发展新动能，如通过与乡村休闲、乡村旅游和品牌农业等产业发展相关的知识作为培育内容，从而为农村经济和产业繁荣培养储备人才。其次，对于一些特色的民风民俗，也应作为培训内容之一。可通过加大对民俗文化的宣传，并以集体活动的方式，使得农民在潜移默化中得到文化的熏陶，并于无形中完成了文化的代代传承。总之，新型职业农民培育只有加入文化的培养，才能真正把新型职业农民培养成爱农业、爱农村、有情怀、懂文化、知礼节的高素质农业从业者和农村发展推动者。

4. 推进信息化教育

现代农业对农业从业者的信息化素质和信息操作能力提出了更高的要求，因此，新型职业农民培育必须不断推进信息化教育。首先，信息化的学习绝对不是能通过几天集中的短期培训就能达成的，因此要发挥基层农技推广机构的作用，形成覆盖全国的基层信息推广体系，加强信息推广体系的改革，为新型职业农民提供关于网络使用的讲解和咨询服务，并定期集中开展相关培训。其次，引导并鼓励农民专业合作社、农业企业、农业科研机构、涉农院校、农业示范园区等开展信息推广服务。最后，加强电子商务运营能力培养。如今随着电子商务对农村的渗透，农村电商和农村淘宝等的发展，这就要求新型职业农民必须顺应时代的发展，掌握电子商务的相关知识，提高电商运营能力。

（三）推广多样化的培育模式

《农业部办公厅关于做好 2017 年新型职业农民培育工作的通知》要求，要遵循农业特点和农民教育培训规律大力推广分段培育，推行"一点两线、全程分段"模式。即以产业发展为立足点，以生产技能和经营管理能力提升为两条主线，在不少于一个产业周期内，分阶段组织集中培训、实训实习、参观考察和生产实践。

一是加强农广校体系的建设。作为新型职业农民培育的主阵地和主力军，加强农广校体系建设，首先，加强农广校基础设施建设，大力拓展和延伸农广校村级教学站，让农广校体系覆盖整个农村范围。其次，加强农广校远程教学能力建设。建立卫星网、面授辅导合一的现代农业远程教育平台，以满足新型职业农民多样化、个性化远程教育的需求。① 最后，建立区、县域新型职业农民培育"1+N+X"基础平台。"1"指区、县级农业科技培育中心，主要对培育起统筹协调作用；"N"指其他新型职业农民培育机构，其功能和优势与农广校互补；"X"指以特色产业为基础的专业村、农业专业合作社、农业龙头企业、农业园区等产业链上的教学实训基地。②

二是拓展"农广校"模式。农广校需要在巩固原有"四级"教学方式的基础上，不断创新培育模式、丰富培育方式。如完善"农民田间学校"新型职业农民培育模式。在部分区县农村推出农广校"微课堂"培训，由农户、农民进行"点菜"，农技人员"上菜"，在农业生产现场进行解疑。开展"宣传大篷车"巡回下乡项目，以服务"三农"为出发点，定期在村镇和社区开展农业政策宣传和科技推广活动。③

三是开展具有针对性和精细化的培育。实行新型职业农民培育导师制度，建立"一对一"或"一对多"的稳定关系，以利于新型职业农民的长期培育。考虑农民的实际情况，开展精细化培训。鼓励利用农资企业、农民合作社等实习实训基地开展精细化培育。对于不方便进城的农民，采用送教下乡、进村办班、半农半读等形式，集中面授与个别辅导相结合以及学习兴趣小组等办法对农民尤其是生产经营骨干就近进行职业教育培训。④ 同时，鼓励训后服务的方式多样化发展，如采用"农业110"，即学员在农业生产实践过程中遇到困难和问题，拨打培训机构或组织的电话或现场答疑，以及采用"O2O"微信（线上到线下）的服务方式用语音、文字、图片、视频等方式进行答疑解惑。⑤

（四）优化培育的师资队伍

新型职业农民培育的师资队伍建设是新型职业农民培育的关键因素，为此，《农业部办公厅做好2017年新型职业农民培育工作的通知》要求，完善师资选聘管理制度，建立开放共享的培育师资库，加大师资培训力度，打造名师队伍。

---

① 赵永田，陈文，兰贵全．基于SWOT分析的远程教育培育新型职业农民的发展战略思考［J］.安徽农业科学，2015（8）：350-352.

② 王留标．探新型职业农民培育的几个关键问题［J］.农民科技培训，2015（9）：11.

③ 钟慧玲，朱峰．奉贤区农广校：加强培育体系建设，助推新型职业农民培育工程［J］.农民科技培训，2016（2）：37.

④ 倪春华．涪陵加快培育新型职业农民的对策研究［J］.中外企业家，2015（12）：201.

⑤ 丁主权．新型职业农民未来分工及培育［J］.江西农业，2015（10）：45.

1. 整合培育师资队伍

打通公办院校和民办农业教育培训机构的界限，在院校专职教师的基础上，尽快完善师资库建设。首先，遴选专职骨干师资。设置骨干教师选聘条件和标准，按照专业科目类、创业指导类、公共科目类、实训操作类等师资情况遴选一批优质的专职骨干教师。其次，依据农业实际，发挥农村"田秀才""土专家""科技致富带头人"的作用，使其成为培育新型职业农民的优质兼职教师。最后，根据农业生产经营需求，将建设自有师资与利用市场资源相结合、理论教师与实践教师相结合、农技专家与"土专家"相结合，给予新型职业农民培育全面师资保障。[①]

2. 加强师资队伍的培训

为提高新型职业农民培育师资队伍的整体水平，针对性地开展师资培训。培训形式包括：脱产培训、学校培训、在职进修、省际间、国内外交流学习等。按层级对新型职业农民及培育师资库师资进行培训规划，以提高培育师资管理的规范性和科学性，并切实按照规划进行培训。根据实际需要，对农村"田秀才""土专家""科技致富带头人"等优质教师开展远程教育的方法进行培训，增强其远程教授课程的能力。

3. 建立师资库资源配置和教学评价机制

根据新型职业农民的培育需求和产业分类情况，有效地配置相关专业教师，切实利用送教下乡、导师"一对一、一对多"、专家问答指导以及"田秀才""土专家""科技致富带头人"等优质教师实地指导的方式，让师资库资源得到合理配置。定时对教师教学工作按照相应标准进行考核评价，对考核优秀或有突出贡献的教师进行精神奖励和物质奖励。对懈怠于教授，或敷衍了事的教师评定考核不合格，让其退出师资库。

四、加强管理，健全培育机制

（一）完善"一主多元"的培育管理体系

建成"政府主导、多元社会力量自主参与"的培育管理体系。"政府主导"主要表现在政府的统筹规划下，培育工作由农业行政主管部门管理，并对培育质量进行监控，财政、社保、教育等行政部门协同配合。地方政府将区县政府纳入管理系统，对区县农业部门培育情况进行监管。而"社会力量"包括行业组织、

---

① 曹小琴. 试论新型职业农民培训主体协同机制研究 [J]. 四川农业科技，2015（7）：70.

培训企业等。行业组织，如农业相关的行业协会，包括生猪养殖协会、辣椒种植协会、蔬菜种植协会等，它们贴近农民和农村实际，可以对培育进行指导、对培训标准等进行设定和评估。培训企业，尤其是新近产生的农民技术教育培训企业具有贴近农村农业实际、顺应农民技术需求的特征，符合市场需求，受到农民的信赖和欢迎。

（二）建立培育工作考核机制

一是实施并完善新型职业农民培育工作绩效考评制度。2017 年农业部发布了《全国新型职业农民培育工作绩效考核指标体系（试行）》，对培育工作提出了清晰明确的考核内容和评价标准，其中，工作落实为 50 分，包括工作方案、工作部署、制度体系建设、工作创新以及基础工作，分值各 10 分；工作效果 50 分，包括学员满意度 30 分、宣传工作和信息查询各 10 分。另外，还有三项是加分、扣分和一票否决项，包括社会影响、未完成任务、违规违纪。地方政府根据此指标体系，结合本地情况制定更细化的培育考评制度，对相应的培训组织机构开展定期和不定期的考核。农业行政部门会同其他相关部门（授权的组织或机构）对培训组织机构开展培育绩效考核，综合采取多种途径考核抽查学员的考试和技能情况。并委托第三方机构，根据培育机构的培训台账对经过培训的学员进行电话回访，包括对其满意度进行调查。做好培育的开班清查、中途抽查和结班审查工作。按照培育方案和相关任务，对培育的工作完成情况进行验收。对合格的给予验收报告，便于相关资金报账和考核奖励。

二是开展新型职业农民培育动态监管。在考核的基础上对培训机构和组织开展动态监督，以确保培训成效。主要包括建立培育跟踪服务制度等。制定并公布新型职业农民跟踪服务考评办法，旨在了解前期学员对培训知识及技能的实际掌握情况，通过"流动课堂"对职业农民进行帮扶指导和后续跟踪服务。同时，依据考评办法，制作《新型职业农民跟踪服务卡》，在服务组织（或机构）之上成立跟踪服务专家小组对"培育对象基本信息收集、产业规划制定、发展方案制定、跟踪服务内容完成情况及成效、跟踪服务工作总结"等方面进行量化考核，并对其开展奖惩与激励。①。

（三）完善新型职业农民认定制度

2012 年中央一号文件指出要"大力培育新型职业农民"，随后印发了《农业部办公厅关于新型职业农民培育试点工作的指导意见》，选取全国 300 个市县开

---

① 刘明西，张翠云. 完善制度设计　强化实践探索——河南省永城市新型职业农民培育制度化的探索［J］. 基层农技推广，2015（9）：36-37.

展试点工作。在两年多的试点工作中，各地根据实际情况出台了新型职业农民认定管理的暂行方案并付诸实施，积累了丰富的实践经验。但是，我国新型职业农民培育工作开展时间较短，认定管理实践尚处于探索阶段，亟待完善。

1. 建立职业资格分类定级制度

前文分析了美国、德国、法国等农业强国的经验，除了美国，英国、德国、法国、加拿大都有着较为严格的资格认定办法，它们的经验值得借鉴，如表6-10所示。

表6-10　世界农业强国职业资格证书类型

国别	资格证书类型
英国	一类是农业技术教育证书，包括农业工程技术员、养禽技术员、农业技术员和食品技术员4种证书；一类是农民职业培训证书，包括农业机械、农场管理、奶牛饲养、养禽、畜牧等11种证书。15种证书每一种又分为5个不同的等级
德国	分为农业合格证书和农场师傅证书两种证书，每一种证书划分为5个不同的等级，覆盖农场主、园圃工人、马匹饲养者、鱼类饲养者、林业工人等14个农业行业
法国	分为农业职业教育证书、农业专业证书、农业技术员证书和高级技术员证书，适用于不同技能水平的职业农民
加拿大	包括牧牛、乳制品、生猪、马匹等9种行业资格证书，每种分为农业生产技术员、农业生产指导员、农业生产管理员三个等级

因此，可以借鉴西方发达国家的经验，设立新型职业农民的分类定级制度。具体而言，首先，按照农业部对新型职业农民的分类，设立生产经营型、专业技能型和专业服务型三类资格证书，每一类证书又按具体的行业进行细分。例如，生产经营型资格证书又可细分为养殖类、种植类、经营管理类等证书；专业服务型资格证书可以分为农村经纪人证书、农村信息员证书、农机手证书等。其次，每一种证书按照不同的技能水平要求设置等级，通过相应的考核方可获得，获得低级别的证书是晋升更高级别证书的必备条件。

2. 根据职业农民的素质要求制定认定标准

当前我国的新型职业农民认定主要以经营规模和收入水平作为标准，这实际上是新型职业农民培育初级阶段的一种权宜做法，并没有体现"职业"的特点。为了推动职业农民的发展和构建职业化的培育体系，必须以新型职业农民的素质要求为依据，制定认定标准。一般而言，认定标准应该包括文化素质、专业技能、经营管理能力和职业道德（见表6-11）。在此基础上，根据不同类型、不同级别的新型职业农民设置具体的量化指标和权重。

表 6-11　基于新型职业农民素质要求的资格认定标准

认定维度	认定指标	考察内容
文化素质	科学文化知识	包括学历教育和职业教育，是新型职业农民日常生产、生活必备的基础能力和最基本的素质要求
	基本法律知识	了解基本的法律常识并具备维权意识，了解农业相关的法律知识及农业相关的政策
专业技能	农业科技水平	包括农业科技数量和质量、专业技术的种类和等级等
	农业生产能力	农业生产经营年限、农业机械使用、农业投入品的了解和使用，对农产品工艺流程、工艺参数以及相关标准等的掌握
经营管理能力	市场经济基础知识	市场经济基本规律和运行特点，市场供求信息收集、市场需求分析、市场营销渠道、农产品促销分销等
	农产品市场经营能力	农产品商业化能力、品牌意识、创新意识、特色经营能力、资源整合能力
	管理知识与能力	管理家庭农场、农业合作组织等所需的基础管理知识，以及人财物的专业管理能力
职业道德	生态环保	基础的生态农产品检测技术知识，使用绿色农资和清洁生产的意识和知识
	诚实守信	掌握市场经营的法律法规和行业规定，树立公平竞争、合法经营和诚实守信的观念

3. 根据"政府主导，多方参与"原则重构认定管理组织体系

认定管理工作应该坚持"政府主导，多方参与"的原则。具体而言，坚持新型职业农民领导小组的领导和监督，改变由领导小组下设办公室全权负责实施认定管理工作的做法，设立资格认定标准委员会、培训考核委员会和资格认定与审核委员会三个独立机构。资格认定标准委员会由农业管理部门、农民代表和行业协会相关成员构成，负责职业资格认定标准的制定、审查和推广；培训考核委员会由政府指定或委托的农业教育培训机构的教师、涉农经济组织和农民代表组成，负责资格认定或年审所需通过的培训和考核工作；资格认定与审核委员会则抽调政府相关部门成员，联合农民代表构成，负责申请人的资格审查、新型职业农民的档案管理，以及年审、评优等动态管理工作。"一个领导小组，三个委员会"的组织体系，既可以解决认定管理过程中权力和职能过于集中、认定流程缺

乏监督的问题，又可将相关利益主体纳入认定管理的相关环节中，有助于调动其参与新型职业农民培育的积极性。

4. 将培训和考核作为关键环节纳入认定流程

当前我国多数试点采用非考核型认定流程，而发达国家的经验表明，"培训+考核"是职业农民资格认定的关键环节。因此，我国新型职业农民的认定应该在职业分类定级的基础上，依照职业素质的认定标准对符合基本条件的申请人进行培训考核，只有参加培训并通过考核才能获得资格认定。培训的原则应该理论结合实践，偏重实训；培训方式以学院教育结合生产实训为主，分类分级培训；培训内容应与认定标准一致，大致包括文化素质、专业技能、经营管理、职业发展与道德等；考核方式采用"中期考核+结业考核"的形式，注重实践测评。

（四）加强新型职业农民动态管理和支持机制

新型职业农民的认定管理是一项长期的、复杂的和系统的工作，必须坚持"可持续原则"。切实做到认定管理"政府统筹、农民自愿、政策配套、动态管理"①。

1. 强化信息管理功能

首先，建立"一人一卡"档案制度，对获得认定的新型职业农民的个人信息、专业技能、证书类型和级别、从业情况、培训与考核进度、享受政策扶持等信息进行实时记录。其次，定期发布农业政策、教育培训、农业技术推广和农业人才需求状况等信息。最后，与远程教育网络链接，便于新型职业农民通过网络教学视频等手段进行农业技术的学习和应用等。

2. 实行定期考核制度和退出机制

在资格证书规定的有效年限到期时，按照认定标准对新型职业农民进行重新考核，判定其是否仍然达到职业资格。对于审核或考核不合格、获取资格却不从事农业生产、拒绝参加后期培训和管理、违法乱纪的新型职业农民，应该强制剥夺其资格认定，不再享受相关的政策扶持。此外，若退出机制应该考虑一些不可抗力因素，如生病等原因造成的不能及时参加后期培训和考核等，应该予以暂缓其新型职业农民资格考核；对于有其他出路和志向的新型职业农民也应该予以支持。

3. 形成与资格认定挂钩的政策支持体系

具体包括三方面：一是资金补助、小额信贷、贷款贴息、风险容忍、农业保

---

① 王留标. 探讨新型职业农民培育的几个关键问题［J］. 农民科技培训，2015（9）：10.

险等财政金融政策支持；二是农业培训、技术指导、信息支持、品牌创建、涉农项目申报等农业服务政策支持；三是土地经营权流转、社保医保、涉农基础设施建设等配套政策支持。此外，政策扶持力度还应该与新型职业农民的认定级别挂钩，级别越高政策扶持力度就越大。

第四节　大学生入职新型职业农民意愿的实证分析

要壮大新型职业农民的队伍，提高从业农民的综合素质，培育现有农业劳动力和引进高素质人才是两大重要实现途径。前文已经探讨了如何聚焦现有农业劳动力培育新型职业农民，本节再来讨论如何引导高素质大学生入职新型职业农民，创新培养大学生职业农民。

本书对"大学生职业农民"的定义：具有专科及以上学历证书，取得县级以上（含县级）人民政府或授权农业行政主管部门颁发的"新型职业农民证书"，享受国家相关扶持政策，在农业产业领域就业创业的高层次人才。① 大学生职业农民代表着具有较高文化科学素质，并愿意从事现代农业产业的人才群体。高校在校大学生为新型职业农民提供了庞大的高层次人才储备。

一、培养大学生职业农民的必要性与可行性

当前，"新型职业农民"和"大学生就业"是我国关注的两大问题，引导大学生成为新型职业农民既必要也可行。

（一）必要性分析

1. 农业发展角度：为现代农业发展注入有生力量

本章开篇分析了我国农业劳动力的现状，随着城镇化进程的加快，呈现出农业劳动力数量不断减少、结构上农业劳动力老龄化严重、质量上农业劳动力素质亟待提高。从目前发展阶段来看，我国正处于由主要依靠人畜力发展的传统农业时期向以科学技术为特征的现代农业转变的重要时期。发展现代农业需要投入大量高新技术，如农业机械化技术、信息网络技术、灌溉技术等农业高新技术。这些高新技术以科技知识为支撑，正是大学生容易接受的。此外，现代农业的发展

---

① 张春雨. 大学生职业农民培养的创新思考［J］. 高等农业教育，2015（10）：82-85.

需要农业者具有宏观调控能力、组织协调能力、创新思维能力、领导能力。这些能力也恰恰是高校教育活动的基本目标。因此，引导大学生加入新型职业农民队伍，开辟了青年人才入职农业的路径，促使现代农业先进技术和经营管理方法在广大农村的运用，推进现代农业生产经营体制和农业技术的全面进步，促进农村生产关系和农村生产力的发展，同时也能够缓解农业人才短缺的局面，实现人才资源的合理配置。[①]

2. 个人角度：拓宽就业思路

与国家渴求农业人才并存的另一个现实就是，我国大学生就业形势愈发严峻。近年来，每年都是"最难毕业季"。据教育部公布的信息，2018 年大学生毕业人数是 820 万，超越 2017 年的 795 万，2019 年的毕业人数再创新高，达到 834 万。经济放缓的背景下，持续增多的应届毕业生还要承受企业裁员和缩招的双重压力。2019 年的政府工作报告强调，要多管齐下，稳定和扩大就业；要扎实做好高校毕业生、退役军人、农民工等重点群体就业工作。

新型职业农民强调农业从业者应具备一定的科学文化素养，对先进的农业生产手段熟悉运用，能够对农业生产进行科学合理的经营管理，并以农业经营收入作为其家庭的主要来源。当前，各级政府都陆续出台针对性的财政税收、项目补助等优惠政策，积极培育新型职业农民，明确新型职业农民的培育、考核及认定管理制度。在此背景下，大学生应清楚地认识到，从我国长远发展来看，农村将是国家重点扶持的地区，是我国未来经济的增长点。大学生应利用外部优势条件，运用自身所掌握的知识技能，开发农业经济项目，创新农业生产经营方式；有效利用现代农业生产技术，整合农村自然资源，发展科技含量高和经济效益好的种植业、养殖业等，在推动现代农业发展的同时实现个人价值。

3. 社会角度：优化人才资源配置

与发达国家相比，我国农业仍然处于较低水平，农业科技成果转化率低，以及农业高素质人才的极度匮乏，成为制约我国现代农业发展的主要因素。据相关数据统计，全国 70 万个行政村中，农民的平均受教育年限仅为 7 年，大约 92% 的文盲和半文盲分布在农村地区。[②] 受限于文化教育水平，农民对农业先进技术知识的接受水平和运用能力较差，极大地制约了现代农业的进一步发展。而与此形成鲜明对比的是，在我国还有一支数量庞大、文化素质较高的大学生队伍，他们平均受教育年限为 17 年，在学校接受过系统教育，具有较高的文化素养且掌握着领先的科学技术，但是，他们却面临着严峻的就业压力。一些大学生所学知

---

① 唐朝继. 新农村建设与大学生创业新视角 [J]. 湖南社会科学，2010 (5)：175-177.

② 王馨胤. 乡村振兴背景下农林院校学生乡村就业意愿分析——以四川省为例 [J]. 乡村科技，2018 (9)：111-115.

识得不到有效利用，造成了人才资源的过度消费。大学生从事现代农业，能够利用新事物将线上线下互动、朋友圈、VIP 客户群等新概念与现代农业相互融合，为现代农业发展"锦上添花"。

为此，积极引导大学生成为新型职业农民，从社会宏观层面看，这不仅是为现代农业发展提供了人才智力保障，改善农村的人才结构，而且对缓解我国人才资源的结构性矛盾、优化城乡人才配置具有划时代的意义。

（二）可行性分析

1. 国家政策环境日益优化

近年来，国家政府在多个文件中鼓励大学生返乡从事现代农业，不少地方政府为吸引农业人才，针对大学生从事现代农业出台制定了相应的扶持政策，在土地、资金、税收、个人发展等方面给予大学生优厚的条件支持，为大学生从事现代农业创建良好的外部环境。如浙江省为鼓励大学生投身现代农业，在资金、项目、金融、土地流转、户籍、人事、社保等方面都出台了具体的优惠政策。山东招远市为大学生提供五险一金、贷款免息、税收优惠及减免政策、项目补贴等多种手段吸引大学生到农村就业。

2. 大学生村干部的成功事例提供了相关经验

为了解决新农村建设人才短缺的现状，使农村走出人才困境，我国从 1995 年就开始探索大学生村干部政策。2008 年中央启动了"一村一名大学生村干部"的计划，大学生村干部队伍迅速壮大，从业数量已达到 40 万人，覆盖了全国 2/3 的行政村。大学生村干部年轻有活力、思维开阔、自身综合素质较高。大学生加入村级干部队伍中，不仅使村级领导班子在文化结构、能力结构、年龄结构等方面得到优化，还从新的视角审视村情村务，对农村经济进行科学合理的规划，全方位寻找农村的发展出路，提高了农村的"造血"功能，在一定程度上促进农村政治、社会、经济的全面发展。因此，大学生村干部在农村成功的典型事例，为大学生到农村发展提供了成功先例。大学生入职农业后，充实农村高素质人才队伍，还能够与大学生村干部相互配合，在成功和受挫时能够相互分享和鼓励，有效整合人才资源，激发大学生队伍在农村的激情与干劲。

因此，吸引和鼓励大学生入职新型职业农民，无论对缓解大学生就业压力、优化农业从业者结构，还是助力乡村振兴，都具有重要的理论意义和战略意义。虽然意义重大，但作为一种个人的职业选择，意愿是前提。思考如何创新培养大学生职业农民，首先需要了解大学生群体对这一既传统又新兴的职业就业意愿以及意愿影响因素，有助于我们有针对性地思考对策。

二、大学生对新型职业农民的入职意愿

（一）农科类大学生的入职意愿

从专业对口视角看，农科类大学生因为专业所学，具有从事现代农业的专业知识技能方面的优势，与新型职业农民的职业匹配度相对较高。[1] 所以，培养大学生职业农民，农科类大学生是最先考虑的培养对象。但农科类大学生的就业意愿如何，是我们需要了解的。学术界不少学者关注农科类大学生的就业意愿问题。

黄立洪等[2]（2012）以163份问卷调查数据为依据，得出有41.1%的农科类大学生愿意服务农村基层的结论。费喜敏和王成军[3]（2013）的研究表明有40.98%的大学生愿意到农村基层就业。张玲[4]（2014）通过问卷调查，指出只有28.97%的大学生选择了"愿意投身新农村建设"。郑兴明和曾宪禄（2015）对农科类大学生农村基层服务意愿的调查结果显示，被访农科类大学生愿意扎根农村服务"三农"的占20.9%，而完全排斥的占30.8%，约五成的农科类大学生处于观望状态[5]。黄枫燕（2018）在农科类12个专业中开展大学生农村基层就业意愿调查，回收的582份有效问卷的样本数据表明，有191人选择"进城市公司或企业""考研"和"报考公务员或事业单位"，占比32.8%；选择"进乡镇涉农企业""备考大学生村干部""参加三支一扶""到农村自主创业"的仅占总数的18.7%，其中选择"到农村自主创业"的为0。另外，在假设农村有就业岗位的前提下，大学生表示毕业后愿意去农村就业的只占有效样本的35.1%[6]。

从现有文献看，对农科类大学生就业意愿的实证研究，尚未将新型职业农民作为职业选择进行研究，更多的是研究基层就业或返乡就业创业，而且各学者因样本选择和研究角度不同等原因，获得的样本数据差别较大。但是，我们从文献阅读中仍然可以得出这样的结论，即留在城市、进非农领域就业是大部分农科类大学生首选的择业要求，"学农不归农"的现象突出存在。

---

①⑤ 郑兴明，曾宪禄. 农科类大学生能成为新型职业农民吗——基于大学生农村基层服务意愿的实证分析 [J]. 华中农业大学学报（社会科学版），2015（5）：97-102.

② 黄立洪等. 我国农科类专业大学生服务农村基层意愿调查分析 [J]. 沈阳农业大学学报（社会科学版），2012（11）：694-697.

③ 费喜敏，王成军. 涉农专业大学生农村基层就业意愿调查 [J]. 调研世界，2013（12）：36-40.

④ 张玲. 农业高校农科类大学生服务新农村建设意愿现状调查与分析 [J]. 教育与职业，2014（8）：172-174.

⑥ 黄枫燕，郑兴明. 农科类大学生农村基层就业意愿实证分析——基于二元 Logistic 模型 [J]. 教育导刊，2018（4）：78-82.

（二）非农科类大学生的入职意愿

如前所述，新型职业农民作为一种职业，包括生产经营型、专业技能型和专业服务型三大类型。因此，新型职业农民队伍的结构是多元的，既需要大量掌握从事现代农业生产所需专业知识技能的农科类人才，也需要吸引不同专业出身的高素质大学生加入。

笔者于 2018 年在福建省九所本科院校展开问卷调查，选取以经管类、文法类、理工类非农专业大学生作为调查样本，调查了解非农专业大学生入职新型职业农民的入职意愿。

此次调查问卷填写人次为 763 份，剔除错答和漏答的无效问卷，共筛选出 718 份有效样本，样本有效率为 94.1%。其中，男生与女生所占比例分别为 46.23% 和 53.77%；农村生源学生占 55.43%，城市生源学生占 44.57%。从专业类别的分布看，经管类、理工类、文法类学生分别占 37.33%、33.54% 和 29.13%。

调查结果显示，我国非农专业大学生入职新型职业农民的意愿呈现明显分化（见表 6-12）。扎根型即"愿意以此为长期职业"的有 89 人，占 12.39%。过客型的居多数，占比 58.08%，其中 138 人表示愿意"但可能不会长期从事农业"，279 人表示"如果在城市找不到理想工作，可以考虑去农村寻找机会"。排斥型，即明确表示"不愿意，无论如何都会争取在城市就业"的有 212 人，占 29.53%。

表 6-12　非农专业大学生入职新型职业农民意愿类型及特征

	选项	意愿类型	样本数	百分比（%）	主要特征
选项一	愿意且希望能长期从事农业	扎根型	89	12.39	对职业农民充满信心，愿意以此为长期职业
选项二	愿意，但可能不会长期从事农业	过客型	138	19.22	对职业农民有较高兴趣，愿意去农村短期就业，但将职业农民视为权宜之计
选项三	看情况，如果在城市找不到理想工作，可以考虑去农村寻找机会		279	38.86	把职业农民当作职业选择项，愿意毕业时去农村寻找发展机会，但城市是首选项
选项四	不愿意，无论如何都会争取在城市就业	排斥型	212	29.53	排斥农村就业，把职业农民排除出自己职业选择范围

不难看出，"职业农民"作为新兴职业，非农专业大学生对其信心还有待提升，更多的人持观望态度。

三、大学生入职新型职业农民意愿的影响因素

根据文献阅读，以及笔者在非农专业大学生中开展问卷调查的样本数据，影响大学生入职新型职业农民的因素是多元的，即多因素共同造成当前大学生将新型职业农民作为职业目标的意愿偏低。

（一）大学生愿意入职的原因

从表6-12可见，共有31.61%的被访大学生表示"愿意从事农业"。当问及原因时，不论是男生还是女生，愿意入职的主要原因排前四位的都是：农村未来发展机会多、农村的情感归属、政府提供的优惠政策有吸引力、城市就业压力大，具体如图6-1所示。

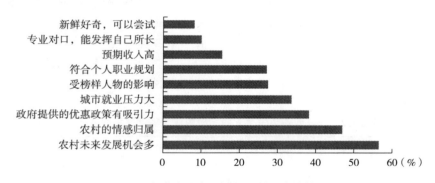

图6-1　大学生愿意入职新型职业农民的原因

这说明，我国农业、农村的卓越发展成就让不少大学生看到了农村未来发展机会，而政府近年来不断出台的鼓励大学生服务基层、返乡就业和创业的系列政策，较显著地增强了大学生到农村就业的信心。另外，新农村建设也让不少从农村走出来的或生长在城市但籍贯在农村的大学生，因为乡土情怀和对家乡发展的信心，让他们对回乡就业抱有情感。这是在过去其他同类研究中鲜少看到的一个新增因素。

（二）大学生不愿意入职的原因

调查发现，大学生拒绝入职职业农民的主要原因有：个人不喜欢，去农村无

用武之地、不利于个人长远发展、预期经济收入低，具体如图6-2所示。

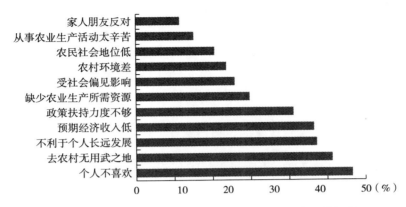

图6-2 非农专业大学生不愿意入职新型职业农民的原因

对照图6-1和图6-2可知，"90后"大学生在择业时很重视个人兴趣、从业能力以及职业发展空间。

（三）入职意愿影响因素的 Logistic 回归分析

笔者根据 CIP 理论和样本分析，运用 SPSS17.0 分析软件对样本数据进行 Logistic 回归分析，分析结果如表6-13所示。

表6-13 Logistic 模型回归结果

影响因素	回归系数	标准误	卡方值	自由度	显著性	优势比
性别	1.024	0.352	8.624	1	0.003	2.732
生源地	0.825	0.397	6.346	1	0.011	2.437
是否为独生子女	0.371	0.402	0.814	1	0.374	1.472
专业类别	0.283	0.148	3.891	1	0.044	1.331
对个人长远发展的影响程度	-0.438	0.151	6.253	1	0.023	0.728
对预期收入的满意度	0.425	0.122	9.217	1	0.015	1.332
对国家政策的满意度	0.436	0.132	9.318	1	0.002	1.432
对农村环境的满意度	0.136	0.147	0.784	1	0.368	1.162
对新型职业农民的认知程度	0.823	0.265	9.232	1	0.002	2.301
社会偏见的影响程度	-0.338	0.132	7.410	1	0.001	0.614

续表

影响因素	回归系数	标准误	卡方值	自由度	显著性	优势比
重要他人的支持程度	0.538	0.227	5.782	1	0.013	1.721
常量	−5.373	0.917	36.213	1	0.000	0.002

资料来源：林奇清，鄢奋. 乡村振兴背景下非农专业大学生入职新型职业农民的意愿调查——基于福建省非农专业大学生的调查数据［J］. 河北科技大学学报（社会科学版），2020（1）：94-101.

（四）影响大学生入职意愿的主要因素

依据模型回归结果发现，影响非农专业大学生入职新型职业农民意愿的主要因素包括：

1. 性别

性别因素对于入职意愿具有正向影响，即男性大学生入职新型职业农民的意愿较明显高于女性大学生。笔者获得的样本数据显示，43.82%的被访男性大学生表示愿意入职新型职业农民，其中包括愿意扎根农村与农业，也包括把这一职业作为权宜之计的；女性大学生的意愿相对较低，仅为26.13%。

2. 生源地

生源地变量和性别变量一样，对于入职意愿具有正向作用。数据统计结果也显示，生源地是农村的非农专业大学生意愿入职新型职业农民的人数占比（34.91%），明显高于生源地是城市大学生的入职意愿占比（22.99%）。

3. 专业类别

专业类别因子在5%的水平上显著影响入职意愿，影响系数为正（0.283）。数据统计结果显示，理工类、经管类和文法类三个专业类别的大学生，他们入职新型职业农民的意愿率依次是31.7%、26.6%和18.3%。这说明大学生入职意愿受到专业对口、人职匹配等观念的影响比较明显。但相对而言，理工类大学生对自己在农村寻找到发展机会，对学以致用的信心程度要高于经管类和文法类大学生。

4. 对个人长远发展的影响程度

这一职业对个人长远发展的影响程度显著影响大学生的入职意愿。如果大学生认为入职农村、成为职业农民会影响自己职业生涯的长远发展，并产生担心，其入职意愿就会明显降低。

5. 对预期收入的满意度

对预期收入越满意，入职的意愿率就越高。样本数据统计结果显示，"预期收入低"是大学生不愿意入职新型职业农民的重要因素。这说明，非农专业大学生对于农业生产和经营收入的预期偏低，而这种低预期较显著地影响其未来从事这一职业的意愿。需要说明的是，预期收入既包括薪酬也包括社会福利。在我国，城乡社会保障水平的显著差距由来已久且至今未得到消除，这在很大程度上影响了大学生到农村就业的意愿。

6. 对国家政策的满意度

对国家农业政策的满意程度显著影响大学生入职职业农民的意愿。样本数据显示，当被问及"你愿意入职新型职业农民的主要原因"时，56.4%的人认为"农村未来发展机会多"，还有38.36%的人愿意入职的原因是"政府提供的优惠政策有吸引力"。当然，在"不愿意入职"的原因调查中，也有34.2%的人认为"政策扶持力度不够"。因此，我们既要帮助大学生转变就业观念，更需要完善政策，提高大学生对惠农政策的满意度，为大学生入职新型职业农民排除障碍。

7. 对新型职业农民的认知程度

大学生新型职业农民的认知程度越高且对职业前景越乐观，入职意愿率就越高。但是调查发现，仅有5.57%的被访者表示"新型职业农民的相关信息和政策经常关注，有一定了解"，而53.9%的被访大学生表示"不关注，也不了解"。由此可见，大学生对新型职业农民这一职业的认知存在明显不足。认知影响态度，调查显示，37.47%的被访大学生对职业农民这一职业前景持乐观态度，只有4.6%的被访大学生持悲观态度，还有17.55%的大学生表示因为不了解所以对发展前景表示"不清楚"。而更多的大学生（40%），他们的态度是既不乐观也不悲观。因此，提升大学生对这一职业的认知度和认可度，对于提升其入职新型职业农民的意愿意义重大。

8. 社会偏见的影响程度

这里的社会偏见包括"考上大学跳出农门""没能力的人才去务农"等的世俗观念。如果大学生受到社会偏见的影响程度越大，其入职意愿就越小。统计数据显示，不愿意入职的被访大学生中有39.4%的人表示"当农民受到社会偏见的压力大"。

9. 重要他人的支持程度

重要他人包括家庭成员、婚恋对象，以及对决策者有重要影响力的好友甚至职业偶像等。重要他人在物质，特别是在精神上的支持力度越大，大学生入职意愿就会越高，也越容易克服世俗偏见和舆论压力。

从以上分析可以得出结论：非农专业大学生入职新型职业农民的意愿，主要受到三个个人因素，包括性别、生源地、专业类别；六个职业因素，包括对个人长远发展的影响程度、对国家政策的满意度、对预期收入的满意度、对新型职业农民的认知程度、社会偏见的影响程度，以及重要他人的支持程度的影响。这九大因素综合影响着大学生群体对新型职业农民这一新兴职业的认可度以及入职意愿。

除了大学生入职意愿上的障碍，大学生要成为新型职业农民还面临较大的现实阻力。例如，农业经验和市场认知不足，理论所学与实践要求脱节，不能学以致用；资金缺乏，融资难、用地难；农村也存在基层组织不完善、利益群体非均衡博弈、集体经济薄弱、农村基础建设落后、农村公共服务不足等农村现实环境问题。这些都会成为阻碍大学生入职职业农民的现实因素。

四、创新培养大学生职业农民的对策思考

（一）国家要加大政策扶持，提升大学生对新型职业农民的入职意愿

国家政策对吸引大学生入职新型职业农民具有重要影响，问卷样本数据显示"政府提供的优惠政策有吸引力"是被访非农专业大学生愿意入职新型职业农民的主要原因。因此，应该"以农业发展事业留人，以特殊优惠政策招人"①，政府需要为吸引非农专业大学生加入职业农民队伍提供强有力的政策扶持。

首先，破除城乡二元结构是关键。加快户籍制度改革，完善社保医疗等福利制度，构建城乡一体化的生活保证。加快推进农村土地流转，将土地作为市场化的生产要素实现土地合理流转和集约经营。落实乡村振兴人才支撑的政策措施，重点在融资、信用担保、法律保护、科技服务、信息咨询等方面为大学生职业农民提供有效支持。

其次，给予学费补助和创业指导是推力。要想吸引越来越多的大学生扎根农业、农村，和政府强有力的政策引导密切相关。为了吸引高校毕业生进入农业领域就业、创业，应该实施对青年大学生的免学费补助政策。南京市在这方面积累了行之有效的经验。2016 年 6 月，南京市就出台了《南京市引进青年大学生新型职业农民学费补助实施办法》，规定在南京市地域范围内农业领域创业或就业的全日制高校大专以上学历毕业生及留学归国人员，在校期间（大专、本科或研究生）缴纳的学费给予全额"报销"。其中，留学归国人员学费补助标准为当年国内院校毕业补助对象学费平均水平的 200%。2019 年南京市发布的《关于开展2019 年青年大学生新型职业农民学费补助申报的通知》进一步明确补助对象来南京市从事农业就业或创业满 3 年（36 个月），毕业年限不超过 5 年（2014 年及以后毕业）且符合其他相关条件的青年大学生。并要求各区农业农村主管部门加强宣传，扩大政策受惠面。对愿意进入农业领域创业的大学生，南京市更是全力

---

① 彭飞龙，陆建锋，刘柱杰. 新型职业农民素养标准与培养机制［M］. 杭州：浙江大学出版社，2015.

扶持。针对"大学生职业农民"创业，各区都有不同的补贴政策。

再次，加快建立职业准入及配套政策是保障①。一是将"大学生入职新型职业农民"资格准入制度与大学生学历及接受农业教育的程度结合起来，认定不同的资格准入标准和等级。二是根据认定标准及新型职业农民等级与其优惠政策挂钩，提升新型职业农民的含金量。三是将"大学生入职新型职业农民"资格准入制度与土地流转结合起来。在政策上明确，取得资格证书的职业农民大学生具有优先接受土地流转承包的权利。这样为职业农民的大学生进行规模化经营奠定基础。四是将"大学生入职新型职业农民"资格准入制度与信贷发放、税费减免、技术服务等方面配套政策相结合。取得资格认证职业农民大学生在信贷发放、税费减免、技术服务方面给予一定优惠，如在金融信贷方面，采取贷款贴息的办法引导小额贷款向大学生新型职业农民倾斜。

最后，吸引农村本土人才回流是重点。调查显示，生源地来自农村的大学生的入职意愿相对更加强烈，我们可以称之为"农村本土人才"。他们熟悉农村、关心农村发展，而且农村为他们提供了现成的社会关系和熟悉的工作环境，因此，他们的职业稳定性也会比较高。对此，政府应当重视在校大学生的乡土情怀，通过搭建感情联络平台，引导原籍大学生回乡，加大物质上和精神上的奖励，并给优秀的大学生职业农民提供更多政治上的荣誉，激励他们在农业经营管理、乡村文明建设等方面成为乡村振兴的主力军。

（二）高校要构建校企合作育人机制，增加大学生对新型职业农民的认知和职业准备

有学者在 2005 年时就指出，无论是在教学内容还是在培养目标、专业设置等方面，我国的高等教育体制很大程度上是为城市服务的，带有浓厚的城市气息②。今天，我国高等教育的"城市气息"仍然很重。除了农科专业，高校设置的专业都缺乏乡土气息。在调查中，72.49% 的大学生认为自己几乎没有任何与职业农民相关的知识。为此，应在高校推行大学生职业农民培育工程。

首先，大学生职业农民培育工程从招生制度改革入手。为了发展我国农村的教育和医疗卫生事业，国家在高考中实行针对农村生源培养订单式的免费"师范生""医学生"。同样，政府也应在高考招生中实行针对农村生源培育订单式的免费"农业生"，推动大学生职业农民化。

其次，"农业生"培育模式可依托现代农业园示范园区。近年来，各级政府

①　张燕.大学生入职新型职业农民的意愿、机制与路径选择［J］.延安大学学报（社会科学版），2018（4）：82-86.

②　杨伟国.大学生就业选择与政策激励［J］.中国高教研究，2005（10）：82-86.

为适应现代生态农业发展，建立了现代农业园区和农业示范区。现代农业园区把相关的农业企业集中到一个规范化区域，而现代农业园示范区发展需要大量人才，因此，政府应加快构建农业高等院校和农业示范园区相结合的培育机制，采用订单式的免费"农业生"培育方式，为现代农业示范园区内的龙头企业及中小企业培养农业技术人才。一方面保障了现代农业示范园区内对农业科技人才的需要；另一方面具有很强的引领示范带动作用，有利于推动大学生入职成为新型职业农民①。

最后，对于各非农校、非农业生，高校可在职业生涯教育与就业指导工作中，帮助大学生树立科学的择业观，改变传统重城市、轻农村的观念，正确认识职业农民这一新兴职业，拓宽职业生涯规划的路径。在课程设置上，可面向非农专业大学生开设职业农民通识选修课，对部分专业开设专业主干课。有条件的高校，在一些理工科专业和商科专业建立电子实验室，模拟现代农业生产和经营的系统过程。利用寒暑假组织不同专业大学生深入农村调研，带领学生感受新农村建设的成就，增进与农村的感情。

（三）营造良好的舆论环境，为学生入职新型职业农民提供强有力的社会支持

经济学家舒尔茨曾说过，农业可以成为亮丽的经济增长点。但是当前非农专业大学生对农业的认知度普遍不高。应该说，大学生对新型职业农民的认知和认可程度受到社会大环境的影响。美丽乡村的建设、家乡情怀的拉力、社会舆论的宣传和引导、社会参与的监督和反馈等都对提高大学生的就业意愿有着无法替代的作用。因此要扩大宣传的方式和力度，营造良好的社会舆论氛围，使大学生充分认识乡村振兴的巨大成就和美好前景，着力消除非农专业大学生对新型职业农民的歧视和偏见。

目前，社会上对"职业农民"的认知，仍聚焦在"农民"这个身份上，而忽视"职业"本身，没能将其与教师、医生、会计师等视为同等的职业类别来看待。同时，在以熟人社会为主要特征的中国农村，传统观念认为，大学生已经跳出"农门"了，毕业若回农村，就意味着失败。因此，首先，社会各媒体应将"新型职业农民"作为与"人工智能工程师"等新兴职业一样大力宣传，提高社会大众对这一职业的广泛认知。其次，舆论导向让社会关注"大学生农民"这个群体，激发大学生的社会责任感和使命感。同时，通过互联网平台，加大对投身现代农业的大学生典型人物的宣传和报道、宣传明星农民的事迹、提高新型职业农民的舆论影响力，在全社会营造大学生职业农民的良好支持环境。

---

① 张燕. 大学生入职新型职业农民的意愿、机制与路径选择［J］. 延安大学学报（社会科学版），2018（4）：82-86.

第七章
发展农民专业合作社

第一节 农民专业合作社发展的价值与成效

我国是一个农业大国，农民人口占全国人口的 40%，农村经济的发展关系到建设社会主义现代化强国的大局。为了扶持小农户，提升小农户发展现代农业能力，中共中央办公厅、国务院办公厅于 2019 年颁布《关于促进小农户和现代农业发展有机衔接的意见》，提出发展农民合作经济组织，促进乡村振兴战略的实施。建立并发展多样化的农民专业合作社，充分发挥农民专业合作社职能，破解个体农户参与市场竞争限制，不断提高农民收入水平，发展壮大农村集体经济，促进乡村振兴。农民专业合作社的发展具有其现实价值，不仅有利于推动我国"三农"工作的开展，更是极大地帮助我国乡村振兴战略的实施。习近平同志在党的十九大报告中指出，要始终把"三农"问题作为全党工作的重中之重，坚持农业农村的优先发展地位，并通过土地、产业、治理、人才多方面的深化改革，最终实现"产业兴旺、生态宜居、乡风文明、治理有效、生活富裕"的农业农村现代化。近年来通过政府不断的扶持引导和社会各界的积极参与，我国农民专业合作社取得了一定的成效。

一、农民专业合作社发展的现实价值

实施乡村振兴战略，是党的十九大做出的重大决策部署，是全面建设社会主义现代化国家的重大历史任务，是新时代"三农"工作的总抓手。农民专业合作社是助推乡村振兴的重要力量及主要载体，合作社的发展推动乡村振兴建设、增加农民收入、促进产业兴旺，加快乡村治理的民主化、多元化，提高农民的知

识文化素养、民主意识，保护乡村生态环境，绿色循环发展。农民专业合作社的多维功能与乡村振兴战略的目标任务高度契合，在乡村振兴中有广阔的发展空间，农民专业合作社的发展有助于国家乡村振兴战略的实施。

（一）有利于农业产业发展

国务院在 2018 年的《乡村振兴战略规划（2018-2022 年）》中指出，深入实施藏粮于地、藏粮于技战略，提高农业综合生产能力，保障国家粮食安全和重要农产品有效供给，把中国人的饭碗牢牢端在自己手中。① 习近平同志在党的十三届全国人大二次会议河南代表团工作人员会议上指出确保重要农产品特别是粮食供给，是实施乡村振兴战略的首要任务。

农民专业合作社的发展有利于先进的科学技术运用于生产，农民专业合作社作为农户与农业科研机构的媒介，不但能够为先进科技在农业生产的普及提供了一个快速有效的传播路径，同时还能为农作物产能提升做出贡献。农民专业合作社有利于促进农村土地流转，实现土地专业化、规模化经营。以充分利用现代科技和新的生产要素为前提，农民专业合作社为先进农业技术的普及创造了有利条件，更为农业现代化的实现打好坚实的基础，保障了国家粮食的生产。

农民专业合作社能够提升农业综合生产能力，夯实乡村振兴战略的物质基础。新时代乡村振兴战略的首要任务就是要发展农村生产力，实现振兴国家战略物质基础的前提就是要实现农村地区生产发展和生产力的快速增长。农民专业合作社在市场竞争中，能够起到不可替代的作用，提升了农户在市场交易中的地位，维护农民利益。另外农民专业合作社建立了"利益分享与风险分担"的合作关系和利益联结机制，提高了农户的抗风险能力，还能有效维护农民的利益，逐渐完善农民利益保护机制。农业生产要想实现规模经济效益最大化，需要农民专业合作社建立统一的技术标准、产品品牌、开展联合生产销售。而要想提高农业产业化水平，还需要扩大产业链，适当参与农产品的生产过程，通过这种方式不仅可以实现农民收入的增长，加快农村产业结构的调整，达到加快现代农业建设的效果，而且还能够提高农业的综合生产能力，增强民族复兴战略的物质基础，以逐步实现"生产发展和生活富裕"的美好愿望。总体来说，农民专业合作社的发展有利于整个农业产业向规模化、科技化发展。

（二）有利于农村生态文明建设

21 世纪以来，在中国农业持续增产增收的同时，面临着资源日趋匮乏、环

---

① 乡村振兴战略规划（2018-2022 年）[M]．北京：人民出版社，2018．

境污染严重的压力。在过去分散经营的模式中，农户往往采取大量增加使用农药、化肥、农膜等化学投入品的方式增加短期利益，这种方式不仅增加了经营成本，引发农产品质量安全问题，还造成了局部生态失衡甚至恶化。农民专业合作社以转变发展方式为出发点，以保证农产品质量安全和保护生态环境为核心，采取推广节约型技术和环保型技术，提高农户环保意识等措施，降低农业生产造成的环境污染，为实现可持续发展做出了重要贡献。

首先，从源头上对农产品及其加工制成品进行质量安全认证。做到原产地生态环境达标，生产流程严格按照标准操作，最终产品达到安全质量标准才能进入市场。严格的质量把关要求合作社必须注重生态效益与社会效益的统一，建立生态农业管理和推广体系。其次，积极发展生态友好型农业。农民专业合作社在整合农业资源中，不仅力争最大限度地节约农业生产要素，还要注重开发节水节能技术，研发新品种，为建成生态友好型农业奠定了基础。最后，注重激发社员的生态伦理意识和环境保护意识，带动农户树立资源节约和环境保护的观念。目前，中国农村劳动力文化程度普遍偏低，通过农民专业合作社推广农业技术、普及农业知识等方式培养社员的生态观念，对农业生态的改善具有重要影响。农民专业合作社的上述职能定位决定了它在保护农村自然环境、加强生态文明建设方面具有独特的优势。

（三）有利于农业人才培育

农民专业合作社的建立对促进农民全面发展有着重要作用。政治上，通过加入农民专业合作社，加强了农民与政府之间的联系，农民的政治民主意识增强，参政议政意愿提高，民主权利得到保障。经济上，农民收入增加了，有利于整个社会的稳定和发展，物质文明发展了，为精神文明的发展提供了经济基础。文化上，农民在与市场的对接中，信息面、知识面扩大，合作意识增强，组织程度提高，农民也讲发展、求稳定。农民专业合作社作为科教兴农的载体，在农村广泛传播和普及科学文化知识，为培育有思想、有文化、有道德、有纪律的新型农民发挥了重要作用。农民专业合作社的构建和合作机制的运行，提升了农民的组织管理、合作、市场营销、交流等能力。在提高农民的科技意识和水平的同时也提升了农民的法治观念。农民组织管理能力的提升推动了农村基层民主的建设，推动农村社会的稳定发展和进步。

通过参与农民专业合作社，农民的自我教育、自我管理、自我约束、诚实信用、合同契约、权利义务等市场经济主体意识不断增强，为培育和塑造社会主义新型农民发挥了重要的作用。

二、农民专业合作社发展取得的成效

农民专业合作社在我国的历史上经历了三大发展阶段：改革开放前，中国特色社会主义农民专业合作社的探索实践。改革开放后，我国农民专业合作社的新发展，从"包产到户、包干到户"到"家庭联产承包责任制"极大推动了我国农民专业合作社的发展。2007年开始我国从制度及法律上不断完善和支持农民专业合作社的发展，《中华人民共和国农民专业合作社法》的颁布及每年的中央一号文件都极大力度地推进农民专业合作社的发展。

改革开放四十多年来，特别是《中华人民共和国农民专业合作社法》颁布以来，我国农民专业合作社得到了巨大进步与全面发展。农民专业合作社作为家庭联产承包责任制的重要生产模式，能够很好地衔接农业生产与社会主义市场经济，是推动农业现代化、提高农民收入水平、改善农民生活的重要途径和手段。

（一）发展速度不断加快，合作领域逐渐拓宽

从20世纪90年代开始，农村地区的各种合作经济组织如雨后春笋般破土而出，2007年以后，随着第一部合作社法正式实施，合作社发展进入有法可依的阶段。在法律的保障下，农民专业合作社发展速度不断加快，在农民专业合作社数量和其带动农户人数方面都呈现出迅速扩张的发展态势，具体数据如表7-1所示。

表7-1 我国农民专业合作社发展数据

年份	数量（10^4 家）	成员（10^4 人）
2007	2.64	35.00
2008	11.09	141.71
2009	13.91	391.20
2010	38.16	715.57
2011	52.17	1197.20
2012	68.90	2373.45
2013	98.24	3754.86
2014	128.88	5593.60
2015	147.90	5990.70
2016	156.20	6458.00

续表

年份	数量（10^4 家）	成员（10^4 人）
2017	175.40	6794.30
2018	217.30	—

资料来源：《2019 年农民专业合作社发展研究报告》。

　　2018 年底，依法登记 217.3 万家合作社，入社超过 1 亿户，2019 年 10 月底，全国有 220.3 万家合作社，联合社 1 万多家，2 万多家合作社发展农村电子商务。从发展速度来看，2007 年以来，农民专业合作社发展总量不断增加，带动的社员农户也呈现出较快的增长趋势，已经在全国范围内形成一种体系。

　　同时，在各级部门的宣传带动下，农民专业合作社不仅在数量上大幅提升，在合作领域中也逐渐拓展细化、专业化，突破了传统合作社集中在种植业和养殖业的限制，向畜牧业、服务业、林业以及渔业等各个行业领域拓展。由农业部经管总站体系和信息处联合发布的《2017 年农民专业合作社发展情况》数据显示，农民专业合作社行业结构如表 7-2 所示。

表 7-2　《2017 年农民专业合作社发展情况》数据整理

合作社行业领域	合作社种类	数量（10^4 家）	占本行业比重（%）
种植合作社	粮食合作社	37.9	39.7
	蔬菜合作社	15.6	16.4
畜牧业合作社	生猪合作社	12.8	31.6
	奶业合作社	1.6	3.9
	肉牛羊合作社	9.2	22.8
服务业合作社	农机合作社	8.4	60.4
	植保合作社	1.4	10.3
	土肥合作社	0.5	3.8

　　农民专业合作社向多领域拓展，是农民专业合作社与农民分工分业互动发展、协同推进的结果，这一发展趋势将不断深化并合理化。

（二）合作模式日趋多元，服务内容愈加丰富

　　农民专业合作社发展模式指在一定时期内，在特定的经济、社会、文化等背景下农民专业合作社所形成的发展方向，以及在组织形式、运行结构和行为方式

等方面的特点及战略选择。

按照领办主体和牵头人①的不同，农民专业合作社具有多种组织形式，并呈现出多种组织特征。例如，农村能人领办型、村组干部领办型、企业领办型、基层农技服务组织领办型以及其他主体牵头领办型，其中前三者占绝大多数。其中，农村能人领办型合作社多采用"社员分散经营+合作社基地集中经营"的合作模式，这种合作模式能够在维持现有经营规模的基础上逐步吸纳新社员，扩大经营规模，但是，由于市场风险的不确定性，增加了社员的机会主义②，因此合作社需要通过保护收购价格、二次返利等方式规避机会主义风险，增强组织凝聚力。村组干部领办型一般由村干部牵头，联合本村村民创办而成，这类专业合作社多是以集体资源为依托、以主导产业为主体、以共同致富为目标而组建，在经营中主要依赖村组干部的领导能力和动员能力运行。企业领办型合作社属于外生型农民专业合作社，通常采用"企业+农民专业合作社+农户"的创建模式，即由农户负责农产品生产，企业负责产品加工和营销，农民专业合作社在中间发挥协调和服务双方的作用，保证各主体之间形成稳定的业务联系和利益联结，但是这种运行模式容易产生企业和农户之间的"不平等"，使企业处于支配地位，农户处于弱势地位。

在专业化分工的推动下，农民专业合作社服务内容打破了简单技术、信息服务的局限，向农资供应、产前产后的包装、储藏、加工、销售等服务延伸。按照业务范围和服务内容，2017年农民专业合作社发展情况如表7-3所示。

表7-3 2017年农民专业合作社发展情况

服务内容	占比（%）
产销加一体化服务	53.1
生产服务	29.1
购买服务	3.3
仓储服务	0.9
运销服务	2.1
加工服务	2.0
其他服务	9.5

---

① 领办主体与牵头人：牵头建立组织并管理组织的个人或群体。

② 机会主义：在信息不对称的情况下，人们不完全如实地披露所有的信息及从事其他损人利己的行为，人们在经济活动中总是尽最大能力保护和增加自己的利益，自私且不惜损人，只要有机会，就会损人利己。

从整理好的数据来看，实行产销加一体化服务的合作社比重已经超过半数，这也表明了合作社的发展逐步以生产环节为中心。在生产服务型合作社的带动下，农民专业合作社的合作内容也发生了明显的变化，比如一些发展较快的地区出现了以土地经营权入股的土地股份合作社和劳动入股的劳务合作社等组织形式。从农民专业合作社服务内容与合作内容变化特点看，合作社将在提供技术、信息等服务的基础上逐渐实现资本、土地、劳动等生产要素的合作，服务与合作环节也将集中在生产领域。

（三）利好政策相继出台，市场环境日趋成熟

2007年《中华人民共和国农民专业合作社法》颁布施行，标志着农民专业合作社进入有法可依、依法建社、依法运行的阶段。随着农民专业合作社的发展壮大，各种政策需求不断增加，国家和政府为完善政策供给，为农民专业合作社健康发展创造良好的政策环境，相继出台一系列政策条例，扶持鼓励农民专业合作社。主要包括以下类型：

一是金融扶持。2014年2月，中国人民银行明确指出要加大对新型农业经营主体的信贷支持力度，并重点支持农资购买、农田整理等基础设施建设；同年4月，国务院办公厅提出积极推动金融产品、利率、额度、期限、风险等方面的创新，进一步满足家庭农场、专业大户、农民专业合作社的金融需求；同年7月，银监会围绕国务院上述意见，提出将农业规模经营主体作为金融扶持的重点。相继出台一系列金融扶持政策，降低了农业发展的融资成本和信贷风险。

二是税收扶持。2017年7月，《中华人民共和国农民专业合作社法》（修订草案）结合当前税收改革，针对农民专业合作社税收优惠做出调整，提出农民专业合作社在农产品生产、加工、流通等其他涉农活动中享有相应税收优惠。

三是财政扶持。国务院以及各级地方政府针对农民专业合作社承担的建设项目设置专项资金；支持试点资金和农业"三项补贴"向农民专业合作社等新型农业经营主体倾斜。

四是人才扶持。从2011年起，农业部组织并实施现代农业人才支撑计划，继续把农民专业合作社人才培训纳入"阳光工程"，重点培训合作社带头人、财会人员和基层合作社辅导员。鼓励引导农村青年、大学生村干部参与、创办合作社。

利好政策的引导与扶持也间接促进社会主义市场经济在农村发展，最初表现为通过刺激农户的消费需求，提高劳动生产率，使农业剩余产品参与市场交换，打破了小农经济自给自足的惰性。经过四十多年的改革与发展，市场经济在农村不断深化，并带动了农村金融服务市场、土地流转市场以及电子商务新业态的形

成与发展。在过去较长时间中，由于城乡二元体制的限制，农村金融市场发展严重不足，其中，信贷、保险以及证券等业务更是处于空白状态，严重影响了农业发展融资渠道的拓展以及应对自然灾害的能力。21 世纪以来，国家农村发展政策进入大幅调整时期，以信贷、保险为主要内容的农村金融市场进入迅速发展时期。目前，在信贷市场上，已经初步建立起商业性金融、政策性金融和合作性金融并存发展的格局，开展扶持"三农"发展，特别是不需抵押，用信誉担保小额信贷更是解决了农民资金不足的难题。在保险领域，政策性农业保险和商业性保险由试点范围不断向其他地区推广，由此农业保险市场规模逐渐扩大，增强了农村地区应对自然灾害和市场风险的能力。在土地流转领域，2016 年"三权分置"原则的出台，将承包权和经营权分离，既有利于合理优化土地资源，促进集中规模经营，也推动了土地流转市场规范化发展。此外，在"互联网+"的推动下，农村电子商务迎来黄金时代。2019 年全国农村网络零售额从 2014 年的 1800亿元增加到 1.7 万亿元，规模扩大 8.4 倍。其中，农产品网络零售额高达 3975亿元，同比增长 27%。农村地区收投快递超过 150 亿件，占全国快递业务总量的20%以上。2019 年全国农村网络零售额占网络零售总额的比重为 15.99%。[①] 电子商务在农村迅速崛起，不仅有助于农产品适应市场需求，也降低了农资成本，实现"互联网+"服务"三农"的目标。

（四）组织化程度逐步提高，农户收益日益增加

随着我国市场经济体制的不断发展，农民以一定形式组织起来，摆脱"单打独斗"的局面，共同面对市场风险，是必然的发展趋势。在政治层面上，组织化程度的提高对维护农村稳定和将国家有关农村的政策落实到位有着不可忽视的推动作用。在经济层面上，组织化程度的提高对农民个体而言有着重要的意义，不仅可以提高农民收入，对农民整体素质、技能的提高也起着积极的作用，通过将农民组织起来以推动农村经济社会的发展。我国大部分地区，农民从农业生产中所获得的收益较低，很大一部分原因是农户所进行的分散生产还没有形成规模化经营。为解决这一问题，农民专业合作社发挥其组织功能、集成功能，将分散的农户组织起来，对其进行统一指导与服务。在农作初期提供种子、化肥等生产资料的服务，在农作中期提供技术指导等服务，在农作后期对农产品的销售提供帮助，在这一过程中统一整合了生产、加工、销售等环节，使各个领域的环节在组织化程度上得以有效的提高，有效地组织了农户有序进入市场，从而在一定程度上使小生产与大市场进行良好的对接，形成"市场+专业合作社+农户"的生产

---

① 农业部与阿里合作助力乡村振兴战略深入实施 我国农村电商大有可为［EB/OL］. 新浪财经，http：//finance. sina. com. cn/stock/relnews/hk/2020-06-30/doc-iirczymk9768682. shtml，2020-06-30.

经营模式。由专业合作社负责组织社员的生产及产品销售，实现产销一体化，降低了市场风险，形成了产业规模优势。另外，在组织内部，合作经济组织通过制定章程，使农户在组织中提高自我管理的能力，组织化程度大大提升。

合作社发展初期，众多农户参与农民专业合作社仍然存在些许顾虑，如对合作社认识不到位，把合作社等同于企业，或是担心合作社经营不善，入社风险大等。但是随着农民专业合作社的发展壮大，以及受市场经济冲击的影响，农户对参与合作社的态度也发生了逆转，由消极观望转变为积极参与。2019年合作社数量有220.3万家，入社农户超过50%。分析农户态度转变原因，可以从经济效益与社会效益入手。

就经济效益而言，农户参与合作社，不仅能获得专业性的农业技术服务，共享合作社生产资源，以及获取市场需求信息、安排农业生产、降低生产成本和信息成本等，还能参与合作社股金分红，增加家庭经济收入。以南京市高淳区水稻专业合作社为例，东坝镇和睦涧村全村81%的农田入股合作社，基本实现了村民入社全覆盖。2018年合作社经营收入853万元，盈余200.9万元，提取公积金30万元。剩余盈余170.9万元的80.28%按土地股份分红；19.72%按成员出资分红。合作社农户成员共分红141.84万元，户均达3124元。村民人均收入26820元，比2017年增加1510元①，初步实现了集体增收与农民致富的双丰收。获得直接经济利润是推动农户积极入社的最直接动因。

就社会效益而言，农户参与合作社管理运营，将自身的生产管理经验推广并服务他人，在提高自信心的同时，也在交流学习中提升了人生观念和生产技能。对于劳动力流失严重的地区，社会效益则更加明显，合作社把老人、妇女、儿童组织起来，不仅增加了留守群体的经济收入，还能形成邻里之间相互合作、相互帮助的氛围。社会效益不能向经济效益那样用货币数字来衡量，但它是切实存在的，并且发挥了重要作用。

第二节　制约农民专业合作社发展的因素分析

我国农民专业合作社发展的过程中，通过国家政策的持续扶持及农民的积极参与取得了相对不错的成绩，但是我们应该全面看待农民专业合作社的发展，更

---

① 农业农村部.2019年全国农民合作社典型案例之二十二：江苏南京市高淳区淳和水稻专业合作社[EB/OL]. 中华人民共和国农业农村部，http：//www.hzjjs.moa.gov.cn/nchzjj/201908/t20190827_6323255.htm，2019-08-27.

应该看到合作社在发展中所出现的问题。农村人际关系复杂，利益纷争和传统文化氛围浓厚，并且管理机制不健全，除此之外，合作社内在发展动力不足、管理体系不完善、未形成利益联结机制、人才缺失等都影响着农民专业合作社的发展。只有正确看待这些问题，才能进一步使问题得以解决，从而更好地促进农民专业合作社的良好发展，促进"三农"问题的解决和乡村振兴战略的实施。回顾近几年农民专业合作社的发展历程，我们不难发现农民专业合作社的发展仍存在以下六个问题有待改善：

一、内在发展动力不足

从目前农民专业合作社发展的现状来看，组织缺乏内在的发展动力。组织成员综合素质普遍偏低、组织架构不合理、经营目的不明确等问题导致组织的内在发展动力不足。国家出台一系列的扶持政策为合作社发展带来了诸多政策红利，但是，众多鼓励优惠政策也造成了合作社过度依赖政策扶持、缺少自我发展能力的后果。长此以往，农民专业合作社与政府之间便形成依赖与被依赖的关系，这种关系一方面是合作社由于规模小、实力弱、应对风险能力不足，积极寻求政府庇护；另一方面是政府没有根据合作社发展的实际情况选择相应的帮助方式和类型，扶持方式不科学的结果。农民专业合作社社员的增长率远低于合作社总量增长率，以 2017 年为例，合作社社员为 6794 万人（户），同比增长 5.2%，但是合作社总量为 175.4 万家，同比增长 12.2%，平均社员数量为 39 人，入社农户占全国农户总数的 44.4%，平均一个村 3 家合作社。这反映出农户相对于加入现有合作社而言更倾向于利用低门槛立社和套取扶持资金，成立新的合作社。合作社收入虽然普遍提升但是基本未能达到预期，盈余较低。2017 年，平均每个合作社可分配盈余为 6.4 万元，为每个社员平均分配 1643 元，这对于带动农户增收而言，显然乏力。合作社销售效益较低。2017 年合作社销售农产品总值为 8702 亿元，增长 5.2%，平均每社员 1.3 万元。从数据分析看，合作社的带动辐射能力尚未达到展现出其应有的效果，这也从侧面解释了农民专业合作社长期维持在"有利则合，无利则散"的松散状态。农民专业合作社发展现状表明，合作社自身存在规模小、辐射带动能力弱、社员文化素质低等问题，外部发展环境也并不成熟，这意味着在当前很多地方尚不具备支撑农民专业合作社广泛发展的基础条件和客观环境。农民专业合作社即使在外力刺激下成立起来，如果没有完善的运行机制和有效的组织结构以及强有力的智力支持，想维持发展只能寻求政府庇护，无法独立发展。农民专业合作社对政府扶持的过度依赖，给政府扶持方式的选择造成了错误引导，使加大资金扶持力度成为扶持工作的重点，而忽视了培养合作社的盈利能力，造成了一定程度的负面影响，例如，当政府资金扶持力度大于合作社盈利能力时，合作社会形成严重依赖政府扶持而忘记发展初衷，同时扭曲了市场竞争关系。此外，政府在下拨扶持资金时由于缺少完善的监管措施，给部分投机分子提供了套取财政资金的机会，由此产生大量以合作社为名的虚假实体。

二、管理体系不完善

在农民专业合作社发展过程中，不仅外部的问题慢慢显现，而且在组织内部的问题也渐渐凸显，在一些组织中出现了内部运作管理不够规范、管理体系不完善等问题。第一，组织管理松散。在一些合作社中，内部的管理较为松散，虽然组织成员有入社、退社的自由，可是基本的办理手续都不完善，在社员的管理方面缺少严格的制度和章程，更有甚者，连基本的组织机构都不健全，从而导致责权不清、组织纪律松散。第二，决策集中化。一人一票的社员大会民主决策机制与"强者牵头，弱者参与"的发展路径极易催生出"形式化的民主"和"专权化的管理"，产生"精英俘获"现象。牵头人在带动合作社经济发展的同时，也利用个人的资源优势在合作社资金分配、项目建设、经营管理等方面占有优势权利，最终影响合作社的治理绩效。在多数的合作社中，组织发展所依托的对象为专业能手等组织领导人，他们在组织义务方面承担的比其他成员多，因而享有较多的权利，因此，在决策过程中，他们控制了较多的决策权，导致在决策上不科学、不民主。第三，缺乏有效监督。参与合作社的农户由于主体意识较差，加之一些带头的建立者在组织中的地位较高，拥有绝对的领导权，合作社内部又缺少监督机制，在一定程度上使得农户的利益受到损害，内部缺乏活力。另外，合作社外部管理问题主要有，在"先发展、后规范"思想观念的长期影响下，政府监管部门逐渐忽视合作社的规范与管理，任其自由发展。监管部门的放任自由，主要是因为对监管部门及其工作人员实现合作社的数量目标和发展指标相对而言可操作性较强，因此对大多数监管部门具有较强的吸引力，但是由于规范化的发展标准和评价体系相对复杂，不易衡量，管理信息统计耗时耗力，因此更容易受到监管人员的漠视。政府监管部门的不作为，大大削弱了合作社的外部监管效力。

农民专业合作社基本都有自己的章程，有些合作社虽然设有理事会、监事会等主要机构，但却没有发挥真正作用，更有甚者没有设置这样的机构。此外，由于专业经营管理者的缺失，在业务量增大和规模扩展的情况下，容易造成少量的管理人员对管理权力进行控制，民主管理的作用难以发挥。这时农民专业合作社对农民的吸引力就会大大削弱。所以对于农民专业合作社结构的设置，大部分合作社是不合格的，合作社机构的不完善，在经济合作发展中就会出现责权不清、监督不力等问题。

三、缺少利益联结机制

农民专业合作社帮助农民实现了"抱团"发展，同时也存在"小""散""虚"等客观问题。探究农民专业合作社发展现状，可以看出合作社规模小、效益低、抗风险能力差等缺点，除了自身组织机制不健全、政府扶持方式不当外，还有一个重要的原因在于合作社之间缺少广泛的联合，导致整体实力遭到削弱，具体表现在以下两个方面：

第一，各自为战，恶性竞争普遍存在。近几年来，农民专业合作社数量持续增加，加大了市场竞争压力，特别是相同区域内、相同行业领域内合作社争相发展、相互竞争，使单个合作社受到前所未有的挑战。在短期经济利益的驱动下，农民专业合作社在竞争中为了赢得比较优势，往往采用假冒伪劣、相互压价等恶性竞争行为。如果这种恶性竞争持续加剧，将破坏良性竞争的市场机制，导致"鹬蚌相争，渔翁得利"，同区域、同行业合作社整体实力普遍下降，弱势地位无法改变。

第二，恶性竞争的结果是"弱者掉队"。农民专业合作社庞大的总量规模中，掺杂着大量的"空壳社""挂牌社"以及"家庭社"和众多实力脆弱的"散兵游勇"，这一类合作社由于缺乏市场谈判能力和市场话语权，在竞争中往往不堪一击，损失惨重，"掉队""破产"成为必然。可见，农民专业合作社"单打独斗""两败俱伤"的现象普遍存在，原因在于合作社之间缺少一种利益联结机制，这种机制可以通过把同一区域或者同一行业的农民专业合作社联合起来，形成横向或纵向联合的合作组织联合体，使恶性竞争变为抱团发展，获得更大规模的组织效益。但是，由于农民专业合作社发展仍处于初级阶段，法律规范以及管理机制尚不健全，这种利益联合机制尚未广泛建立起来。

四、合作文化认知滞后

农民专业合作社应该既是经济层面上的合作组织，也是文化层面上具有价值取向的合作组织，失去其中的任一层面，都无法保证合作社的可持续发展。当前，合作社发展中呈现出来的问题，一定程度上是合作文化滞后的结果。而合作文化滞后则由多方面因素造成，除教育缺失外，农村的一些传统文化因素制约了合作文化的建设。家族观念是中国传统文化的投影，是中华民族的文化烙印。在现代社会中，家族观念对于文化传承具有一定的维护意义，但对于一些现代观念却存在明显抵触，合作精神就是其中之一。然而，合作社所蕴含的合作精神是务实性的，是同质农业生产单位的联合，这其中并没有兼容家族观念。合作社要求的合作精神是经济生产中的合作，一旦入社农户出现意见，尤其是与家族利益相关，合作社很容易分崩离析，合作根本无从谈起。还有我国长期遗留下来的小农思想仍然在农村盛行。小农经济意味着保证单一农户的正常生产，还暗含着避免同其他的生产单位发生过多关系。这一思维模式同合作社的合作精神是显著对立的。小农精神是合作社在推广时必须克服的主要障碍。合作精神要求社员能够意识到全体的利益就是自己的利益，而小农思想往往认为自己的利益优先于他人的利益。只有克服小农思想的危害，合作社才能充分发挥其优越性。

因此，从某种意义上讲，乡土文化的某些因素影响着当前合作社与国际合作组织发展水平的接轨。平均主义的公平观与公正、公平的合作精神相矛盾。对经济上的平均主义追求影响了世代人的心理趋向和行为选择。因此，以平均主义为特征的公平观，在行动中往往不是根据自己的收益来衡量得失，而是在与他人相比较中来权衡得失多少。在分配中，期望值往往接近总体效益的平均值，而付出值则更倾向于低于平均或是不超过平均付出量。这种以他人为中心的计量方式不仅无形中增加了合作成本，还违背了合作社公平公正的法则，因为在合作社中，权利与收益的分配是建立在义务多寡与贡献大小的基础之上。因此，从农民专业合作社的社会文化基础看，广大农民的合作意识仍然受传统思想观念以及价值取向的制约，缺少合作的自觉性和主动性。

五、产品的品牌附加值低

随着市场经济的发展，在众多同类产品竞争的压力下，越来越多的农民专业合作社增强了品牌意识，申请了商标注册。全国各地多数的专业合作社已有注册商标的意识，但与国外先进国家相比，我国农民专业合作社的品牌化率明显偏低。此外，由于农民专业合作社基本由农民组成，大部分农民对于品牌创建的认识并没有真正到位，大多数认为只要进行了商标注册，就会获得社会认知度以及市场竞争优势，因此缺乏品牌推广、不注重提高品牌附加价值和培养消费者忠诚度，造成农民专业合作社的品牌化水平较低。

目前，我国现有农民专业合作社的商标在社会上的认知度和认可度普遍不高，其主要原因：一是缺乏有效的品牌开发管理。农民专业合作社品牌化是一个庞大的工程，包括对产品外包装形象的不断改善、利用科学技术对产品质量的不断提升、利用广告宣传提高认知度、对产品品种的不断开发、利用营销策略提高市场占有率等一系列品牌开发和管理工作。而农民专业合作社受到资金、技术、人才、成员主观意识的限制，难以达到像农业龙头企业、国外合作社一样的品牌化发展水平。二是产品附加值低。要想提高农产品附加值需要从提高生产过程中的科学技术含量、农产品加工工艺水平、包装工艺水平等方面入手。对于合作社而言，农产品附加值的高低则影响着合作社发展的前景，而现阶段的合作社在提高产品附加值方面就做得不够，还需要努力。首先，产品加工原始。合作社虽然可以接收市场需求的信息，而且也可以将信息传达给农户，使其调整农业生产，可是由于合作社对于先进科学技术的利用不够，还不能进行产业化的管理，对农产品的深加工意识不足且产品的加工能力较弱，导致农产品附加值低，农产品的输出较为原始。其次，经营方式单一。在农产品销售过程中，虽然市场竞争激烈，但是大多数的合作社成员还没有意识到品牌的重要性，以及对产品进行包装的重要性。产品的销售方式较为单一，产品的包装、宣传工作做得不够，没有形成自主品牌、自主商标，所以，其产品在市场上不能很好地立足。因此，在农业生产中不能只是简单地统一生产、销售，更要注重产品的深加工，进行自主品牌的创新，提高产品的附加值，从而在一定程度上提升产品在市场上的竞争力。

六、人才培育与引进存在困境

人才资源可以说不论大小合作社都是最重要的资源。农民专业合作社作为现代化农业发展的新模式，运营管理人才和技术人才在农民专业合作社发展中具有非常关键的作用。但是从目前国家整体情况来看，首先，农民专业合作社成员受教育程度普遍低下，难以形成先进的管理思想，同时因为缺乏管理经验，对农民专业合作社的了解也不够深入，难以满足农业合作经济发展的需要。农民专业合作社发展至今，多数地区尽管建立了领导机制、管理和指导部门，成立了相应的机构，但却因为各种原因导致指导部门参与组织建设不多，人员不稳定等使其未能有效帮助提升组织的管理水平，制约了组织的发展。所以，当前农民专业合作社依然缺乏管理能力强的综合型人才。其次，农民缺乏专业的培训。农民专业合作社成员培训工作方面也存在两个问题：一个是培训次数少，目前多数农民专业培训是出于上级部门要求做好"三农"工作而进行的，针对农民专业合作社问题而展开的指导性培训少之又少。另一个就是培训工作专业性不够，农民专业合作社成员大多由农户组成，农民的文化知识水平普遍偏低，再加上农村地区特殊的地理位置，导致信息不通畅，交流不及时，科技传播速度慢，所以合作社的农民专业能力与目前农业科技发展不匹配。在最近几年，虽然有科研组织和大学技术人员被聘用，但是技术人员更多的是担任顾问或咨询的角色，并未真正起到培养技术能人的作用，所以农民专业合作社在专业技术上还有待提高。最后，青年大学生返乡助力难。在农民专业合作社文化劳动力结构调查中，很明显的调查结果是大专及以上的人员严重缺乏。如在福建省某县的调查中显示参与合作社的农户具有大专学历的仅有1%，具有大学本科以上学历的为0，而初中及初中以下文化水平的却高达77%。这反映出合作社成员文化水平偏低，也间接反映出青年大学生返乡助力乡村振兴难的问题。青年大学生返乡助力乡村振兴难造成农民专业合作社整体水平不高，缺乏有知识有文化综合素质较高的决策运营人才。青年人才的缺失严重制约合作社的发展。

第三节　农民专业合作社发展实证分析

关于农民专业合作社模式类别划分，不同的标准划分出的类别也不一样。在过去的发展过程中出现过许多不同的合作模式，如按主导主体划分，分别是农民主导和非农民主导的两大类发展模式；按农民专业合作社的核心主体及其建立途径进行分类，分别是政府组织模式、企业组织模式、农民自发模式等。福建省X县农民专业合作社发展模式多样化，具有一定的代表性。分析不同的农民专业合作社模式的概念、特点、运行机制和适应条件，不仅可以为农民选择建立农民专业合作社的类型提供了理论上及实践上的指导，而且有助于政府有针对性地指导农民专业合作社发展。因此，笔者以合作模式作为切入点，以X县为案例进行调查研究，选取三种典型模式进行比较分析，了解各种模式经营的优缺点，总结经验启示，探寻因地制宜地推进农民专业合作社发展的有效方法以供借鉴。

一、福建省 X 县农民专业合作社发展特点

（一）X 县的概况

X县位于福建省的西南部，地处于闽、粤、赣三省结合处。全县辖17个乡镇、214个村、5个居委会，总人口39.2万，其中农业人口29.5万人。总面积2638平方千米，其中耕地面积33.23万亩，森林覆盖率达79.7%。生态农业初步

显现，是农业大县，目前已初步形成了以烟、菜、果、茶、菌、猪为主的生态农业产业。生态环境质量居全省第二位，是典型的林区县、中央苏区县、全国生猪调出大县、国家和省商品粮基地县，也是国家无公害蔬菜生产示范县。

该县农业综合生产能力平稳，全县农作物总播种面积885352亩，其中粮食播种面积542247亩。全年粮食产量215188吨，蔬菜产量371507吨，花卉种植面积6882亩，茶叶产量4405吨，水果产量44436吨，食用菌产量6407吨。

（二）X县农民专业合作社发展现状

从2007年至2018年10月止，X县共有446家农民专业合作社。与2010年94家相比，多了3.7倍。从2011~2018年，陆续有24家农民专业合作社被评为省级示范社。这24家省级示范合作社年经营总收入在300万元以上，其中农机、植保合作社年经营总收入在50万元以上。可分配盈余按成员与本社的交易量（额）比例进行返还，返还总额不低于可分配盈余的60%，并拥有"三品一标"或注册商标，为其他的农民专业合作社起到了很好的示范作用。

X县农民专业合作社行业覆盖广（见图7-1）。其涉及的产业有果蔬、竹业、渔业、农机、茶叶、花卉、药材、竹藤、食用菌、象洞鸡、红豆杉等，几乎涵盖了X县所有的主要农业产业群体。在这446家农民专业合作社中，瓜果蔬菜业占116家，种植业占134家，养殖业占45家，水产业占9家，林业占85家，农机服务业占40家，其他占17家。其中瓜果蔬菜业和种植业比重较大，与其地势地貌及气候条件有较大关系。

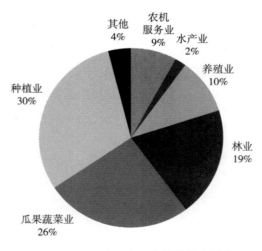

图7-1 X县农民专业合作社行业覆盖

　　X县劳动力文化水平较低。从图7-2中可以看出，合作社中劳动力文化水平主要集中在初中（55%），初中以下占22%，中专占18%，学历在高中及以上的仅占5%。农民专业合作社的成员文化水平大部分在初中阶段，文化程度较低。并且劳动力年龄呈现"两极分化"，大多为老人和小孩，青年人都外出务工，即使留在本地的也很少从事农业劳作。老人小孩体力有限，导致许多土地处于荒废状态，土地资源未能很好地被利用。

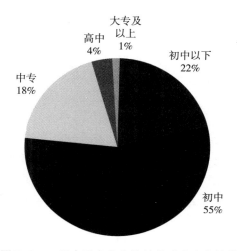

图7-2　X县农民专业合作社劳动力文化结构

　　X县部分合作社有名无实，呈现"空壳化"。在此次调查中发现，X县在工商局注册的446家农民专业合作社中，有85家农民专业合作社没有开展任何工作或已经停止运行，19%的农民专业合作社为"空壳组织"（见图7-3）。这些

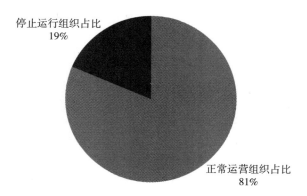

图7-3　X县农民专业合作社运行状态

"空壳组织"的出现动机不纯，有的为了争取国家支农等各种政策优惠，或为了套取国家补助资金，或为了取得融资和贷款支持；有的是为了挪用资助资金而注册一个合作社；有的是为了完成政府下达的任务指标。这些合作社办社目的不正确，导致自我发展动力和能力不足。

二、X县农民专业合作社的三种模式

通过实地的走访调查以及对数据资料的整理分析，笔者将X县的农民专业合作社按照组织内部利益联结机制的不同将当地合作社的合作模式主要分为合作互助型、股份合作型和龙头企业型三种。

（一）合作模式一：合作互助型

1. 合作互助型模式的特点

合作互助型模式的合作社是农民自发形成的、较为松散的组织。一般由村里的能人或种植大户带动生产相同产品的农户成立的合作组织，领办人具有一定的群众基础和号召力，农民对其十分信任。此模式具有较强的独立性、自主性，易被农户所接受。农户们成立合作社是为了相互之间能够更好地共享各种资源，如劳动力资源、农机、生产资料、销售渠道等，从而达到降低生产成本、提高利润率的目的。合作社成员以农户为主体，具备一定的种养技术和经验。合作社会组织农户开展各种培训，成员之间分享自己的劳作经验、相互学习。合作社提供无偿或抵偿服务，但农民要各自承担自己的风险。合作社呈现出"忙时集中，闲时分散"的运行状况。

2. 实例分析——X县兴农农机专业合作社

X县兴农农机专业合作社于2011年12月5日挂牌成立，旨在为社员提供农作所需的各类农业机械服务，组织采购供应成员所需的农业生产资料，引进新技术、新机具、新品类，开展农机技术培训、交流活动。成员带资源入社，以货币或农机折价入社，由理事长统筹安排本社机械，以成本价格为本社成员提供种植机械化生产全程服务，同时对外开展有偿农机服务。合作社现有股本金100万元，成员32名，拥有各类机械设备34套。

社内成员可以用"以一换多"的形式，加入组织须带自家少量的农机入社，与社内其他成员的农机设备交换使用，从而减少购买农机的成本。由于合作社对于社内共同资产的管理条例不够细致，导致出现机械借出后被损坏却没有人承担责任的现象。这损害了社成员的利益，使社员之间产生嫌隙，不利于合作社的长远发展。

（二）合作模式二：股份合作型

1. 股份合作型模式的特点

股份合作型模式是合作社以股金筹集的方式获得充足资金的一种模式。合作社成员根据自己交易量认购股金，实行交易份额制，成员之间可以实现股份相互转让，是一种利益联结较为紧密的模式。农户们以各自不同的方式加入合作社，可以是资金、土地、技术等多种方式。根据合作社自身情况，由合作社自行设定比例，在当年盈余中提出一部分作为合作社公积金，用于合作社的日常运营。合作社与成员根据交易量按比返利，总额不能低于盈余的百分比由合作社自行设定。余下部分以及合作社所接受的国家财政补贴和他人捐赠财产，依照合作社成员账目中所记载的出资份额与公积金份额，按比例分配到合作社成员账户中。这种模式能够有效地提高农户生产积极性。

2. 实例分析——X县东欣农民专业合作社

X县东欣农民专业合作社是以农民为主体，农户自发组建的农民专业合作社，于2017年7月10日正式运营，通过微信公众号宣传，招募合作社成员。全社共有152名成员，其中150名为农户，合作社成员有产业入股和资金入股两种方式加入组织。组织每年留有10%的利润作为合作社的周转资金，剩余利润按比例分配给入股成员。合作社规定成员入股周期至少为一个财政年度。

合作社打造了"忆东缘"这一自有品牌，成立了全省第一个无公害基地，主营美味、天然的特色产品。包括芙蓉李、百香果、脐橙、油桃、麦李、富贵籽及特种花卉等特色产品。在销售渠道上，线上线下相结合。线上以微商为主，线下主要是招收校园代理和市场批发。

X县该镇近年来外出务工和经商的农民也逐渐多了起来，这样就存在着将不同资源组合起来产生更大效益的可能性。在调查中发现，有外出务工经验的社员对于入股合作社的积极性较高，能够意识到合作社可能带来的增收效益。合作社成员的差异性带来了成员的社会分工，合作社中有人负责生产技术，有人负责初加工，有人负责对外销售，极大增加了股份制合作社相关人才的比例。

（三）合作模式三：龙头企业型

1. 龙头企业型模式的特点

龙头企业模式是发展较好的企业作为合作社的领导者，带领合作社发展的一种模式。企业与合作社建立良好的合作关系，合作社扮演中间角色，将企业与合作社联系起来。龙头企业充分利用企业内部的技术、资金、贮藏、销售等优势，帮助农户更好地生产运作并为合作社的建立和发展提供相应的资金和技术服务支持。这种模式下的龙头企业与种植户联系比较紧密，能够有效连接产地、种植户、市场，形成产销一条龙、农贸一体化的生产经营体系。龙头企业侧重营销，合作社侧重联系和服务，社员负责生产种植。根据企业的需要，企业会从源头开始把关，对作物量要求较高。合作社组织社员须按照企业所设定的要求来进行标准化生产、检验和采购。

2. 实例分析——X 县双喜稻米专业合作社

福建省龙岩市喜浪米业有限公司成立于 2000 年 4 月，公司注册资本人民币 1000 万元，主要经营粮食收购，大米加工、销售。喜浪米业在发展过程中由于没有稳定的生产基地，苦于寻找优质水稻，市场价格不稳定且交易成本过高；同时，水稻种植农户由于个体生产规模小、管理不规范，不能及时和市场信息对接，不能合理安排生产，生产的农产品也卖不上价。喜浪米业陆续从农民手中流转土地作为种植基地，从当初的几十亩到如今两千余亩，范围涵盖梁野山周边 6 个乡镇。

2008 年 8 月，喜浪米业成立 X 县双喜稻米专业合作社。公司利用自身技术和资源引导合作社把握优质稻种的源头、种植基地选择、水稻栽培到生产精加工、大米分类销售等每一道关卡。合作社现有社员 150 多名，种植优质稻米 1.86 万亩，带动 2000 多户农户通过种粮每年共增收千万元以上，培养种粮大户 100 多户。在销售方面，喜浪米业采用线上线下结合的方式。合作社基地生产的普通大米仍沿用传统的送货方式，由老员工负责用货车配送到超市、商铺；生产的优质功能性大米，则分包成小包装，通过电商渠道销售。2017 年，合作社以订单形式，以高于市场价收购所帮扶的 82 户农户种植的优质稻，使每户年总收益达 18600 元以上。

三、X 县农民专业合作社合作模式的比较分析

（一）优势与劣势比较

以上分析的三种模式的农民专业合作社都具备各自的优劣势以及适合发展的条件，相互之间不能进行简单的借鉴或替换，如表 7-4 所示。

表 7-4　三种模式比较

发展模式	优势	劣势
合作互助型	①农户之间相互熟悉，方便交流学习； ②农户掌握自家产品的定价权； ③容易被农户接受	①成员以农民为主，组织运营管理能力较弱； ②监督机制难以起到作用； ③较为松散，长期发展难

续表

发展模式	优势	劣势
股份合作型	①以股份制方式筹集资金，资金较为充足；②与成员之间的利益联结较为紧密，成员拥有二次分配利润的权利，能够调动生产的积极性	①组织成员以农民为主，缺乏销售型人才；②在组织盈利能力弱的情况下，容易出现大批组织成员退出合作社的情况，导致合作社无法运营，成休眠状态
龙头企业型	①与市场联系紧密，能够根据市场需求及时利用合作社将信息反馈给农户，让农户根据市场需求调整生产计划；②帮助合作社的产品进入市场，使农产品增值并品牌化的同时增加市场份额，提高商品销售额	①产品价格由企业决定，农户收入提升空间低，企业与农户市场地位不对等；②农产品加工的利润由企业获得，农户无法获得二次分配利润

从以上三种模式的优劣势比较中发现，X 县现有模式主要存在以下问题：①监督与利益分配机制不够完善；②缺少管理、销售等综合性人才；③品牌建设能力较弱。

（二）共性与差异比较

不同模式的农民专业合作社在品牌建设、销售渠道、利益机制三个方面存在明显的差异，但运营过程中还是具有一些相似之处。

通过以上分析得出，合作互助型模式在品牌建设、销售渠道和利益机制三方面都表现较弱；股份合作型在销售渠道的建设上存在弱势，需耗费大量精力和财力；龙头企业型在品牌建设和销售渠道方面稍有优势，可以借助企业的资源，合作社投入成本较低（见表7-5）。

表 7-5　三种模式共性与差异

发展模式	差异			共性
	品牌建设	销售渠道	利益机制	
合作互助型	缺乏品牌建设意识	销售渠道有限，主要靠自主摸索	没有明确的利益联结方式	①创造交流平台，促进农户经验交流；②加强技术培训，提高产能；③统一采购生产资料，降低生产成本
股份合作型	品牌建设必不可少	销售渠道有限，自主开拓，成本较高	股份分红和返还盈余	
龙头企业型	品牌的建设依赖于龙头企业	依托龙头企业，销售渠道广	实现定价收购和提供无偿或抵偿服务	

（三）适应性比较分析

1. 合作互助型适应性分析

该模式是在市场需求较大以及销售渠道相对稳定的形势下，是那些土地规模较小、劳动力较弱、文化程度较低的农户为了降低生产成本最快捷的一种选择。产业大多数集中在农机、种植业。在村里有能人大户愿意带动生产相同产物的农户一起生产运作的情况下，这些农户跟着能人大户生产同类型产品，向其学习技术经验，共用生产基地、机械设备等，再各自销售。由于此模式管理制度较为松散，成员与成员之间缺少利益联结机制，因此组织成员要具有较强独自抵御风险的能力，才能够更好地发展。

2. 股份合作型适应性分析

股份合作型模式适用于文化水平较高、对于前沿思想接受能力较强、对市场把控较为精准的农户加入。农户能够摆脱传统的小农经济思想，将企业化的理念运用于合作社的管理经营中。在调查中发现，股份合作型模式的农民专业合作社的成员年龄相对于其他模式而言较为年轻，对于生产经营、品牌建设上有自己的想法，会为合作社的发展积极献策。此模式的合作社是以股份集资的方式成立的，成员之间利益联结十分紧密，合作社盈利多少影响着农户的股份分红和返利情况，因此这种模式下的农户生产积极性较高，对农村的经济建设有一定的推动作用。

3. 龙头企业型适应性分析

此模式适用于种植业与养殖业。种养殖相关的龙头企业在该地区已形成特色产业，在其发展壮大特色农产品的过程中，缺少种养殖劳动力和流转土地，于是就会带动成立合作社，并建设相关生产加工基地，然后通过合作社召集农户，为其生产劳作。其中，这些加入合作社的农户一般拥有较大规模的土地或养殖场地，但自身文化水平较低、缺少生产技术和销售渠道，把握不好市场动态，因此龙头企业型合作社可以降低自身的生产运营风险，两者形成互惠互利的关系。龙头企业通过合作社广泛吸纳农户为企业种、养特定的和特色的农产品，同时也可以获得国家给予创办合作组织的多项特殊政策支持。而农户也得到了企业技术上的指导和稳定的销售渠道。在此过程中，龙头企业也是政府和农户连接的重要渠道，龙头企业要承担相应的社会责任，避免扶持农业资金的浪费和产业行为的短期性现象发生。

四、X 县农民专业合作社发展的启示

国家鼓励成立农民专业合作社主要是为解决一家一户的传统农业无序化、分散化的问题，希望能够凝聚农户合力发展扩大农业生产与经营规模，与市场链接更加高效，既提高市场议价的能力，也提高抵御市场风险的能力，以适应现代农业发展的需要。福建省 X 县农民专业合作社在发展过程中的典型经验值得我们借鉴思考。

（一）宣传示范组织，取缔"空壳"组织

我国多数农户的受教育程度不高，所以不能够很好地理解农民专业合作社的意义，这阻碍了农村合作经济组织的发展。树立典型的农民专业合作社为示范，从身边的实际案例告诉农户加入农民专业合作社的利好。例如，位于 X 县地方政府在采取相应有关措施发展农民专业合作社外，同时还结合扩大典型农民专业合作社的宣传力度，这样不仅能提高政府在人民心中的地位，还能有效地促进政策的实施，为此创造一个优良的舆论环境。政府借鉴当地农民专业合作社的成功案例来对相关政策和措施进行完善。

在加强示范合作社运行监测，实行动态管理的同时，也要对无人、无牌、无办公地点等名存实亡的"空壳"合作社要坚决取缔。在某些地方和部门考核基层部门时，经常要求成立合作社的个数、农民加入合作社人数等，为了完成考核，很多地方会突击成立合作社、虚报合作社人数规模。更有甚者成立合作社是为了套取国家补贴。要防止弄虚作假，改变考核方式很重要。农民专业合作社沦为空壳，主要因为权力弄虚作假，成立了很多名不副实纯为凑数的合作组织。背后的关键在于考核方式过于粗糙，只考核数量而不问质量，只管名义上成立而不管后续经营。要改变合作社空壳现状，考核方式必须要更加精细。不让弄虚作假者受益，须强化问责机制、严惩弄虚作假者。只有取缔这些"空壳"组织才能更好地集中力量扶持发展需要的农民专业合作社。

（二）完善利益分配机制，发展"股份制"合作社

完善"按交易量返还+股金分红"利益分配机制。按交易量返还为主，以股金分红为辅的模式既能有利于合作社吸收社会资本、增强利益联结紧密性，又可以保障分配公平性，操作性较强。值得注意的是，在进行股金分红时，设立"限高"条款是必要的，此举可以最大限度地实现农民专业合作社惠及组织成员的目的，防止社会资本过度介入合作社而导致合作社"变质"。

"股份制"合作社严格限制了成员的进入退出条件，使合作社制度更加规范

化。"股份制"明确的利益分配制度，不仅保障了农民的根本利益，也为合作社的长远发展提供了资金支持。"股份制"合作社作为社成员与合作社联系最为紧密的形式，其将成为发展的趋势。所以要引导农民以劳务收入、资金、技术、设施设备、农村"三权"等多种要素作为股份，组建"股份制"农民专业合作社。

（三）重视品牌建设，增强龙头带动意识

农民专业合作社品牌建立不仅影响自身的发展，其对农民增收、农业经营方式转变、现代农业发展的作用同样不可忽视。首先，要增强农民专业合作社品牌建设的意识。政府部门可通过教育培训、会议引导、主题研讨、专题讲座、社会媒体等方式进行宣传，不断提高农民专业合作社的品牌意识，意识到品牌对农民专业合作社发展的重要性。其次，加大对农民专业合作社品牌的推广力度。当前，多数农民专业合作社已经注册了产品商标，但是生产的农产品并没有发挥出品牌效应，没有将农产品卖出好价格，这主要是对品牌的宣传力度不够大，导致品牌知名度低，消费者认可度不高。因此，农民专业合作社要全方位、多层次地加大品牌宣传力度，从而扩大农产品品牌的知名度和影响力。最后，要加强对自身品牌的管理和保护。品牌建设成本大、周期长，应加强对品牌的管理和保护。

品牌建设是一个系统性的工作，塑造一个知名品牌、优质品牌或者强势品牌需要政策、文化、资金、技术、人才等多方面的协同。单靠合作社一方的力量是远远不够的，因此，要与当地的龙头企业合作。通过企业专业的营销方式和固定的营销渠道，能够加快农产品品牌建设与发展，也能加快品牌的差异化和规模化。差异化是品牌竞争力的核心，规模化是品牌发挥经济效益的重要途径。立足农产品的种类特色、区域特色实施差异化的品牌战略并发挥自身优势。政府可以大力扶持当地龙头企业的发展，增强龙头企业带动意识，鼓励龙头企业与农民专业合作社合作，做大农产品品牌规模，形成品牌合力，促进农民专业合作社的发展。

第四节 发展农民专业合作社的对策建议

相对于发达国家，我国的农民专业合作社发展还处于发展的初级阶段，农民专业合作社多数仍在起步和爬坡的过程中，各方面都需要加强提高。为了让这一农业生产经营模式健康发展，及时适应国内外形式与市场需求，我们有必要端正

心态，正确看待发展中的内在问题，在国家实施乡村振兴战略中探索出一条适合我国国情的经营方式，推动我国农民专业合作社与时俱进，快速发展。2017年底的中央农村工作会议根据党的十九大精神，对乡村振兴战略做了进一步的规划部署；到2035年，乡村振兴取得决定性进展，农业农村现代化基本实现；到2050年，乡村全面振兴，农业强、农村美、农民富全面实现。实现这些目标，需要加快培育和发展农村经济的载体，增强农村活力。农民专业合作社是双层经营体制与社会主义市场经济相碰撞的产物，是在深化分工的基础上实现农业专业化、规模化、集约化的主导力量，是实现农村共同富裕的有效途径，尽管在发展的初级阶段，由于各种原因，合作社发展出现了"小、散、虚"、品牌附加值低、缺乏人才等问题，但是，它作为农民在实践中的创造成果，在新时代背景下仍然具有强劲的生命力和广阔的发展前景。在笔者看来以下措施可以有效解决农民专业合作社的问题并有助于推进其发展。

一、科学制定扶持政策

目前国家出台一系列关于农民专业合作社的扶持政策为合作社发展带来了诸多政策红利，但是，众多鼓励优惠政策也造成了合作社过度依赖政策扶持，甚至制造"空壳"社套取国家补贴的现象。所以政策的制定应当分区域并做好充分的调研工作，这样才能更好地发挥政策扶持作用，让农民专业合作社发展起来，持续带动乡村经济发展，为乡村振兴助力。

农民专业合作社的发展离不开政策的激励与扶持，更离不开外部的监督与管理。因此，各种扶持政策的出台，不仅要考虑农民专业合作社的特殊性，还要考虑扶持政策的针对性，根据不同合作社的发展特点和实际需求提高资金、人才等各种资源的使用效率。首先，扶持政策的出台要与合作社实际需求相对应，有的放矢。从国内外农民专业合作社的发展历程来看，政府针对合作社的鼓励扶持政策基本限定在资金补助、税收优惠、教育培训等范围，前两者属于物质因素，后者属于知识因素，但是每个国家根据本国合作社现有实际情况不同又有所侧重，因而实行差别化对待。在当前的中国，国情的复杂性，省情、市情、社情的千差万别，决定了合作社发展的政策需求差异化与小众化。政府提供的政策供给不能实行简单的"一刀切"，而必须充分了解不同地区、不同时期、不同类型合作社的发展情况，实行差异化政策供给，提高政策供给和实际需求的吻合性。其次，扶持政策的内容要坚持监管与激励并重，缺一不可。针对合作社的扶持政策本质上应该保证激励帮扶与监督管理并重，在过去很长一段时间内，由于过度重视前者而导致后者落实不到位，不利于合作社的长期发展。因此，必须确立政策的监管中心，强化合作社的外部监督。一方面，明确规定合作社管理办公室作为行政监管机关，在不干预合作社内部事务的基础上，对合作社资金使用、信贷融资、经营纳税实行外部监管，弥补合作社外部监管缺位。另一方面，参考发达国家的监管措施，引入第三方独立审计制度，定时对合作社财务、社务进行审计并公开审计结果，保证社员的知情权。最后，扶持政策的有效落实离不开对政策落实过程的监督。将已有的扶持政策及时传达到合作社，避免政策出台与落实之间发生断裂，是影响政策实施效果的重要因素。

二、规范组织管理体制

首先，在新时代的背景下，农民专业合作社要发展，就必须跟党走，认真把握国家对农业合作的支持，领会政府的指导思想。没有规矩不成方圆，所以还要约束自己的行为，贯彻实施相应的组织规范和章程。在认真履行农民专业合作社义务的同时还要结合合作社实际情况，合作社成员的市场行为要有助于合作社的发展。其次，要使产业和行业步调一致。与人才一样，农民专业合作社越来越受到农户们的重视，市场竞争也相当大，要想突出，必须大力协调合作社中行业的发展与产业的发展能够相辅相成。伴随着经济全球化、市场化的快速发展，其促使农民专业合作社也在随之不断优化完善，合作社综合性、产业性的合作模式已取代了单一的合作模式，扩大了农村及农业的发展空间。最后，农民专业合作社内部的成员之间、合作社之间、成员与合作社之间、农户与消费者之间的不断协调，组织结构更加规范与民主，这也是农民专业合作社健康发展的根本要求。

各合作社应依托已设立的管理架构，建立严密的管理体制。在合作互助型模式的组织中，对高层管理人员的选拔、任用、考核应建立严格的规章制度，提高合作社公信力、凝聚力，要避免任用不专业的亲戚、熟人和事务繁忙无法集中精力管理组织的村干部等，坚决阻止占位不出力的关系户参与管理，要选举积极性高、能为群众带来更多经济效益的人员参与管理。在股份合作型模式中，要重点对合作社的理事长和管理干部进行培训，造就一批懂技术、会经营、善管理的人才队伍；选用专业会计人员建立严密的会计核算、财务管理制度确保合作社内部资产、成员入股资产等流向明晰，财产安全完整、资金使用高效，保障成员间利益互不损害；规范合作社内部相关材料的撰写和存管，便于及时查阅及传达；充分发挥监事会的作用，与监督管理部门一同履行监督职能，做到财务、社务公示、选举公平、公正、透明。健全完善的管理机制，才能使合作社发展长远。

三、建立利益联结机制

《乡村振兴战略规划（2018—2022年）》强调要始终坚持把农民更多分享增值收益作为基本出发点，着力增强农民参与融合能力，创新收益分享模式，健全联农带农有效激励机制，让农民更多分享产业融合发展的增值收益。加快推广"订单收购+分红""土地流转+优先雇用+社会保障""农民入股+保底收益+按股分红"等多种利益联结方式，让农户分享加工、销售环节收益。鼓励行业协会或龙头企业与合作社、家庭农场、普通农户等共同营销，开展农产品销售推介和品牌运作，让农户更多分享产业链增值收益。[①] 鼓励农业龙头企业通过设立风险资金、为农户提供信贷担保、领办或参办农民合作社等多种形式，与农民建立稳定的订单和契约关系。完善涉农股份合作制企业利润分配机制，明确资本参与利润分配比例上限。

在龙头企业型模式中，龙头企业与农户之间需要合作社来进行关系缓和，调节双方矛盾，并积极促进龙头企业与农户之间的相处和协作，共同承担经营风险。如果龙头企业在市场变化中更加注重自身利益，这样会将市场的不良效应放大，导致增加农户的成本费用，大大缩减盈利空间。因此，龙头企业与农户之间要制定好分配制度，尽可能地使双方达到共赢的目的。本章第三节调研案例中 X 县双喜稻米专业合作社与社员间采用合同式联结机制，该机制主要以契约作为联结纽带。由喜浪米业牵头，和农户之间签订具备法律效力的产销合同，确定所种植的水稻品种、种植面积、种植数量等，对水稻的收购采取保护措施，合作基础是农户保证农产品的生产，并提供加工、销售和其他服务，农户所具备的小生产经营依靠企业的关系实现与市场的紧密联结，从而实现农业产业化经营。采用这种类型的联结机制，对于农产品"卖出难"问题具备极强的解决力，同时还能在市场激烈竞争中使农民的利益实现得到有力保护。

四、提高农民合作意识

农民专业合作社是一项组织和制度创新，其促进了农业在科技方面的推广应用，对农民的科技文化素质的提高也有不可忽视的作用，同时也是农业社会化服务体系的重要组成部分。它的出现提高了农民组织化程度，成为了农业产业化经营的有利载体，让农户在生产经营中得到更大的经济效益。因此，在建设组织的

---

① 乡村振兴战略规划（2018—2022年）［M］. 北京：人民出版社，2018.

合作文化上，有两点建议。

（一）孵化农民专业合作社的合作文化

合作文化主要指合作思想、合作观念及合作行为等。合作文化是搭建农户与农户之间、农户与合作社之间、合作社与政府之间关联的软约束。培养社成员的合作文化思想能有效降低农民专业合作社的交易成本，培育合作文化本质上就是创造合作的财富。因此孵化农民专业合作社的合作文化，可以有效地消除各个合作主体间的摩擦，推动农民专业合作社发展，促进合作社资源整合，得到个人增值、集体共赢的合作结果。要培育农户的合作观念可以运用集中教育、阶段性培训、课堂传授、实践观摩的方式；利用集体行动锻造农户团队合作精神；通过制度的制定，制造农户合作机会；在业务运行上面，以合作团队为单位开展活动，并以合作团队为单位进行绩效奖惩、利益分配和调整，引导农户发生合作行为。利用农民专业合作社的平台开展合作组织之间的区域交流。通过灌输合作共赢思想观念，打造同舟共济的合作精神，孵化属于自己的合作文化，凝聚组织成员力量，从根本上为农民专业合作社的形成与发展提供内在动力。

（二）强化典型合作组织示范作用

要切实落实试点、示范和总结宣传工作，充分利用农民专业合作社，为农村产业和产品提供生产、加工和营销方面的意见和建议，实现产销合并，提高社员经济收入。实践是检验真理的唯一标准。实践表明，农民专业合作社健康发展可以通过树立典型、开展试点示范组织、宣传逐步发展。因此，只有让广大农户体验或看到参与农民专业合作社后带来的好处，才能充分调动农户参与农民专业合作社的积极性，政府部门可以在实践中获取农民专业合作社健康发展的经验，然后利用此经验再去指导实践；也可以增强农民专业合作社的吸引力，能够吸引更多想要兴办或参与农民专业合作社的各种社会力量。政府在推广经验时要重点总结和宣传经验，使农户接受、选择自己想要发展的类型，这样做合作社的生命力才会顽强。我国农村合作社正不断地建立和发展，农户意识到了农民专业合作社是有利于他们的组织，他们愿意加入其中，利用其优点来解决自身在生产和销售农产品时遇到的困难，获得预期利益。如福建，因为参与农民专业合作社的农户数量有限，所以合作社并没有完全发挥出组织优势和带动作用。但通过建设农民专业合作社试点，可培育出具有较强领导性和带动效应的典例，为其他的合作社发展进行示范和引导。政策上可以对那些已经有一定发展规模的农民合作社进行优先扶持，用科学理论来指导合作社，使其规范发展，对合作社内部的管理制度和运行机制进一步完善。建设农民专业合作社试点或示范时，重点要推动周边地区之间的合作社打破区域界限和生产种类不同并加强联合，实现规模经营的可行性，将组织的活动空间拓宽，增强其服务功能，使农民专业合作社之间加强在生产、销售、加工等环节的合作，建立起统一的生产、加工、储藏、运销体系，更好地降低生产成本。所以通过建设农民专业合作示范社可以更好带动农户参与的积极性及对其他的合作社实践提供指导。

五、增强品牌与渠道运营能力

当下是品牌竞争的时代，随着农产品全面开放和市场一体化进程加速，农产品要想在市场上扩大份额，首先要以消费者为中心，得到消费者的认可，所以其生产、经营必然要实现标准化。与此同时，还应建立农产品绿色品牌认证制度体系，因为品牌的塑造能够极大地促进农民专业合作社与市场的对接，使农产品更加符合市场需求，从而吸引更多的消费者。

农民专业合作社在自主品牌的打造上需要做好以下工作：第一，推进标准化生产，保证产品质量，奠定合作社品牌培育的基础。农产品质量不稳定就不能准确地进行品牌定位、产品定价。在适应自然环境的条件下，采用农产品的标准化生产消除由于组织成员生产水平不同而导致农产品质量参差不齐的现象。"标准化生产定制农业产前、产中、产后各个环节的技术要求和具体操作指南，规范了生产过程，有效地保证农产品质量的一致性"①。第二，引进优质品种和先进种植技术，提高农产品品质，培育农产品品牌。消费者需要安全、有益健康、美味可口以及低价格的农产品，合作社要持续不断地开发和引进新的生产技术、新品种等。利用先进的技术提高产品的安全性，生产"无公害""绿色"的农产品，顺应消费者追求"营养""绿色"的消费理念。时刻关注消费者的需求变化，开发或引进新品种，在市场上占有竞争优势。第三，加大特色产品种植，凸显农产品的区域差异、品种差异、生产方式差异，完善商标体系，提升农产品品牌。"不同区域的土质、温湿度、日照等自然条件差异，直接影响农产品品质的形成，即使是同一品种的农产品，在不同的区域其品质相差很大。因此，地域优势是影响农产品的品牌。不同的农产品品种，其品质有很大的差异性，了解消费者的需求偏好，更新产品种植品种。生产中采用不同的农业技术措施直接影响产品质量，如农药的选用种类、使用量和方式等，市场上通过质量认证的安全性较强的农产品具有较好的品牌影响力。注册立足于产品前提下的商标，包括农产品的注册商标、地理商标及农村专业合作组织的注册商标。特色农产品商标具有鲜明的

---

① 郭春丽. 农民专业合作社品牌培育研究［D］. 天津：天津大学博士学位论文，2010.

特色、强烈的个性，代表商品的属性，体现某种价值感和文化。借助于商标，消费者很容易识别其产品和服务，从而与竞争对手的商品区别开来。"利用商标的形象识别效应，促进合作社品牌化。

在竞争日趋激烈的背景下，农民专业合作社应注重突出鲜明的个性，打造属于自己的特色品牌，通过对自身产品质量的严格把关，创造特色概念，树立产品形象，从而提高竞争力和影响力。打造一批"大而优"的大宗农产品品牌和"小而美"的特色农产品品牌。建立品牌优势会有利于合作社的长久发展。要坚持绿色生产，建设溯源机制，保证产品质量；要提高品牌知名度，举办产品免费体验活动、展销会，参加博览会，借助媒体平台进行宣传。

在 2019 年中央一号文件中提到，实施数字乡村战略。深入推进"互联网+农业"，扩大农业物联网示范应用。推进重要农产品全产业链大数据建设，加强国家数字农业农村系统建设。继续开展电子商务进农村综合示范，实施"互联网+"农产品出村进城工程。全面推进信息进村入户，依托"互联网+"推动公共服务向农村延伸。① 随着网络信息时代的进步，合作社应充分利用互联网的力量，扩大农产品销售渠道。合作社可以邀请一些网店店主为合作社销售人员讲解如何在互联网上售卖产品；还可以邀请与电商相关的专业人士为合作社设计与农副产品相关的网络销售平台，使本地的农产品能够更广泛地售卖到全国各地。电商销售模式能够有效突破传统农业营销模式中信息不对称、流通环节多、成本高、农产品发生"买贵卖难"的难题，并通过提高农业组织化程度，优化资源配置、降低流通费用、节省交易成本，促进农产品产销精准对接，从而有效增加农民专业合作社及农户的收入。

股份合作型和合作互助型合作社在进行农产品销售时，销售形式单一，只能靠自己开发销售渠道，成本较高，要投入更多的精力。合作社采用电商销售渠道，首先，需要购置电脑等互联网设备、拍摄设备及周边互联网基础设施建设；购建农产品仓储设备，因为不可能保证所有农产品当天包装配送走；为确保生鲜农产品及时保质地送达顾客手中，要选择包装储运技术设备水平高的配送企业合作。其次，合作社应积极与生鲜产品运输的冷链物流配送企业沟通，准确地测算出农产品的保质期和运输保鲜条件，尤其是生鲜农产品，保证不毁损、在保质期内送达消费者手中；同时为了成本控制，还要进行距离细分。因此，要综合考虑各种因素，选定合作物流企业。

---

① 中共中央　国务院关于坚持农业农村优先发展做好"三农"工作的若干意见 [EB/OL]. 中华人民共和国中央人民政府，http：//www.gov.cn/zhengce/2019-02/19/content_5366917.htm，2019-02-19.

六、重视人才队伍建设

首先，全面建立职业农民制度，培养新一代爱农业、懂技术、善经营的新型职业农民，优化农业从业者结构。实施新型职业农民培育工程，支持新型职业农民通过弹性学制参加中高等农业职业教育。创新培训组织形式，探索田间课堂、网络教室等培训方式，支持农民专业合作社、专业技术协会、龙头企业等主体承担培训。鼓励各地开展职业农民职称评定试点。引导符合条件的新型职业农民参加城镇职工养老、医疗等社会保障制度。[①] 其次，加大"三农"领域实用专业人才培育力度，提高农村专业人才服务保障能力。加强农技推广人才队伍建设，探索公益性和经营性农技推广融合发展机制，允许农技人员通过提供增值服务合理取酬，全面实施农技推广服务特聘计划。加强涉农院校和学科专业建设，大力培育农业科技、科普人才，深入实施农业科研杰出人才计划和杰出青年农业科学家项目，深化农业系列职称制度改革。最后，建立健全激励机制，研究制定完善相关政策措施和管理办法，鼓励社会人才投身乡村建设。以乡情乡愁为纽带，引导和支持企业家、党政干部、专家学者、医生教师、规划师、建筑师、律师、技能人才等，通过下乡担任志愿者、投资兴业、行医办学、捐资捐物、法律服务等方式服务乡村振兴事业，允许符合要求的公职人员回乡任职。落实和完善融资贷款、配套设施建设补助、税费减免等扶持政策，引导工商资本积极投入乡村振兴事业。继续实施"三区"人才支持计划，深入推进大学生村干部工作，因地制宜地实施"三支一扶"、高校毕业生基层成长等计划，开展乡村振兴"巾帼行动"、青春建功行动。建立城乡、区域、校地之间人才培养合作与交流机制。全面建立城市医生、教师、科技文化人员等定期服务乡村机制。

培养教育"现代化"农民。农民专业合作社开设课程、创新培训方式、强化培训效果，对农民进行实用的技能培训，采用讨论的形式，让农民积极参与历史与现实的学习讨论。孔子主张"因材施教"，因此按照农民的文化水平与理解能力进行分层次的教育可以事半功倍。由于农民平时还有自己的劳动，"短期多次"的培养模式可以更好地利用农民的时间，以及便于其理解吸收所学到的技能，还要打造乡村基层管理队伍。提高农民文化水平将对合作社活动的进行带来极大的便利，促进合作社繁荣发展，创新乡村工作队伍管理机制，便于乡村及合作社的发展，促进乡村振兴。大力培育新型职业农民，不断完善新型职业农民培育、认定、扶持政策体系，打造高素质现代农业生产经营者队伍，为合作社和乡村振兴的发展奠定人才基础。合作社和政府需要加大对高素质人才回流情况的重

---

① 乡村振兴战略规划（2018~2022 年）［M］. 北京：人民出版社，2018.

视，提高对入社利好的宣传。积极引进先进人才，明确和增加对就业人员的奖励、提拔等方面的政策，只有这样才能吸纳更多大学生入社就业。政府还要加强农村基础设施建设，改善社会风貌，使大学生感受农村环境的优越性。全面提升农村教育、医疗卫生、社会保障、养老、文化体育等公共服务水平，加快推进城乡基本公共服务均等化。加快户籍等制度改革，形成城乡一体化新格局，这样的制度革新可推进城乡资源整合和优化，将城乡社会公共服务体系公平化，最终将高层次的人才引向乡镇，为青年大学生返乡创造良好的社会环境。

在调查中，X 县东欣农民专业合作社理事长在受访时提到，在人才资源方面最缺少的就是销售人才。农产品滞销是一个很大的难题，因此他们急需懂营销的人才，能够多途径、高效地将农产品卖出去，减轻农产品滞销的现象。于是 X 县东欣农民专业合作社便运用自己的公众号或网站，发布入社利好消息，广纳贤士。该合作社通过设立众创项目和招收农产品代理商的形式，吸引了许多想创业的大学生在校园为其进行产品销售。

七、倡导合作社联合发展

随着社会主义市场经济体制的不断深化，单一农民专业合作社应对市场波动的能力较差，在与大型集团企业进行业务往来时仍然会处在议价权劣势地位。为了获得持续稳定的市场运营地位，提高合作社的风险抵御力和竞争力，改善小规模合作社在发展前景、服务水平上的不足，部分合作社尝试走上了联合之路。理论上说，联合社是合作社发展到一定程度后在内外部压力下的必然产物，是合作社扩大规模和扩张业务的阶段性结果。

合作的目的是资源共享、提升市场对抗能力，但合作的规模却不可能无限制地扩大。基于地域限制、管理水平等原因，农业生产领域的规模收益也呈现递减的特点。所以，合作规模在农业生产方面应当控制在一个符合合作组织自身实际情况的量上，而信息共享、技术交流等领域的合作范围可以广泛。在农民专业合作社的基础上建立联合组织可以很好地解决这个问题。在基层社的基础上，进一步提高合作范围，在适度的区域范围内建立经济合作组织的联合组织，如联合社、联合会、协会等，进一步共享供求信息、生产资源等。要积极培育联合社的发展，通过各类型专业合作社组成联合社，不仅能够整合各合作社的特色与优势，共享信息、技术、市场、客户资源，节省市场交易成本，并通过实行订单式生产，合理协调农产品供需；还可以解决单独合作社做不好、难做成的事情，发挥"1+1>2"的规模效应，拓展农业全产业，增加农业生产经营附加值，有效地促进农村一、二、三产业融合发展。福建省 X 县百家姓农民专业合作社联合社就是一个很好的实践案例。该联合社由党员带头运营管理，自创品牌，建立加工厂，开展网络营销等帮助各个合作社，为它们提供品牌运营、产品加工等服务，带动当地就业的同时也帮助各个合作社降低生产成本、拓展销售渠道、增加收益等。通过合作社的联合，建立起一个自上而下的相对完整的农村合作经济组织系统，市场信息传递更加迅速更加准确，政策传递更直接及时，也有利于政府对合作社的管理。

第八章

传承发展乡村文化

　　党的十九大报告提出乡村振兴战略，要求促进农村经济不断发展、政治更加民主、村民安居乐业、生态环境更加和谐。乡村发展从本质上来说是为了改善乡村居民生活环境，提高乡村居民的生活质量，缩小乡村与城市间发展不平衡的差距。"文化兴国运兴，文化强民族强。"[①] 历史与现实无不证明，要建设和发展好农村、实现乡村振兴，即要提升经济富强的"面子"，更要做好乡村文化发展的"里子"，这俨然已成为新时代乡村全面发展的关键和方向。乡村文化曾经在历史中焕发过灿烂的光芒，为乡村治理发挥过重要作用，在当代依旧是重要的历史文化资源。传承乡村文化中的优秀传统文化，有助于激发乡村居民对乡村的情感认同和文化自信，发挥文化的"扶志""治心""铸魂"作用，涵养乡村振兴的内生动力，助力乡村振兴发展。

第一节　传承发展乡村文化的意义

　　"我国农耕文明源远流长、博大精深，是中华优秀传统文化的根"[②]，而乡村则是中华传统文化生长的家园，是中华民族的文化根脉所系，不仅体现和反映了中国传统的农业思想、农耕技术与制度，还包含了中国古人与自然共生共存、"天人合一"的睿智以及提升乡村治理能力、促进乡村社会发展的治理哲学，是新时代中国特色社会主义文化发展的坚实根基。乡村文化也是乡村居民对于乡土

---

　　① 决胜全面建成小康社会　夺取新时代中国特色社会主义伟大胜利——在中国共产党第十九次全国代表大会上的报告 [M]. 北京：人民出版社，2017.
　　② 把乡村振兴战略作为新时代"三农"工作总抓手促进农业全面升级农村全面进步农民全面发展 [N]. 人民日报，2018-09-23（001）.

的认同感、自豪感以及归属感的集中体现，是乡村水土在长期发展中形成的独特的以农耕文明为基础的精神创造，包含了乡村发展过程中创造的制度、物质和精神等层面的文化形式，是以"村落空间为基本依托所形成的村民共同参与、共同分享的文化活动，是一种建立在村落历史记忆、精神文化、生产生活之上的文化综合体，主要类型包括各类地方特色民俗活动、民族活动等"①。乡村文化的复兴是中国特色社会主义文化繁荣的生动体现，是坚定中国特色社会主义文化自信的重要依托力量。新时代，在乡村振兴战略的实施中深入挖掘乡村传统文化资源、传承乡村优秀传统文化精髓，有助于乡村居民从内在自发形成对乡村及乡土文化的热爱之情，拓展乡村发展思路，促进乡风文明建设。

一、有利于推进乡村经济发展

"物质变精神、精神变物质是辩证法的观点，实施乡村振兴战略要物质文明和精神文明一起抓。"② 习近平指出乡村振兴不但需要物质文明，而且需要精神文明，乡村的发展要经济与文化"两条腿"走路，才能更加全面协调可持续。文化是政治和经济的反映，又反作用于政治和经济。③ 通过发展乡村文化，整合本土的文化资源，招商引资，融合先进的产业化管理理念，合理开发利用，亦能将乡村别具特色的宝贵资源转化为乡村经济发展的新动能，促使乡村经济发展由传统经济发展方式向现代经济发展方式转变，直接带来经济效益。优秀的乡村文化对经济发展能够起到积极的促进作用，在国内外许多乡村的发展实践中都得到有力证明。因此，传承发展乡村文化，是乡村精神文明建设的重要途径，可以为物质文明的可持续发展提供智力支持，助力乡村转变发展观念、转换发展动能、营造发展氛围、创新特色发展方式，推进乡村振兴战略实施和乡村经济发展。

二、有利于推进乡村治理

习近平指出，优秀乡村文化能够提振农村精气神，增强农民凝聚力，孕育社会好风尚。④ 乡村优秀传统文化凝结了千百年来中国乡村建设与发展中形成的乡

---

① 韩鹏云. 乡村公共文化的实践逻辑及其治理 [J]. 中国特色社会主义研究, 2018 (3)：103-111.

② 深入学习贯彻党的十九大精神紧扣新时代要求推动改革发展 [N]. 人民日报, 2017-12-14 (001).

③ 中共中央文献研究室. 毛泽东著作专题摘编 [M]. 北京：中央文献出版社, 1964.

④ 论坚持全面深化改革 [M]. 北京：中央文献出版社, 2018.

村治理规范、道德品行标准和民风民俗等人文精华，是千百年来中华儿女独有的精神世界以及在潜移默化中形成的价值观念。通过传承与发展乡村优秀传统文化，一方面，可以借鉴乡村优秀传统文化的教育与典范作用，充分发挥文化的"扶志""治心""铸魂"等作用，提升乡村居民的思想道德和文化素质，摆脱精神贫困、文化落后的局面；另一方面，对于现代乡村而言，乡村文化是现代乡村最基础最深层的文化底蕴，可以在文化认同的基础上，帮助乡村居民摒弃旧习、解放思想，规范完善村规民约，提升乡村治理水平，促进乡风文明建设，为乡村发展营造良好的人文氛围。

三、有利于提升中华传统文化自信

"农村是我国传统文明的发源地"①，中华民族的文化基因在广袤乡村的沃土上得以产生和延续，乡村为文明传承提供了丰富的物质载体。从远古文明的农耕文化，到革命战争年代形成的革命文化，再到中华人民共和国成立以来形成的社会主义先进文化，都离不开乡村这片土地。不仅如此，广大乡村的地理与人文条件差异，还产生了拥有不同区域特征的各色乡村文化。滴水汇成河，各地的乡村文化构成了中华文化的丰富内涵与区域特色。在情感上，乡村更寄托了世代乡村居民的"乡愁"，是乡村居民甚至是城市化后的城镇居民们内心和情感的依托。只有对乡村文化自觉热爱，才能更加坚定对中华文明的自信。通过引导人们对乡村文化的重新认识与发掘利用，有助于乡村居民提升对其生活区域所形成的包含物质、精神、制度等方面文化的整体认知，并在此基础上形成对乡村文化的集体效能感，提高对乡村文化的情感认同与价值认同，从而坚定对中华传统文化的自觉、自信。

第二节　乡村文化的思想价值

在历史传承中，乡村文化始终不离不弃地守护着中华文化的根脉。中华文化本质上是农耕文明，历经不断地挑战和回应，丰富多彩的乡村文化孕育了农耕文明。在文明积淀和价值传播中，农耕文明的诸多价值观念，如重农扬农、家庭为本、崇德尚礼、邻里和睦、勤俭持家、以丰补歉等诸多人文思想和传统美德，逐

---

① 中共中央文献研究室．十八大以来重要文献选编（上）[M]．北京：中央文献出版社，2014．

渐形成了辐射天下的中华文明中心。尤其是儒家文化倡导的讲仁爱、重民本、守诚信、崇正义、尚和合、求大同，不仅维护了中国古代社会的良好秩序，还形成了影响广泛的儒家文明圈，迄今仍然具备强韧而持久的生命力。如作为民俗文化代表的"二十四节气"，生动地体现了中国人天人合一、顺天应时的理念。可以说，在中华优秀传统文化的形成和发展过程中，乡村文化不仅起到"孕育者"的作用，还发挥"守护者"的作用。尽管乡村文化也存在着文化的封闭性、依附性、滞后性、等级性等缺陷，但这并不影响我们对传统乡村文化思想价值的认知。传统乡村文化的思想优势主要体现在其长幼尊卑、勤劳节俭、重义轻利以及注重实际等方面，对传统国家的社会发展和文化价值观培育发挥了重要作用。

一、长幼尊卑的稳定秩序

传统乡村文化渗透着浓厚的宗族文化色彩，它强调按照血缘关系的亲疏远近来安排尊卑长幼的顺序，从而明确各自的责任与义务。具体来说，家庭中辈分地位高的年老者是家庭事务的决策者和制定者，地位辈分低的年轻晚辈是决策的服从者和支持者，即使同辈之间也非常讲究长幼有序、男女有别。对此，费孝通先生形象地指出了这种我国传统乡村文化血缘性家族观念强的特点。他认为："在乡土中国，地缘不过是血缘的投影。人们在家族中秉承着长幼尊卑、尊老爱幼、孝敬长辈的传统。"① 这种传统乡村文化孕育的长幼尊卑思想，不仅有效维护了社会的稳定秩序，而且也对家庭生产和家族管理产生了重要作用。

二、勤劳节俭的优秀品质

传统社会自给自足的小农经济生产，将广大农民固守在特定的土地上，农民按时耕作，勤劳节俭是其固有的观念。村民们最大的愿望就是在自己的土地上从事周而复始的农业经济，正如"乐天安土知命"的思想反映。他们以耕读传家自豪，渴望追求生活的安宁与社会的稳定，对各类战争与侵略行为感到厌恶。同时，由于古代农业生产方式简陋、农业生产效益低下，再加上缺乏对自然灾害的抵御能力，因此，广大民众将生产所得视为上天对自己的"恩赐"。这一切都促使他们摒弃对利益的占有，形成了安贫乐道、勤劳节俭的文化品质。

---

① 费孝通. 乡土中国·生育制度·乡土重建 [M]. 北京：商务印书馆，2011.

三、重义轻利的思想境界

自古以来，对于义利关系的正确处理体现了社会传统文化的价值导向。传统乡村文化主张"重义轻利""义以为上"的价值准则，这里的"义以为上"思想并不是要求人们主动放弃对利益的追求，而是倡导"真君子仁中取利，大丈夫义内求财"的思想境界。可以说，传统乡村文化的"重义轻利"思想是与"见利忘义"错误思想相对立的。重义轻利思想中对于义的至上性和优先性观念，反映了古代村民群体普遍存在着诚信朴实的心态。由重义轻利思想引发的"戒骄戒躁""谦虚谨慎"等优良品质对中国农民的道德观念产生了重要影响，成为农民的传统文化美德。

四、注重实际的价值准则

传统乡村文化倡导的注重实际是对农耕生活"一分耕耘一分收获"务实劳作思想的提炼与总结。中国农民有着天然的脚踏实地、勤奋劳作精神，在长期的生产生活中更加深刻地意识到"利无幸至，力不虚掷，说空话于事无补，做实事必有收获"的道理。传统乡村文化的这种注重实际、务实劳作精神也感染了社会中的其余人群，成为古代贤达人士重要的为人准则。正如章太炎所说："国民常性，所察在政事日用，所务在工商耕稼，志尽于有生，语绝于无验。"① 这比较准确地反映了中国农民注重实际、脚踏实地的性格特征，对中国传统乡村文化的发展注入了精神因子。

第三节 传承发展乡村文化的困境与原因分析

一、传承发展乡村文化的困境

文化作为特定意识形态的产物，其形成具有复杂性与长期性的特点，中国传统乡村文化更是如此。我国广袤的地理环境为传统乡村文化发源提供了地域空

---

① 章太炎 . 章太炎生平与学术自述 [M]. 南京：江苏人民出版社，1999.

间，自给自足的小农生产方式为传统乡村文化培育奠定了经济基础，儒家伦理文化思想为传统乡村文化成长供给了思想资源，国家社会政治结构为传统乡村文化塑造发挥了核心作用。乡村文化拥有丰富的内涵和独特的历史价值，除了依靠文字记载，乡村传统文化还通过器物承载、传统技艺，甚至口授等形式流传、传承。随着社会变迁，一些传承乡村优秀传统文化的载体屡遭破损、不断衰微，乡村优秀传统文化的发展逐渐弱化。

（一）古村落与古器物凋敝使乡村文化失去生存载体

古镇、古村落、民族村寨以及古建筑、文物旧址、农业遗迹等，都是中华文明中优秀乡村文化的物质遗产，它们承载着我国几千年的农耕文明，留存着过去的历史沿革，蕴含着独特的民俗民风等传统资源，拥有很高的历史考古价值、科学研究价值、艺术审美价值等，展现出中华民族的深厚文化底蕴，是乡村古文化的"活化石"，亦是珍贵的农耕文明档案库，应当受到很好的保护。以古村落保护的"典范"河南省为例，2012~2018年河南省分批保护了811个古村落，保护工作仍在继续。但是，并不是所有的古村落都得到了很好的保护与发掘，大部分古村落面临消失的命运。伴随着农业向工业再向现代服务业的发展，人们的生活、工作、学习的重心开始由农村向城市转移，遗弃古村落似乎成为历史发展的必然，一些居住人口较少的自然村被整体迁移，古村宅被遗弃，甚至遭到不可复原的破坏。曾经富有诗情画意、满载乡愁的白墙红瓦飞檐被淹没在高大宏伟、气势磅礴、整齐划一的现代化城市建筑群中。那些质朴的乡村古器物，大部分因为失去了原有的环境或使用价值，被损毁沉入土中；一些尚且遗留下来的器物，或因长久失修破旧不堪，或被现代所谓的"翻新复古"遮蔽了本色，或被陈列在博物馆中，已经失去了承载乡村文化的功用。随着那些承载着乡村传统文化因子的器物被破坏，优秀乡村文化也失去传承的载体，逐渐走向衰微。

（二）文脉散落使乡村文化传承断代

乡村优秀传统文化象征着乡村文脉，是代表中国传统文化特色和地域特色的文化符号。诸如乡镇志与村志的记载，发挥着同国史一般的作用，它们不仅记载了一个地方、乡村的地理与历史面貌，还同乡约、族谱、家书一道直观地记录、反映出乡村历史最真实、最鲜活的一面。古时，各地撰写过很多乡村志书，但因为历史的变迁，能保存至今的屈指可数。如《四库全书》中的安徽池州杏花村的村志，就是清代书生郎遂花了11年时间苦心撰写成的，详细记载了晚唐诗人杜牧问酒的杏花村的原始风貌，但却仅有一部。乡村文脉断代散落直接影响后人具体了解乡村当时当地的人文环境、风土人情，乡村优秀传统文化传承也随之断裂，它们的"散落"和消失，对中华文明甚至世界文明来说都是一种损失。

（三）家风家训的淡化使乡村文化的教化作用衰退

同"乡村志书"等文脉一道传承乡村文化的还有乡村世代累积的家风、家训、家教，亦是乡村优秀传统文化的精华，曾经勉励了无数乡人淳朴为人、踏实做事、勤勉图强。还如"德业相劝，过失相规，礼俗相交，患难相恤"① 的乡规民约，也发挥了凝聚人心、教导群众、淳化民风的作用。然而，由于近代以来的各种因素，导致乡民忽视与淡忘了传统家风、家训、家教。许多勤俭朴实的优秀品质，伴着年代的变革、社会的发展，在各种利益的驱使下逐渐被"淡化"。乡村优秀的家风家训，正是传承乡村优秀传统文化的桥梁，它们的淡化是对乡村优秀传统文化的消解。如若"民风不古，民俗日偷；长此因循之，危其殆哉"②，乡村的现代治理将会困难重重。

（四）技艺失传与民俗退化使乡村文化的特色渐失

在现代化建设进程中，传统技艺、民俗的发展需要生存的环境、传承的后人和展现的舞台。有很多优秀的乡村技艺，如艺术剪纸、面塑、烙画等，还有吴桥杂技、"打树花"等非物质文化遗产，都是大众才智的结晶，也是中华民族生活百态的缩影，有着独特艺术与历史价值和魅力。然而，许多传统技艺没有专业人员沿袭和传承，只能面临失传的命运，终将成为历史的遗憾。如古书中出现的"木牛流马"、宋代的织布机等，因制作技术的失传，至今无法复制再造。还有一些乡村传统节日的庆典活动、迎神祭祀等，从公共管理学、社会学、心理学角度来看，对于乡村现代治理都有非常积极的作用。然而，由于乡村人口"空心化"，传统节日中的民俗活动主体不断减少，民俗活动也在慢慢地淡出乡村生活。

二、制约乡村文化传承发展的原因分析

乡村文化发展需要成长的土壤，需要传承的途径，还需要各类人才的支撑。现代文明发展的进程中，城市扩张、城乡发展不平衡、乡村居民观念变化等都影响着乡村文化的发展。

（一）现代城市扩张造成乡村文化的生存空间缩小

乡村的衰落正是文化的消失，乡村文化的生命力必须附着于实体性的乡村存

---

① 王露璐. 乡土伦理 [M]. 北京：人民出版社，2008.
② 刘焱. 周恩来早期文集 [M]. 天津：南开大学出版社，1993.

在，必须有其载体和文化空间。马克思认为："城乡之间的对立是随着野蛮向文明的过渡、部落制度向国家的过渡、地方局限性向民族的过渡而开始的，它贯穿着全部文明的历史并一直延续到现在"①。他还指出，伴随大工业的发展，城乡日益分化和对立，城市不断扩大规模和增强发展能力，乡村的劳动力、资本等发展资源则被城市大量抽取，从而"使城市最终战胜了乡村"②，"使农村屈服于城市的统治"③。综观人类社会文明发展的历程，城市文明的发展必然导致乡村文明的衰退，城市文化的扩张使乡村文化赖以发展的空间越来越小，乡村优秀传统文化赖以成长的土壤逐渐消失。在中华人民共和国成立后的工业化改造和社会现代化建设过程中，国家经济工作的重点从农村转移到城市、从农业转移到工业，与之相适应的必定是农村实际空间缩小以及农村人口的减少。1975 年我国的城市化率仅为 17.34%，到 2018 年已接近 60%，曾经大多数人口生活在农村的境况，悄然成为历史。伴随着农村人口向城市迁徙，传统意义上的农村开始日渐衰落，其中自然村和古村落消失的问题尤其突出。《中国传统村落蓝皮书：中国传统村落保护调查报告（2017）》显示，从 2010~2014 年，"江河流域"的传统村落就从 1033 个缩减到 572 个，消失了 461 个，其中不少是具有独特历史风貌的古村落。④ 传统村落的消失直接造成了乡村文化失去得以承载的载体，对乡村文化的传承和发展造成了颠覆式的破坏。

（二）乡村教育对乡土文化认同的忽略导致乡村文化传承的路径消失

乡村教育是培育乡村居民尤其是青少年对乡村优秀传统文化的认知和认同的主要途径。中华人民共和国成立后，党和政府对农村教育事业的发展都十分重视。考虑农村教育发展存在的实际困难，政府通过政策引导、经费支持、制度保障等多重举措，大力推动农村教育事业发展。但是从各类农村教育的培养方案上来看，总体上还是侧重于为城市的社会经济建设输送人才。综观现代乡村教育所包含的学龄前教育、农村九年义务教育以及农民职业培训教育三大教育体系，在培养方案和教学内容设计上几乎没有与乡村优秀传统文化相关的专项内容。基于乡村人才振兴的视角，农村教育更应该成为培养"爱农业、爱农村、爱农民"的新农村建设人才的主要阵地，这样才能更好地为建立一个"富而有教、智而好德、乐而进思"⑤ 的乡村社会服务。但是现代农村教育体系中，尤其是农村义务

①② 马克思恩格斯选集（第 1 卷）［M］. 北京：人民出版社，2012.

③ 马克思恩格斯选集（第 3 卷）［M］. 北京：人民出版社，2012.

④ 胡彬彬，李向军，王晓波. 中国传统村落蓝皮书：中国传统村落保护调查报告（2017）［M］. 北京：社会科学文献出版社，2017.

⑤ 容中逵. 当代中国乡村教育发展的基本架构［J］. 中国教育学刊，2011（3）：30-33.

教育中缺乏农村、农业、农民素材，缺少"土味教材"，无形中让农村孩子从心理上对农村产生疏离感，不能触及乡村优秀传统文化的内涵，无法对乡村优秀传统文化产生认同。

（三）城乡公共产品供给非均等化带来的影响

随着城市化扩张，城市与乡村在政治、经济、文化等诸多方面越来越呈现出不平衡，乡村的衰败使乡村文化成为了被摒弃和被清理的对象，乡村文化遭遇了生存危机。长久以来，城乡公共产品供给处于不平衡、不均等化的状态，导致城乡之间的发展差距逐渐增大。城市拥有更完备的公共基础设施与服务体系、更好的就业环境与创业平台、更完善的居住条件等。反观农村，农村经济社会各项事业的发展较为落后，加之公共产品供给长期处于短缺的状态，与城市相比相差较大。21世纪以来，国家针对传统乡村文化衰败问题进行了一系列改革，试图通过各种强农惠农政策、文化建设项目、财政转移支付等方式，复兴传统乡土文明。特别是党的十八大以来颁布的《中华人民共和国公共文化服务保障法》，更是为乡村文化公共服务建设提供了政策支撑。然而，自上而下的公共文化产品供给因未结合当地实际有效开展文化活动，效果并不明显。乡村公共文化供给的经费投入与城市相比存在着明显的资金短缺问题。许多农村文化馆和文化站因为经费不足而面临关闭的威胁。乡村文化资源的流失匮乏直接导致了传统乡村文化得不到有效保护与发展。由于缺乏对传统乡村文化的总体规划，使得我国在传统乡村文化保护层面依然缺乏整体性的文化供给机制。即使一些政策文件已经出台，但由于缺乏具体的可行细则，在现实社会中很难转化为实际行动。而在文化管理体制上，长期以来政府部门对传统乡村文化的管理工作存在着边界不清、职责不明的问题，这也使得许多文化建设问题得不到及时有效的解决。由于传统乡村文化的管理机制不完善，无法切实发挥保护传统乡村文化的目的，因此无法真正吸引广大村民参与乡村文化的建设之中，从而致了乡村优秀传统文化的传承主体逐渐萎缩。

（四）乡村文化价值长期被忽略

现代化、城市化进程中，城乡二元结构从来不是简单化的社会经济结构，而是一种深层次上的文化结构，并深刻影响了中华民族的文化心理与价值判断。文化价值观在传统乡村文化中占据核心位置，能够起到规约村民群众日常行为，反映乡村文化发展趋向的效用。在城市文明与乡村文明的碰撞与冲击中，乡村居民原有的价值判断与社会道德标准变得模糊而不确定，甚至出现身份认同危机，于是"放弃"和"弱化"乡村文化成为"必然"。在大多数人的思维观念中，城市文化被认为是现代的、先进的，而乡村文化是传统的、落后的，城市与乡村意味着现代与传统两种社会形态。这种二元对立的思维方式意味着城市与乡村是两种社会形态，意味着文明与落后两种价值观念，甚至意味着两种社会身份，是工业文明与农耕文明的对立形态。只有走出农村到城市立足，才能"鲤鱼跃龙门"，才能实现个人的"命运转变"——这是乡村居民群体的普遍认识。

当前，对待乡村文化的态度需要反思，现实中有的人简单地用城市文化标准对待乡村文化，用城市文化排斥乡村文化，用时尚文化鄙视民俗文化，忽视多样化的乡村文化中所蕴含的乡土文明价值。一定程度上，在流俗的观念中普遍存在着贬低乡村文化的本体地位，忽略乡村文化在现代化进程中的积极价值，认为乡村文化是落后的、愚昧的，是被历史抛弃的。传统乡村文化缺乏吸引力制约了乡村文化的凝聚力，大部分乡村劳动力放弃农村生产、生活方式，选择到城市就业或是穿梭于城乡之间，大量的劳动力、财物资源由农村流向城市，造成乡村"空心化"。据《2017年农民工监测调查报告》统计，当前全国农民中到城市务工的总数约有28652万人①，大量乡村劳动力的流出直接造成乡村人口的减少。伴随着现代化的推进以及市场经济的侵入，传统乡村文化中的核心价值观念正在逐渐消失。在对待乡村文化的态度上，不少乡村居民看不到乡村文化蕴含的普遍性价值而存在一种文化自卑感，乡村社会的利益标准取代了传统的价值标准，功利心理替代了务实劳作、注重实际、诚实守信等良好品质，从而迷失了发展方向，无法为乡村振兴铸魂。

第四节　国外乡村文化发展的经验

一、乡村文化建设的国外借鉴

乡村文化因地域和历史文化传统的不同而具有较强的多样性、传承性，不同国家、不同民族的文化建设各具特色，如今全球化浪潮已经席卷世界的每一个角落，文化影响力已经渗透进任何一个文化发展之国。因此，积极吸收国外乡村的先进文化建设经验，对于促进我国的乡村文化建设具有重要的借鉴意义。

---

① 2017年农民工监测调查报告 [N]. 中国信息报，2018-04-28（003）.

（一）注重乡村公共文化设施建设

世界各国都加大投资力度，加快乡村文化基础设施建设。发达国家因现代化较早，物质基础比较雄厚，早已解决了城乡二元社会的问题，城乡文化发展一般也是同步的。如在日本多数乡村都设有自己的乡村博物馆，几乎每一个乡村都有几座或十几座古老的民居被政府认定为保护单位，政府给予民居主人资助，以便为民居进行修缮保护。但对于现代化起步较晚、生产力水平较低的国家，则纷纷节约经济建设开支，把有限的资源投入乡村文化基础设施建设，来支持和推动乡村文化事业的发展，使有限的财力发挥最大的效用。韩国在推进"新村运动"的过程中，由政府出资，在农村兴建"村民会馆"，政府利用这一机构，把新时期乡村文化的系统建构策略和国家主导文化价值观灌输到社会最基层，以对基层乡村社会的政治和文化进行管理。"村民会馆"的主要职能包括农业科技教育的开展，农田耕作管理的知识讲座以及乡风文明教育等内容，不仅传播了农业、农村发展的文化知识，直接推进了韩国乡村经济的发展，还通过"村民会馆"向广大农民灌输了韩国政府的主导理念。在印度，喀拉拉邦所推行"民众科学运动"，政府专款兴建乡村公共文化设施，扩大图书馆等文化活动空间，促进农民积极参与，不断提高农民的精神文化生活质量。从运动的整体进展看，"民众科学运动"最基本的特征就是"全民性"，即全民的参与、全民的推进、全民的活动、全民的提升。①

（二）注重乡村文化精神内核的提炼

世界各国因文化传统不同，文化底蕴不同，特别是风俗习惯的不同，在文化建设上有很大的差异，但都把时代精神和民族精神作为文化建设的主要目标。"二战"后的韩国开展的"新村运动"就是韩国政府面对战后经济落后，农村人口居多的国情，所推行的一场民族"联合自强"的农村运动。这场重建家园的"新村运动"开始于农村，但很快就遍及城市，不仅推动了农村经济和社会的发展，还极大地振奋了整个韩国的民族精神，实现了时代精神与民族精神的紧密结合，加快了韩国的工业化进程，推进了韩国由农业国到现代工业国的转型，使韩国迅速步入现代化国家。

（三）注重乡村社会的文化和谐

乡村社会的发展不单单是经济的发展，而是经济、政治和文化的协调发展。

---

① 周军. 中国现代化进程中乡村文化的变迁及其建构问题研究［D］. 长春：吉林大学博士学位论文，2010.

以文化和谐为核心的乡村居民生活质量的提高是乡村社会发展和进步的重要标志。在欧洲各国，为发展乡村社会的文化生活，设有"农村新项目奖"。例如，在德国泰乌罗镇，保证了乡村居民有充足的闲暇时间从事文化活动，文化生活可谓丰富多彩。小镇上，不但建有良好的文化设施，还定期举行各种文化活动，他们印制了自己村庄特点的明信片，创办镇刊，编纂镇史，创办自己的网站，举办读书节。据有关资料统计，该小镇每年开展以文化为主题的各种节日活动就达数次。每一位普通农民都能参与进来，共同享受和谐的业余文化生活。

（四）注重保护与建设乡村文化

在日本，乡村文化的发展状态甚至超过了城市，在乡村文化建设上，以全面提升乡村社会生活质量为基础，以生活工艺运动为载体，逐步重视并且推进传统文化的价值。把乡村里在工艺技术上或表演艺术上有"绝技""绝艺""绝活儿"的老艺人认定为"人间国宝"。一旦认定后，国家就会拨出可观的专项资金，录制其艺术，保存其作品，资助其传习技艺，培养传人，改善其生活和从艺条件。日本还颁布《文化财产保护法》，其中关于乡村文化的包括有形乡村文化和无形乡村文化的认定。前者包含乡村各种生活用具和生活设施，后者包含乡村的各种风俗习惯和民间艺术，日本还建立了覆盖全国乡村的保护重要乡村文化的专业协会。几十年来，对乡村文化激励机制的推行，已经使日本乡村戏剧、乐舞、曲艺等表演艺术，从濒危到重生再走向新的繁荣。对于乡村文化的保护，不仅是日本政府在政策、立法、制度上的支持，还有日本民众广泛的认识和坚实的社会基础。

（五）注重对农民的培训

各国政府都十分关心对农民的教育和培训。韩国设立专门的农民教育研究所负责农民的职业教育、农业技术教育以及计算机等现代技术教育。通过对农民的综合性培训，提高农民从事农业生产的基本技能，为农业的发展奠定了综合性素质基础。法国政府也非常关注农民的职业教育，在提高农民素质方面注重综合培养，并规定农民只有取得了各种职业合格证书后，才能获得经营农业的资格以及享受国家补贴和优惠贷款等待遇。法国农业部还与地方共同出资，建立农业技术中学，由国家和有关企业出资对农民进行实用的技术培训，并支付给农业学徒工一定的报酬。美国特别注重农民的技术创新培训。在农村建立各种培训班，特别是对青年农民进行系统培训，美国还开办了多个农民俱乐部，提高青年农民的农业技术和农业经营能力。同时，对成年农民实施继续教育，传授新的技术知识，使成年农民更能适应环境的变化，跟上技术进步的步伐。

（六）注重农业信息化建设

为全面提高农业的信息化，各国政府都非常关注农业信息技术的普及，德国和韩国已经开始打造农业信息网络，通过各种渠道为农民提供最先进的技术和最新信息。德国是农业信息技术比较发达的国家，许多农业生产流程已经采用计算机来完成，大大提高了农业生产力，降低了农业生产成本。农民的信息网络服务系统也比较健全，通过农业网络平台，农民获得了大量农业科技信息、文献资料以及农产品种植、经营和销售等各种综合信息。同时高科技的遥感技术、精确农业技术等也在农业生产上被广泛应用。韩国也由政府投资建立了农村信息主干网，向农民提供各种信息和技术，此外还帮助农民进行网上销售和管理。

二、国外乡村文化建设的启示

国外乡村文化建设的经验启示我们，在推进我国社会主义新农村建设的过程中，必须重视文化与乡村社会建设的协调性，注重乡村文化资源的保护、开发和利用，注重对农民的培训，把推进乡村文化建设作为新农村建设的重要途径。乡村文化建设离不开特定的农村自然环境、社会环境和人文环境，必须立足于乡村社会发展的实际，大力加强乡村文化建设、经济建设、政治建设、社会建设，以保证乡村建设的全面性、整体性、协调性和可持续性。要重视乡村文化的投入，健全乡村公共文化体系建设，以"硬件"建设为基础，完善文化物质设施，形成完善的文化服务体系，为农村文化建设与发展提供基础性物质支撑。要加强社会主义核心价值体系建设，坚持马克思主义指导思想，中国特色社会主义共同理想，以爱国主义为核心的民族精神和以改革创新为核心的时代精神。既要保护优秀传统文化资源，又要发展乡村特色文化，努力建设新的文化增长点。

充分发挥乡村文化的教化、协调功能，促进和谐文化建设。要大力加强农村和谐文化建设，按照民主法治、公平正义、诚信友爱、充满活力、安定有序、人与自然和谐相处的总要求，逐步培育农民的和谐理念，弘扬和谐精神，推进不同文化之间的交流与融合，增强乡村文化建设的活力。借鉴国外乡村文化建设的经验，在推进经济建设的同时，关注乡村文化建设，丰富与发展我国乡村的文化生活，坚持"请进来"与"走出去"相结合的文化交流与融合机制，既着眼于世界乡村文化建设与发展的潮流，又着眼于中国乡村自身的文化发展实际，不断推陈出新，才能为中国乡村建设与发展提供更好的人文环境，积累乡村的文化资本，促进社会主义新农村建设更好地发展。

第五节　传承发展乡村文化的路径探析

一、修复优秀乡村文化

在历史转型过程中，乡村文化振兴作为乡村未来发展的"软实力"具有关键性意义，对于乡村文化，我们既不可能固守于传统乡土文化，也不能将其简单摒弃，乡村文化作为农业文明的精粹保留了人类千百年来积累的智慧，完全有可能通过活化和创新使其重新适应现代社会的需求，使其重新进入农民的生活情境中，满足农民的文化生活和文化价值需求。传统乡村文化在新时代下的发展主要表现为对乡村沿袭风俗、村民陈旧观念、封建思想的实际否定，这种发展不是对乡村文化的完全批判，而是促使它与乡村陈旧文化进行分离，进而激发人们对于乡村文化的主体认知；是新文化与旧文化的此消彼长，是多种文化组成因素之间的综合结果。不断优化乡村公共文化服务与乡村文化治理，并推动乡村传统文化价值与现代文化价值融合，才能在兼容并包的基础上实现文化的创新发展。

（一）以社会主义核心价值观为引领，为乡村振兴培根铸魂

文化的发展需要价值导向的引领，文化发展的过程中如果没有正确价值导向的引领，最终将会走向混乱。党的十九届四中全会强调，要坚持以社会主义核心价值引领文化建设制度①，党的十九届五中全会还将此列入"十四五"规划和2035年远景目标建议之中，作为今后我国文化建设发展的总路线。社会主义核心价值观是一种科学的社会主义意识形态，对社会其他的价值观念可以起到主导、支配的作用，引导人们在价值观念、评价标准等方面达成共识。乡村文化发展与乡村振兴战略的同频共振，也需要科学的社会主义价值导向来引领。

1. 以核心价值观引领乡村文化发展方向

"核心价值观是文化软实力的灵魂、文化软实力建设的重点。这是决定文化

---

① 《中共中央关于坚持和完善中国特色社会主义制度推进国家治理体系和治理能力现代化若干重大问题的决定》辅导读本［M］. 北京：人民出版社，2019.

性质和方向的最深层次要素。"① 乡村文化在新时代的发展，是将传统乡村文化中的落后因子剔除，弘扬优秀文化因子顺应时代发展的过程。首先，要在共同的思想基础上为乡村文化发展提供科学的价值导向。社会主义核心价值观与乡村文化的发展具有内在的契合性。社会主义核心价值观在价值层面的规定，具有浓厚的文化底蕴；乡村文化中不少关于个人品德修养、社会道德等方面的价值理念也与社会主义核心价值观对于社会、个人的价值要求相契合，形成了共同的思想基础。其次，要以社会主义核心价值观为主旋律，取乡村文化之精华、去乡村文化之糟粕。以核心价值观倡导的文明和谐、平等公正、爱国敬业、诚信友善等精神理念来引导乡村文化的发展方向，将乡村传统文化中"和""孝""信"等道德规范与人文精神继承下来，将乡村中宗教迷信、封建思想、陈规陋习剔除，使乡村文化达到凝聚共识、教化人心、净化风气的作用，促进乡村邻里和睦、社会和谐发展。

2. 以核心价值观凝练乡村文化发展内容

习近平指出，核心价值观是推动文明进步和国家发展最持久、最深沉的力量。② 社会主义核心价值观作为最基本的行为准则和价值遵循，为乡村文化的内容重构提供了基本框架。首先，要以社会主义核心价值观的基本行为准则为标杆，提升乡村文化的精气神。社会主义核心价值观从国家、社会和个人等层面提出了价值共识和追求，对人民群众的引领突出体现在思想观念、社会责任感和爱国情感的培育上。在乡村文化建设中，开展乡村居民道德建设，加强遵纪守法、勤劳致富、诚实守信、爱家爱国等核心价值观念的宣传，大力弘扬乡村优秀传统文化中的美德、典型人物和历史故事等，使之成为新时代的乡村文化，引导人们崇德向善、提高自身的思想文化素养和个人品德，提升乡村文化的精气神。其次，要以核心价值观的价值遵循为基准，培育良好家风和文明乡风。践行社会主义核心价值观，培育家庭美德，引导乡村居民崇尚"孝善齐家、勤劳节俭、家庭和睦、邻里守望"等良好家风，"良好家风和家庭美德正是社会主义核心价值观在现实生活中的直观体现。"③ 此外，将核心价值观落细落小到乡规民约之中，以互助友善、邻里和睦的价值导向引导人们在参与乡村文化活动和乡村治理时形成良好的习俗，树立正确的观念和行为习惯，营造乡村的淳朴民风。让乡村文化在新时代熟人社会中更加健康发展，"注重发挥好德治的作用"④。

---

① 中共中央文献研究室. 习近平关于全面建成小康社会论述摘编 [M]. 北京：中央文献出版社，2016.

② 在文艺工作座谈会上的讲话 [M]. 北京：人民出版社，2015.

③ "两学一做"学习教育手册 [M]. 北京：人民出版社，2016.

④ 韩俊. 新中国 70 年农村发展与制度变迁 [M]. 北京：人民出版社，2019.

3. 坚持核心价值观突出乡村文化特色发展

"新农村建设一定要走符合农村实际的路子"①，乡村文化的发展也要立足于乡村实际情况，根据乡村的自然生态、人文环境和实际发展条件因地制宜，突出乡村文化的发展特色，这就要在建设中既坚持社会主义核心价值观的导向，又要保持乡村文化的乡土性和地域性特点。乡村社会是典型的熟人社会，由于地缘和血缘关系，乡村许多活动都是群体参与的活动，过去凡遇红白喜事、农耕互助、节庆祭祀等，乡里乡亲都会搭把手出份力。因此，以群体性文娱活动为载体，组织传统佳节的庆典祭祀、文艺演出、农闲运动会等这样的群体性活动，更能吸引乡村居民参与。将乡村文化中的传统美德和社会主义的时代创新精神融入其中，既可以丰富乡村居民的精神生活，又能塑造文明乡风。如一些地区通过组织春节时的民俗活动，传承了乡村优秀的传统习俗，也在潜移默化中补足了乡村居民的精神之"钙"，使村民更加团结，乡风也更加文明。

（二）传承农耕文明的文化底色

"'万物有所生，而独知守其根'。中华文明延绵至今，正是因为有这种根的意识。"② 乡村优秀文化就是现代乡村发展的根脉所在。因此，乡村文化建设要保护好传统文化的根脉，也要弘扬优秀文化的精华；要在多元文化发展的今天，通过对乡村优秀传统文化基因与内涵的挖掘、提炼与整合来传承发展乡村文化。

1. 挖掘优秀文化基因

"文化是人为的，也是为人的。"③ 文化是人民群众创造的，同时也在历史发展的进程中，为社会稳定、文明进步、人口素质提升发挥了重要作用。乡村优秀传统文化中蕴含着大量优秀的文化基因。例如，在乡村的文脉、家风、乡规民约、礼仪、技艺等文化形式中可以广泛寻觅中国传统文化中的"忠、孝、仁、义、礼、勇、志、信、悌、廉、忍"等优良品格；还有许多耕读传家、勤勉图强、安贫乐道等历史故事也体现了乡村文化的质朴品格。这些优秀品质与现代城市文明所倡导的诚信、友善、互助等伦理道德规范同根同源，都是和谐社会建设的基本遵循，是需要代代传承发展的优秀文化基因。在弘扬乡村文化的过程中，应有意识地深入挖掘这类优秀文化基因，提炼、整合其内涵，让乡村优秀传统文化成为新时代新农村的精神基础。

2. 广泛传播优秀文化

乡村文化的传播，要立足于乡村发展实际和乡村居民多样化的精神文化需

---

① 坚决打好扶贫开发攻坚战加快民族地区经济社会发展 [N]. 人民日报，2015-1-22（001）.

② 中央城市工作会议在北京举行 [N]. 人民日报，2015-12-23（001）.

③ 费孝通. 论人类学与文化自觉 [M]. 北京：华夏出版社，2004.

求。习近平曾指出："文艺只有植根现实生活、紧跟时代潮流，才能发展繁荣；只有顺应人民意愿、反映人民关切，才能充满活力。"① 积极挖掘开发乡村当地优秀文化资源，树立顺应社会主义市场经济的乡村文化工作的新观念，利用新媒体平台、移动互联网、大数据、云计算等新技术进行多种渠道、全方位地传播优秀乡村文化，促进优秀乡村文化的交流与发展。例如，贵州松桃地区的苗族居住地，拥有许多当地特色的民俗和绝活。过去落后的交通阻碍了当地乡民出行的脚步，也制约了经济发展和文化交流。在国家发展 5G 移动网络覆盖之后，松桃苗族同胞利用移动互联网和网络直播平台，将"四月八"等传统节日和"定鸡定蛇"等绝活通过新渠道广泛传播开来，吸引了不少网友网络围观，也吸引了不少游客前往游览。类似的案例还有很多，通过新媒体、新技术加强对乡村文化的传播，一方面将乡村文化带出了深山，展现了乡村文化的时代价值，带来了经济效益；另一方面也让更多人了解了乡村文化的丰富内涵和表现形式，领略了乡村文化的独特魅力，满足了人们对于精神文化的更高需求。

3. 突出优秀文化价值

乡村文化的核心价值就是其蕴含的丰富的历史文化资源以及治乡育人的典故与经验。乡村优秀的传统文化"通过传承为社会进步发挥基础作用"②，它的教化功能在当代依旧不可忽视。市场经济发展后，以个人利益为中心的利益观和价值观影响了乡村发展，也冲击了乡村传统文化树立的以血缘、地缘为中心的道德本位，物质利益关系取代了传统社会的熟人关系与礼尚往来。突出乡村优秀传统文化的教化功能，就是要突出传统乡村文化中"重义轻利""长幼尊卑""脚踏实地"等优良品质，来引导树立正确的价值观，提升乡村居民的思想水平、道德修养；通过对乡村优秀文化的重塑、演绎、传承和传颂，引导人们热爱脚下生活的土地，热爱这片土地上的乡风民俗，热爱这片土地上土生土长的文化，引领人们共同建设富有丰厚的历史文化积淀、拥有独特地域风采的美丽乡村；引导人们把乡村文化建设与对乡村文化的自信融会贯通，用文化自信推动乡村文化繁荣。

二、全方位开展乡村文化育人

乡村文化的服务对象是乡村地区，乡村文化的发展和建设主体是乡村居民，

---

① 习近平谈治国理政（第二卷）［M］. 北京：外文出版社，2017.
② 习近平. 干在实处走在前列——推进浙江新发展的思考与实践［M］. 北京：中共中央党校出版社，2016.

乡村居民应是乡村文化振兴的切入点。乡村文化本身就蕴含着教化乡村居民的作用，将乡村优秀文化转化成为教育资源，有利于将乡村优秀传统文化的文化价值延续至当代，优化乡村文化原有教化功能的实现形式，强化乡村居民和乡村的文化主体性。

（一）加强乡村优秀传统文化特色教育，让乡村居民记得住"乡愁"

乡村文化的振兴，单单停留在修复和保护乡村优秀传统文化的层面上是远远不够的，还要提高乡村居民对乡村文化的认识与认可。一方面，要从理念上明确乡村文化的振兴是文化人才的振兴。着力培育社会主义新农民的主体意识，积极推动专业文化人才"下乡"并发掘乡土文化人才，形成乡村文化振兴的人才梯度。另一方面，要对乡村居民开展"全阶段、全领域、全环境"的乡村优秀传统文化教育，不断加大重视程度和投入水平，加强乡村优秀传统文化融入乡村教育，将乡村优秀传统文化传播给乡村居民。将乡村优秀传统文化的主体内容和主要思想注入乡村各个阶段的教育中，编写乡土教材、开展传统民俗活动、设置民间技艺学习的兴趣扩展班等，使乡村优秀传统文化成为施教内容的一部分，让乡村居民在接受教育的过程中记住"乡愁"。

（二）传承乡贤文化为乡村注入新活力

发挥"乡贤文化"榜样示范作用。乡贤文化是乡村传统文化的重要组成部分。乡贤古来有之，往往是乡村中品德才学都受人尊敬推崇的人，在古时候还是乡村事务的决断者和调解者，更是乡约民风的实践者和教化者，在乡村治理与发展的历史上有着教化作用。在新时代，乡贤文化依旧具有普遍的教育意义，可以在新农村建设和治理中发挥榜样和示范作用，是一种优秀的教育资源。传承"见贤思齐、崇德向善"的乡贤文化，要开展学习乡贤活动，通过评选表彰"新乡贤"，引导乡村居民向身边的模范学习，同时也给新乡贤带来更多自豪感和归属感，营造出积极向上崇贤尚德的文明乡风。

首先，要鼓励新乡贤"财、智"返乡，反哺乡村发展。传承"见贤思齐、崇德向善"的乡贤文化，建立"乡贤资源库"，积极扩宽渠道"招贤纳士"，一些具有专业技术或较高学识的企事业机关等离退休人员、接受过专业培训的新型职业农民、大学生村干部、有意愿返乡就业创业的大学毕业生等都是乡村建设的"新乡贤"。以乡村文化自有的内涵感召、吸引"新乡贤"返乡留乡创业就业，使他们支持乡村发展，带来新的发展理念和治理理念，带来现代技术和产业模式，构建全方位、多元化的资金投入体系，多渠道筹措社会资金，为乡村发展建设出谋划策、出资出力。

其次，要激发"新乡贤"示范作用助力乡村治理。重视乡贤在乡村发展中的作用，形成乡村建设与乡贤辅助互动机制，激发乡贤为乡村建设和治理提供示范作用。搭建多元化的乡贤参事平台，如成立乡贤理事会，为政府治理乡村形成缓冲地带，处理一些无须政府介入或者政府不能直接处理的乡村内部问题——婚丧嫁娶、婆媳矛盾、兄弟矛盾等，把乡村德治和乡村自治有机结合，形成良好的乡村治理体系。开展学习乡贤活动，通过评选表彰"新乡贤"，来引导乡村居民向身边的模范学习，同时也给"新乡贤"带来更多自豪感和归属感，营造出积极向上崇贤尚德的文明乡风。

（三）培育乡村文化自信

在现代化进程中，不少人对乡村文化存在误解和偏见，甚至秉持漠视和自卑的态度。树立乡村文化自信不仅是增强中华民族文化自信的内在要求，也是实现乡村文化振兴的必要前提。新时代乡村文化自信不是小农经济的盲目自信，而是源于现代化进程中对乡土文明价值的自觉、自醒，基于对乡村文化价值的深刻体会。乡村优秀传统文化是现代乡村最基础最深层的文化底蕴，有助于人们对其所在的生活区域中的关于物质、精神、制度等方面的文化形成集体认知与认同，并在此基础上形成对本土文化的集体效能感，加强对本土文化的情感认同与价值认同，从而提升文化自信。

第一，在中国人的文化心理结构中，城市与乡村有着同等重要性，尤其是乡村有着更本原的价值。乡村作为中国文化的起源，是人们心理结构中发生强烈情感认同之地，是涵盖所有的自然与社会人文背景及历史文化，对个人具有生活意义及使命感的地方。培育乡村文化自信，就是要让祖辈们留下的乡村优秀传统文化继续焕发出不朽的生命力，引导人们热爱脚下这片土地上的乡风民俗，热爱这片土地上土生土长的文化，引领人们共同建设富有丰厚的历史文化积淀，拥有独特地域风采的美丽乡村。

第二，培育乡村文化自信，是要引导人们把乡村建设与对乡村文化的自信融会贯通，转变发展观念，用文化自信推动乡村繁荣。费孝通曾说："文化是人为的，也是为人的。"① 乡村文化蕴含的丰富历史文化资源以及治乡育人的典故与经验具有丰厚的现代价值。在美丽乡村建设实践中，许多乡村充分挖掘当地优秀传统文化的特色元素，并将其融入乡村生态旅游、乡村创意文化产品设计以及乡村宜居环境建设之中。如福建寿宁县的西浦村，就是通过深入挖掘西浦村历史文化的价值，将一座拥有千余年历史的村落，打造成集乡村旅游、传统文化教育为

---

① 费孝通. 论人类学与文化自觉 [M]. 北京：华夏出版社，2004.

一体的"廊桥水乡·状元故里",实现了优秀乡村文化的创造性转化和创新性发展,既培育了当地百姓的乡村文化自信,又深刻诠释了乡村优秀传统文化的现代价值。

三、多渠道传播乡村文化

习近平曾指出:"文艺只有植根现实生活、紧跟时代潮流,才能发展繁荣;只有顺应人民意愿、反映人民关切,才能充满活力。"① 因此,要立足乡村基层去看传承发展乡村优秀传统文化的问题,注重乡村文化发展的内生性,改变陈旧观念、解放思想,领会新发展理念,树立顺应社会主义市场经济的乡村文化工作的新观念,积极挖掘开发当地优秀文化资源,多种渠道并举、全方位传播,促进乡村优秀传统文化的交流与发展。

(一)提升公共文化服务,重构乡村精神生活

加强对文化站、微书屋、农村文化大院、老人活动中心以及各种遗址等各类公共文化设施建设,充分利用乡村各种文化活动和文化设施,促进送图书、送电影等送文化下乡活动有效实现从"送文化"到"种文化"的转型,提升公共文化服务。鼓励开展形式多样的群体性文娱活动,如传统佳节的庆典祭祀、文艺演出、农闲运动会等,丰富乡村居民的精神生活,传播乡村文化中的传统美德和社会主义的时代创新精神,提升乡村文化品位;营造浓厚的乡风文化氛围,将当地的贤人志士、爱国将领、革命烈士的事迹以及特色民族歌曲、优秀家训等元素,通过群众喜闻乐见的方式植入其中,培养乡村居民对乡村优秀传统文化的热爱。如河南一些地区通过组织春节时的"扮玩"民俗,使村民更加团结、乡风更加文明,乡村优秀传统文化也在潜移默化中得到传承,乡村精神生活得以重构,补足了乡村居民的精神之"钙"。

(二)利用信息技术网络推广,让乡村文化走出乡村

充分利用传统佳节、农耕文化节、民族节气等时机,组织乡村居民开展特色民俗活动,宣传乡村的风土人情;利用互联网信息技术、VR 视听体验等,融合自媒体平台,进一步深入推广乡村特色文化和文化历史资源。利用现代信息技术,将原先深藏在大山中或偏远地区的传统文化资源带到大众面前,线上"零"距离体验乡村文化,既有利于加大历史文化的培育和扶持传承力度,又

---

① 习近平谈治国理政(第二卷)[M].北京:外文出版社,2017.

可以做响、做亮具有地方特色的优秀传统文化项目，增强对乡村优秀传统文化的认同。

四、增强乡村文化的转化力

习近平强调，文化的发展"要处理好继承和创造性发展的关系，重点做好创造性转化和创新性发展"①，要"把我国农耕文明优秀遗产和现代文明要素结合起来，赋予新的时代内涵"②。乡村优秀传统文化光靠传承是不够的，更要增强乡村文化转化成为乡村社会经济发展资源的能力，提高乡村文化对发展需求的适应性，让乡村文化拥有更强的生命力。乡村优秀文化不但有育人价值，能够转化成社会教育资源，而且还具有经济价值，能够转化为经济资源。促进乡村文化转化成经济资源，要明确市场需求，引导乡村居民自身发展需要所产生的自发性的乡村文化特色活动和产品生产向区域性、规范性和规模性的文化产业方向发展，逐步完善乡村文化产业生态的构建。

（一）实现乡村文化资源的创意转化

首先，要建立乡村文化资源管理体系。充分发挥各类物质资源与非物质资源丰富的独特优势③，建构乡村优秀文化资源数据库，科学整合、开发利用乡村当地的优秀文化资源，促进文化生产要素的高效转化。其次，提升乡村文化资源的创意转化水平。对传统工艺模式改良创新，将地域特色、民族特色的文化元素充分融入文创产品，以高文化附加值、高质量、强原创设计的优质转化来打造符合大众文化需求和消费期待值的文创产品，使乡村文化创意产品更加特色化、更具有表现力、更易被大众接受与喜爱，让久远的乡村文化和传统技艺重新进入大众视野，与时代发展接轨；打造乡村文化产品品牌，形成多元的文化创意产品体系，实现活态传承乡村文化，提升乡村文化的经济价值。

（二）推动乡村文化产业升级

首先，加强乡村文化产品供给侧结构性改革。在乡村文化产业建设发展过程中，"发展模式单一""产品雷同""缺少特色"等问题逐渐成为制约乡村文化产业发展的瓶颈。因此，需要对乡村文化产品进行科学规划、精准设计、合理整

---

①　习近平谈治国理政（第一卷）［M］. 北京：外文出版社，2018.

②　论坚持全面深化改革［M］. 北京：中央文献出版社，2018.

③　中共中央国务院关于深入推进农业供给侧结构性改革加快培育农业农村发展新动能的若干意见［M］. 北京：人民出版社，2017.

合，将同质性较强的产品进行"并""转"调整。充分利用现代科学技术，特别是互联网信息技术，再现传统乡村文化，增强现代乡村文化产品的科技感和时代感，结合不同地域的自然风光和迥异的习俗民风，凸显"十里不同风，百里不同俗"的区域性特征，为多元化的市场提供各类特色的乡村文化产品。通过各类资金和技术的注入，促进乡村文化产业由传统的劳动密集型向资本密集型和技术密集型转化。其次，促进乡村文化市场优化升级。在简单商品经济条件下自发形成的简约的乡村文化市场，无法完全满足现代市场的多样化需求。因此，要努力创造条件推进乡村文化市场优化升级。将原先单一的传统手工艺制品、民宿、民俗表演等向文创设计、数字旅游等升级，逐步完善乡村文化市场体系。最后，推进乡村文化产业三产融合。加强乡村第一、第二、第三产业的深度融合，明确三产融合的清晰路径和战略实施的抓手，努力将现代制造业和现代服务业引入乡村文化产业体系，联合开发创意产业、文化研学、生态旅游、实践基地等，弥补乡村文化产业发展滞后、要素市场配置不合理等缺陷，提高乡村文化的增值价值，延伸乡村文化产业链。

（三）促进乡村文化经济生态发展

要构建良性发展的乡村文化产业生态系统，在政策引导、资金注入、人才引进和技术支持下，使乡村文化资源在转化过程中与外部环境形成一个相互促进、协同发展的平衡状态。通过促进乡村文化产业要素市场化配置改革，增加乡村特色文化产业集群供给，创新驱动乡村文化新业态供给，积极拓展海内外市场，更高效地促进乡村文化资源转化为经济价值，实现乡村文化产业生态发展和可持续发展。

乡村优秀传统文化是乡村发展的软实力，习近平立足于乡村发展的本身和乡村文化的特色，结合乡村居民对乡村发展的实际需求，突出"以社会主义核心价值观为引领，深入挖掘优秀传统农耕文化蕴含的思想观念、人文精神、道德规范"[1]，以传承为根本，以创新为驱动，为乡村文化在新时代的发展指明了方向和实践路径。乡村文化的重塑、发展与振兴，将会激发乡村发展的新动力；也有助于营造文明乡风、良好家风和淳朴民风，使乡村真正成为"望得见山，看得见水，留得住乡愁"[2] 的美丽家园。

---

[1] 习近平李克强王沪宁赵乐际韩正分别参加全国人大会议一些代表团审议 [N]. 人民日报，2018-03-09（001）.

[2] 中央经济工作会议在北京举行 [N]. 人民日报，2013-12-14（001）.

第九章
提高农村公共产品供给水平

农村公共产品包括农村公共基础设施和农村公共服务，主要指农业、农村基础设施以及农村义务教育、农村医疗卫生、农村养老等公共服务。长期以来，城乡公共产品供给的非均等化，使城乡差距日益扩大，短缺的农村公共产品供给成为农村人口迁徙的主要推力，导致大量的人力、物力、财力由农村流向城市，严重影响农村经济社会各项事业的发展。以习近平同志为核心的党中央坚持把解决好"三农"问题作为全党工作重中之重，坚持农业农村优先发展，为农村公共产品供给水平的提高提供了强有力的保障。新农村建设以来，党和政府逐年增加公共财政对农村公共产品供给的支持力度，努力拓宽农村公共产品供给的资金渠道，创新供给模式，丰富农村公共产品供给内容，完善供给结构，使农村公共产品供给在数量上可以率先满足乡村振兴的基本需求。但同时，要逐步健全农村公共产品供给的决策机制和监督机制，规范供给程序，形成良好的农村公共产品管理体系，使农村公共产品在质量方面也有切实保证，从而全面提高农村公共产品的供给水平。

第一节　农村公共财政支出的合理化

一、农村公共财政支出的重要性

政府在农村公共产品供给中提供三个方面的保障，即法律保障、财政保障和管理保障。政府财政保障是当前我国农村公共产品供给的基础。政府财政保障主要指政府在农村、农业公共领域的财政支持，也称为农村公共财政支出。狭义的农村公共财政主要包括农业基本建设支出、农业科技三项费用、支援农业生产支出和农林牧副渔事业费。而广义的农村公共财政支出则还应包括支农资金支出、农业技术推广、农村义务教育、农业专项资金、农村公共卫生等方面的支出。农村公共财政支出是农村行政正常运转、农村基础设施建设、农村公益事业和社会保障体系建设的根本保证。从 2006 年中央一号文件提出社会主义新农村建设的历史性任务，到党的十九大提出的乡村振兴发展战略。乡村的建设发展离不开政府的财政支持，国家通过大量的农村公共财政支出增加农村公共产品供给，从而推动农村经济发展，完善农村基础设施建设，提高农业综合生产能力，全面改善农民生活状况，实现城乡之间融合发展。我国农业、农村、农民的独特性决定了在农村公共产品供给中，农村公共财政必然扮演重要的角色。

综观改革开放以来，我国农村公共财政的支出，其特点表现为：农村公共财政预算内支农支出的绝对量持续上升，但农村公共财政支出占财政总支出的比重总体呈下降趋势。在农村公共财政支出中，中央财政支出比重逐年下降，农村社会事业和社会保障支出比重过小。农村公共财政支出相对农村需求而言，供给总量不足，且因农村公共财政支出政策没有完全落实，导致农村公共财政支出效率低下。因此，完善农村公共产品供给制度，首先要建构合理的农村公共财政支出体系。

二、农村公共财政支出合理化措施

本节仅针对农村公共财政供给总量不足且效率低下的状况，提出推进农村公共财政支出合理化建议的三方面举措，即按优先顺序提供农村公共产品、合理划分各级政府的事权与财权、提高政府转移支付效率。

（一）按优先顺序提供农村公共产品

为推进社会主义新农村建设，近些年我国政府颁布了一系列法律法规，以确保农村公共财政对农村公共产品的长效供给，这些法律法规基本涵盖教育、农业、文化、科技、生态保护、医疗卫生以及社会保障等方面，而且每项规制都有比较明确的农村公共财政支出目标。乡村振兴战略是新时代国家发展的主要战略之一，政府在乡村建设中的责任和担当是毋庸置疑的，政府为推进乡村建设，在农村公共财政支出上予以极大支持，逐年增加农村公共产品供给，但"积重难返"以及人口"大分母"效应的存在，必然导致农村公共财政支出总量相对不足，农村公共产品供给的资金缺口问题仍然比较突出。此外，由于农村纯公共产品具备非排他性和非竞争性特征，所以私人不愿意投资，只能完全依靠政府的公共财政支出，而农村的混合公共产品，虽然有私人愿意投资，如 PPP 模式，即政府和私人联合投资公共产品的一种模式。但是受农村经济发展相对落后的影响，农村对混合公共产品的市场需求发展趋势较弱，难以吸引大规模的私人资本投入，以至于在城市以混合公共产品来供给，而在农村却依旧是纯公共产品供给。这无疑会极大增加政府的农村公共财政支出比重。如何在农村公共财政支出相对不足的状况下，满足农村公共产品供给需求。本章认为要按优先顺序提供农村公共产品，合理规划农村公共财政支出。农村公共产品供给的优先顺序，实质上就是农村公共财政支出的优先顺序，而农村公共财政支出的优先顺序，毫无疑问，首先是满足政府发展战略规划需求，而本章这里所探讨的农村公共产品供给优先顺序，主要是讲在满足政府发展规划需求的前提下，以农村公共产品的供给目的和农村居民的实际需求为依据进行农村公共产品的有效供给。依据分类标准的差异性，农村公共产品通常分为四种类型。第一，以萨缪尔森和布坎南公共产品性质为标准，农村公共产品可分为农村纯公共产品和农村准公共产品。第二，以农村公共产品供给主体分类，可分为政府供给、非政府供给和政府市场混合供给。第三，以农村公共产品供给受益区域分类，可分为全国性、地方性和社区性农村公共产品。第四，以农村公共产品供给项目和直接受益对象分类，可分为农业生产、农村生活、农村居民发展类公共产品。因此，农村公共产品供给的优先顺序通常应该是纯公共产品优于混合公共产品；政府供给优于其他主体供给；全国性优于地方性；农业生产性优于农村生活性。

为确保农村公共产品供给优先顺序的有效性，还应遵循公共原则、约束原则和经济原则。一是公共原则，公共原则包含公共领域、公共利益和公共决策三个方面。首先，农村公共产品供给顺序要遵循公共领域原则，公共经济的产生源于"市场失灵"，主要是在公共领域的失灵，因此，公共经济活动作为市场经济的补充形式，有其特定的范围和内容。公共经济活动的范围是有限的，而不是无限的，所谓无限，指公共经济活动完全替代市场机制对资源的配置作用，成为万能。农村公共产品供给优先顺序应以农村公共领域为活动范围。其次，农村公共产品供给顺序应遵循公共利益原则。农村公共产品供给与农村私人产品供给同样追求效益最大化，但其本质差别在于私人产品追求的是个人效益最大化，而农村公共产品供给则追求社会效益最大化。实现公共利益最优，就是要让农村公共产品供给符合最广大农村居民的利益。最后，农村公共产品供给顺序还应遵循公共决策原则，农村公共产品供给顺序应由产品使用者、供给主体和组织者三方按照民主、简洁、高效的程序协商完成。二是约束原则，农村公共产品供给顺序的约束原则指农村公共产品供给应受法制约束和民主约束。法制社会，法律有至高无上的权利，它约束个人和一切组织的行为，也约束着政府。因为，农村公共产品供给所涉及的公共利益的计算具有较大的复杂性，其效益体现具有连续性、滞后性和弹性等特点，而农村公共产品供给的主要供给主体是政府，且具有垄断性，它几乎是农村公共产品供给的唯一主体，即使有些产品允许非政府组织提供，但是最终的批准和监督也是由政府来完成。因此，在实现目标多元而供给主体相对单一又处于垄断地位的状况下，因缺乏法制约束，农村公共产品供给优先顺序可能出现与事实相背离的现象。此外，还应遵循民主约束原则。农村公共产品供给的民主约束，主要体现为农村居民在农村公共产品供给过程中能充分参与，并能充分表达自身的需要，同时，能够对农村公共产品供给全部过程进行监督控制。缺少民主约束，农村公共产品供给将会导致组织效率低下、资源严重浪费以及腐败现象泛滥。三是经济原则，所谓经济原则，即在农村公共产品供给优先顺序选择中应充分考虑成本和效益、投入和产出的关系。常见的"非经济"农村公共产品供给主要表现为，对成本和收益分析的"短视"行为，缺乏对直接成本、效益与间接成本效益，短期成本、效益与长期成本、效益，经济成本、效益与社会成本、效益的综合分析；供给结构失衡造成浪费，主要是供给内容重复、供给产品与需求不匹配、供给滞后或超前。成本—效益分析作为评价农村公共产品供给的普遍标准和方法，可以广泛应用于农村公共产品供给项目的可行性研究，这也是农村公共产品供给经济原则的主要表现。

综上所述，由于农村公共财政支出总量相对不足，因此，要按农村公共产品供给的优先顺序先保重点，再通过中央和各级政府的合理预算制度安排，根据明确的事权和财权划分，满足不同地区的需求。

（二）合理划分各级政府的事权与财权

政府间事权财权划分法治化，是推进国家治理体系和治理能力现代化的必然选择，是国家治理体系和治理能力发展的必然要求和最终结果。现代西方公共经济学理论不但剖析政府财政活动问题，同时也对各级政府间财政关系做出合理界定。其认为政府具有资源配置、收入分配和经济稳定与发展三大功能，并将事关国家全局利益的收入分配和经济稳定职能主要赋予中央政府，而地方政府则需要在地域性较强的资源配置方面发挥更大作用。关于合理划分各级政府的事权与财权，西方学者曾经提出以下重要原则。美国经济学家塞利格曼（E. R. A. Seligman）的三原则即效率原则、适应性原则、恰当原则。迪尤（John F. Due）的两原则，即效率原则、经济利益原则。马斯格雷夫（R. A. Musgrave）的六原则，包括适合于经济稳定的税收应当由中央政府征收，给地方政府的税收安排必须呈周期性稳定；累进的再分配税由中央政府负责；累进制个人所得税应当由在全国范围内拥有最佳征税手段的政府征收；地方政府的税基应当具有较低的流动性；税基在各地区间严重不平衡的税种应由中央政府征收；利润税和使用者付费适用于各级政府。政府间事权划分的理论如表9-1所示。

表9-1 合理划分各级政府的事权理论依据

学者	分权依据	权限归属
巴斯特布尔	技术原则	凡属复杂的支出项目应划归中央财政；一般的而又需要适时进行监督的支出项目归地方
	利益原则	凡属事关国家范围内的整体利益的支出，应划中央财政；而与地方利益有直接关系的支出归地方财政
	行动原则	行动需要一致的项目归中央；需要因地制宜安排的支出归地方财政
阿图·埃克斯坦	决策程序	需整体规划、综合评估长期决策的项目支出归中央财政；体现本地居民利益、偏好和习惯的须短期内进行决策的项目，归地方政府支出
赛利格曼	效率标准	规模较大的支出归中央财政；规模较小的支出归地方财政
埃尔文·费雪	外溢性	外溢性较大的项目归中央财政支出；外溢性较小的项目归地方财政支出

资料来源：孙开. 公共产品供给与公共支出研究 [M]. 大连：东北财经大学出版社，2006。

以上这些观点极大影响了西方各国政府间财政分权的理论与实践，使得各级政府的财政支出与其职责范围之间形成了密切的对应关系。以美国各级政府间事权财权划分为例，其中"P"代表主要权限，"S"代表次要权限，"N"代表无或微小权限，如表9-2所示。

表9-2 美国各级政府间权限划分

权限范围	联邦政府	州政府	地方政府
社会保障	P	P	N
高速公路	P	P	S
外交	P	S	N
国防	P	S	N
教育	S	S	P
卫生	S	S	P
交通通信	S	S	S
城市发展	S	S	P
财产保护	S	S	P
自然资源开发	S	S	N

根据财政分权理论，为确保农村公共产品供给各级政府间应该有明确的事权与财权的划分。凡是全国和全局性质的农村公共产品，应有中央政府负责提供，凡是有地方规模和地域限制的农村公共产品，应当由地方政府负责提供。我国于1994 年实施了以分税制为核心的财政管理体制改革，重新划分中央与地方的事权范围和收入制度。地方事权进一步扩大，但中央对财政的控制却更加集中。中央、地方之间事权与财权不对等的状况日益突出。国务院 2016 年 8 月发布《国务院关于推进中央与地方财政事权和支出责任划分改革的指导意见》，明确规定中央与地方财政事权和支出责任划分的总体要求是，要坚持中国特色社会主义道路和党的领导，坚持财政事权由中央决定，坚持法治化规范化道路，坚持积极稳妥统筹推进。划分原则是，体现基本公共服务受益范围，兼顾政府职能和行政效率，实现权、责、利相统一，激励地方政府主动作为，做到支出责任与财政事权相适应。在具体内容上，要适度加强中央的财政事权，保障地方履行财政事权，减少并规范中央与地方共同财政事权，建立财政事权划分动态调整机制等。此后，国务院相继颁发一系列法规文件，就财权和事权划分的原则、目标、具体内容等进行了规定，初步确定了八大类 18 项基本公共服务事项的划分范围、国家基础标准和支出责任分担方式，为中央和地方政府明确各自的事权和支出责任提供了具体参照。2018 年 2 月通过的《中共中央关于深化党和国家机构改革的决定》也再次规定：属于中央事权、由中央负责的事项，中央设立垂直机构实行规范管理，健全垂直管理机构和地方协作配合机制；属于中央和地方协同管理、需要地方负责的事项，实行分级管理，中央加强指导、协调、监督。但是，在具体实践中各级政府之间的财权和事权的问题仍然存在。在地方政府中，事权分配比例最高的是基层地方政府，但基层地方政府几乎没有任何的财权来支持工作，绝大部分都依赖于上级的划拨。这导致地方性农村公共产品资金投入缺口非常大。而村筹集到的资金根本不能满足农田水利、道路、教育、医疗卫生等基础设施建设的需要，农村基础设施的整体落后面貌很难改变，社会公共事业发展缓慢，农村经济社会不能全面、协调、可持续发展。因此，为确保农村公共产品供给，防止"缺位""越位""错位"，合理划分各级政府间的事权与财权十分重要。

划分各级政府间的事权与财权就是科学合理地界定各级政府提供农村公共产品的职能边界、职责和义务范围，明确区分政府间各自承担的供给责任，建立起中央、省、市、县四位一体的农村公共产品供给体制。由政府承担供给责任的农村公共产品及所需资金、费用纳入规范的财政预算体系，通过颁布相关法律法规，明确各级地方政府的供给职责，并制定有效的保障措施，有计划、有步骤地完成农村公共产品供给，以满足农民对公共产品的基本需求。按照公共经济学政府间财政权限划分理论及我国实际，各级政府间农村公共产品供给的事权与财权划分，其合理性的产生应遵循四大原则。

一是收益原则。但凡该项目的受益者，直接涵盖全国农村居民，或是农村居民中某一特殊群体时，该项目应由中央政府承担。如农村义务教育、农村社会保障、农村妇女权益等。以此类推，按照收益涵盖范围的大小分为省、市、县三级责任制。

二是外溢性原则。具有较强的外溢性特征且弥漫幅度跨省、跨市、跨县的农村公共产品，如道路建设、卫生防疫、区域水土治理、环境保护等。具有外溢性特征且跨省的农村公共产品供给由收益主体省级政府负责，中央政府行政协调，并根据其外溢弥漫度给予财政补贴。跨市项目，由收益主体市级政府负责，本省级政府行政协调，并给予适度补贴。跨县项目以此逐级分权实施。

三是技术原则。项目须整体规划通盘考虑，涉及跨行业、部门、区域协作，须整合社会资源、持续投资、合力完成的农村公共产品，如农业科技研究与推广、农村计划生育、自然灾害防范与拯救等，归中央政府负责地方配合。项目须短期决策，且在一定范围内与本级农村居民偏好、利益密切相关，短期投资、长期管理的农村公共产品，如农民职业培训、农村水网、电网建设等，按涉及行政区域范围分级管理。

四是规模经济原则。凡项目覆盖范围越广，惠及人数越多，其外溢性弥漫度越高，受益主体单位成本下降，易于实现规模经济的农村公共产品，如农民科技教育、农业气象、农产品交易信息传播等，属中央政府职责范围。项目投入成本随受益面积或单位的增加而增加的农村公共产品，如农村医疗、农业保险、农业信贷等，应按行政范围分属对应级别政府管理。

原则上各级政府间的事权与财权应该是对等的。各级政府在传递事权的同时，也应传递财权，政府财政转移支付就是财权传递的一种主要方式。因此，如何提高政府转移支付的效率，也是实现农村公共财政支出合理化的重要环节。

（三）提高政府转移支付效率

转移支付，联合国《1990年国民账户制度修订案》将转移支付定义为：转移支付指货币、商品、服务或金融资产的所有权由一方向另一方的无偿转移。转移的对象可以是现金，也可以是实物。政府转移支付指财政资源在政府间的无偿流动。政府转移支付有广义和狭义之分，狭义的政府转移支付仅限于政府的公共支出，广义的政府转移支付则还包括政府以无偿方式取得的财政收入，如税收。本章关于政府财政转移支付的界定是狭义的政府转移支付。"效率"则指转移支付的成本与收益的比例关系。政府财政转移支付体系建立，是以弥补财政的纵向和横向财政失衡，实现矫正辖区间外溢、促进区位效率以及解决事权与财权对称等要求为目标。政府转移支付的形式通常有三种，配套补助、专项补助和无条件补助。配套补助就是中央政府对地方政府实施转移支付时，要求地方政府拿出相应的配套资金。专项补助指政府转移支付指定了专门用途的拨款，不能挪为它用。无条件补助也称一般性补助，它既不要求地方政府配套资金也不规定投资方向，相当于政府间"赠款"。

我国农业税取消后，中央财政逐年加大了对"三农"的转移支付力度，但由于各项目配套改革相对滞后，致使政府间财政转移支付低效率问题突出，主要表现为：一是中央和地方政府间财权和事权划分不清，导致地方转移支付责任模糊。二是转移支付环节上资金分流现象突出，"见者有份""雁过拔毛""权力寻租"行为普遍存在，一项针对农村公共产品供给的转移支付，由于支付环节上资金层层分流，导致资金短缺，最终农村公共产品供给要么求质不求量，要么求量不求质。三是转移支付资金到达农村后，使用效率低下。到达县乡的专项资金，绝大部分用于平衡县乡财政预算，主要用于农业行政管理开支。四是财政转移支付监督的结构缺乏合理性。

提升政府间财政转移支付效率，应着重从以下四个方面着手：

1. 完善政府转移支付的配套机制

政府 1999 年出台《过渡期财政转移支付办法》，2003 年出台《2003 年一般性转移支付办法》，2014 年出台《国务院关于改革和完善中央对地方转移支付制度的意见》，逐步完善转移支付制度，但是 2015 年出台《中华人民共和国预算法》才首次对转移支付制度的组成、目标做了解释。明确财政转移支付目的是均衡地区间基本财力，下级政府有统筹安排使用一般性转移的权利。但是，为确保转移支付的目标效率实现，国家对转移支付应有更加明确的法律规范，法律文本中应明确阐明，政府转移支付的政策目标，接受转移支付的对象及相关权责，转移支付申请程序、监督内容和形式以及转移支付应恪守的原则等。关于转移支付的法律规范可以在地方财政基本法中规定，也可在预算法中规定，当然，最理想的是制定出《政府间财政转移支付法》。配套机制的另一重要内容，就是成立独立、权威的政府转移支付委员会，由各类专家组成，其主要职责是：转移支付政策研究、确定转移支付规模、转移支付分配提议、转移支付效果评估、科学计算转移支付以及建立政府转移支付决策数据库等。

2. 转移支付形式与农村公共产品供给政策目标对等

政府转移支付形式应以农村公共产品供给政策目标为依据。政府农村公共产品供给的政策目标大致可归纳为弥补次级政府财政缺口实现区域单位间农村公共产品供给均等化，鼓励提供外溢性特征明显的农村公共产品，增加政府凝聚力。政府间转移支付的形式大致也可分为三种，即一般性转移、配套转移和专项转移。现代财政学理论研究表明，转移支付在产生正效用的同时也会有一定的负效用。转移支付的效用，主要表现为收入效应和替代效应。这里的收入效应指中央财政转移支付会增加地方政府财政可支配数额，地方政府会因为得到拨款而放松开辟本身财源，进而影响地方经济发展。一般性转移比配套转移和专项转移具有更强的收入效应。替代效应指由于政府财政转移使地方政府提供给农村公共产品的收益增加，成本降低，这会使地方政府倾向于扩大农村公共产品供给，从而也增加了来自本身财政收入的那部分公共支出，造成预算规模的扩张。配套转移和专项转移会直接产生替代效应，它会导致地方政府在某一方面的公共产品支出不断增加，替代了其他方面公共产品的支出。因此，转移支付形式应与农村公共产品供给政策目标对等，方能兴利除弊，提高政府转移支付效率，如表9-3所示。

表9-3 转移支付形式、效用与农村公共产品供给政策目标对等

转移支付形式	政策目标	效应
一般性转移支付	弥补次级政府财政缺口实现区域单位间农村公共产品供给均等化	通过转移支付的收入效应，均衡因区域经济发展差异而产生的农村公共产品供给差异，如农村义务教育、农村社会保障等
配套转移支付	鼓励提供外溢性特征明显的农村公共产品	鼓励和引导地方政府提供具有利益外溢性的农村公共产品，如道路建设、区域水土治理、卫生防预等。但因该产品具有外溢性，受本位主义和地方经济发展影响，配套转移支付的替代效应将受制约
专项转移支付	增加政府凝聚力	充分体现政府政策意图，明确定位于增进政府的凝聚力，如自然灾害防范与拯救、农村医保、农村少数民族专项政策和产品等

3. 规范转移支付的计算制度

高效率的政府间转移支付制度应满足客观公正和稳定要求，规范政府转移支付的计算制度能够最好地满足这些要求。政府财政转移支付在战略层次上涉及的最重要问题是财政转移的数量以及如何合理配置。世界上许多国家如德国、加拿大等，对于该问题的解决是规范的计算制度。西方国家在实行转移支付时，支付数额的确定都要依据某种"科学标准"。首先，要找出对地方财政支出有影响的各种主要因素如人口、土地资源、人均生产值等，按其影响程度的大小确定计分标准。各个地方都要按照同一计算标准计算其分数，并以此确定地方财政支出水平。其次，再根据各地政府财政收入计算其"理论收入"数额。最后，根据两者的差额，算出转移支付的数量。由于所有的转移支付接受者均按统一的公式，并以统一口径的相关数据进行统一计算，因而得出的结果较为客观，有说服力。以规范的计算制度为基础的解决方法可以确保转移支付的相对稳定性。这种方法减少了转移支付中的盲目性和随意性，提高了效率，降低了人为因素的干扰和影响，有助于减少各种形式的"寻租"行为。从国际经验看，以科学的计算制度为依据的转移支付制度已逐渐发展成为规范性的政府间转移支付的主流模式。①

4. 建立完善财政转移支付的监督制度

财政转移支付属于公共资源的再分配环节，容易产生公共资金被挤占、截留或挪用等现象，甚至诱发腐败行为，尤其在转移支付规模扩大或是进行横向财政转移支付时，可能提高诱发违法行为的概率。因此，在没有出台《财政转移支付法》和《财政监督管理法》之前，加强对政府财政转移支付的监督管理是提升转移支付效率的重要手段。监督制度缺失是导致转移支付低效率的主要诱因，因此，应迅速组建和完善以政府监督为主体的多元结合的监督构架，建立健全监督信息系统，实现数据信息共享。真正实现政府财政转移支付的公平、公开、公正和效率。政府要对财政转移资金的全过程进行监督，主要涉及预算审查的事前监督、调查询问的事中监督和报告审议的事后监督等环节。在强调政府对财政转移支付进行过程监督的同时，还须特别关注政府及其职能部门的内部监督。如审计部门的监督。《中华人民共和国审计法》规定了财政资金的审计制度，自然也包括了转移支付资金，故而审计部门应对转移支付资金的划拨、使用情况等进行监督，以促进资金落实到位。此外，还需要增强社会公众监督。《中共中央关于全面深化改革若干重大问题的决定》指出，坚持用制度管权管事管人，让人民监督权力，让权力在阳光下运行，是把权力关进制度笼子的根本之策。财政转移支付虽为政府内部的资金转移，却始终与公众利益息息相关，公众是财政转移支出的最终受益者。政府可以将增强社会公众监督作为除政府监督之外的另一种财政转移支付监督的有效形式，通过公开政府信息、鼓励公众参与、畅通监督平台等方式进行。

---

① 马海涛. 财政转移支付制度［M］. 北京：中国财政经济出版社，2004.

第二节　农村公共产品供给决策的合理化

一、农村公共产品供给的决策主体、目标及特点

农村公共产品供给决策，指政府在现行政治经济的基础上，为了满足一定时期农村经济社会发展的目标而制定的农村公共产品供给活动的准则和内容。农村公共产品供给决策（以下简称"决策"）过程在很大程度上是一个政治过程，它涉及农村居民、政府、利益集团等多方利益主体。

（一）决策主体

决策主体又称决策活动者，指在供给决策的形成过程中，直接或间接参与其中的组织机构、团体和公众。农村公共产品供给决策主体的界定通常因供给项目和形式的不同而产生差异。因此，界定决策主体的衡量标准是，供给主体、利益相关者、直接参与。不同的决策主体在决策形成的整个过程中，具有不尽相同的运作方式和影响力度。而不同的国家政治制度、经济发展状况以及文化传统等因素也会对决策主体产生不同程度的影响。美国学者詹姆斯·E. 安德森在其论著《公共决策》中，从公共决策主体的身份特性出发，将其划分成官方决策者和非官方参与者。按照当前我国农村公共产品供给实际方式，农村公共产品供给决策主体亦可分成两类，即官方决策者和非官方参与者。

一是官方决策者。官方决策者主要指那些具有合法权力去完成农村公共产品供给决策的主体。主要包括立法机构、行政机构和司法机构，这些主体具有宪法和法律赋予的相应公权力，因此是农村公共产品供给决策最直接和最有力的参与者。我国的立法机构是全国人民代表大会及其常务委员会。从法律地位上看，全国人民代表大会至高无上，它在国家所有公共决策运行中所起的作用是无法替代的。立法机构为农村公共产品供给决策的形成提供定型化和具体化的法律依据。行政机构是公共决策运行中最具现实意义的主要执行者。我国的行政机构包括中央人民政府国务院各级地方人民政府。作为最高国家行政机构的国务院，它所享有的行政权力是多方面的，在公共决策的过程中行政机构与立法机构的作用方式和效力是不同的，行政机构更多的是着眼于决策的具体化、实现化，以及对立法机构没有涉及的空白领域做出某种必要补充。在我国农村公共产品供给实践中，行政机构的决策参与程度显然要高于立法机构。司法机构在公共决策中同样发挥

着不可低估的作用。在我国农村公共产品供给决策过程中，司法机构更多的是扮演监督者的角色，依法完成监督职能，并非真正农村公共产品供给决策的主体。

二是非官方参与者。非官方参与者也被称为社会力量，他们虽然不具备做出强制效力的决策权限，但仍是农村公共产品供给决策的重要参与者，在决策形成中各自发挥积极作用。在公共产品供给决策中常见的非官方参与者主要有公共产品供给非政府主体集团、公共产品供给受益集团、智库、传播媒体等。

公共产品供给非政府主体集团实质上就是利益集团。所谓利益集团是在利益倾向和价值追求上有共同性的个人所组成的团体或者团体联盟。在农村公共产品供给决策中按其价值追求和利益倾向可分两类，即公共产品供给受益集团和公共产品供给非政府主体集团。随着经济社会不断发展，政府在彰显社会公平目标的推动下，不断扩大公共领域活动范围，最终导致机构臃肿，效益低下，公共性财政支出日益增加。为缓解社会发展与政府财政不足的矛盾，政府部分职能社会化以及部分公共产品供给市场化倾向日趋明显。由此派生出的公共产品非政府供给主体不断增多。在公共产品供给中，公共产品供给非政府主体集团活动更加活跃，并得到社会的广泛认可。公共产品供给非政府主体集团定将在公共产品供给决策中扮演非常重要的角色。

在民主化社会中，公民的政治参与常常成为民主国家宪法的基本原则。公民参与决策过程是为了直接表达自己的利益与要求。农村公共产品的公共性特征，决定了公共产品供给的受益对象的群体性、公众性特征。因此，在农村公共产品供给决策系统中，所谓公共产品供给受益集团是公共产品供给的直接利益获得者的集合。在法治社会中，作为纳税人的公众对公共财政公共性收支状况具有充分知情权。在法律法规允许和规定的条件下，按照一定程序行使民主权利，参与与本身利益休戚相关的各类决策。公共产品供给受益集团正是与公共产品供给项目密切相关的公众的集合。随着民主化建设进程的不断深化，公共产品供给受益集团在公共产品供给决策中的作用和地位日趋明显。公共产品供给受益集团参与供给决策过程，不但是提高公共性财政支出的使用效率、防止公共性财政资金流失的有效方式，更是国家治理现代化的主要表现。

智库指由各种专家、学者组成的跨学科的综合性决策研究和决策咨询组织，各国均有这类组织，智库是一种形象的表述，智库在公共政策制定和决策形成中均发挥着重要作用。智库的成熟程度是衡量一个国家公共决策水平高低的重要尺度。单就农村公共产品供给决策而言，智库的主要职能体现：其一，以咨询者的身份提供农村公共产品供给决策建议。智库在经过系统、科学、规范研究农村公共产品供给问题的基础上，通过对农村社会调查研究，实现信息沟通、意见集中反馈，并在此基础上，为供给决策提供合法性、合规性、科学性的机制或模式。

其二，对农村公共产品供给决策进行监督、评估和总结。通过对现行决策进行监督检查和评估来评判利弊得失。其三，为农村公共产品供给决策的其他决策主体推荐和输送各类人才。

此外，信息时代，大众传媒也将成为公共决策中不可或缺的主体。大众传媒在当今社会中产生的影响力越来越大，甚至被称作是与立法权、行政权、司法权并列的"第四种权力"。大众媒体对农村公共产品供给决策的影响是借助"舆论控制和导向"对供给决策形成制约、监督。

农村公共产品供给决策究竟由谁做出？一般观点认为，政府作为协调各主体关系的公共权威性组织，又是农村公共产品的供给主体。因此，政府就是农村公共产品供给决策的主体。其他领域的主体只能通过不同的方式来间接影响政府，但最终的决策权仍归政府。但根据政府契约论，政府与民众是委托代理关系，在民主政治下，政府只是形式上的决策主体，或称其为委托决策主体，最终的决策主体是普通民众，以及从中形成的利益集团。笔者认为鉴于我国农村公共产品的特殊性，考虑交易成本与供给的时效性等因素，以及我国政府为人民服务的工作宗旨和执政党的性质，中国农村公共产品供给决策必然是由多元主体共同形成，任何一种单一主体的单向性决策都终将导致结果偏离农村公共产品供给决策的目标。

（二）供给决策目标

农村公共产品供给决策的目标，是通过供给决策所要达到的目的，它是供给决策的出发点和归宿，制约着供给决策从制定到实施的全过程。农村公共产品供给决策的目标主要集中体现在效率和公平两个方面，供给决策的合理化则包含着效率和公平目标的实现。首先是效率，供给决策的本质在于对稀缺的社会资源进行配置和分配，显然，效率必然是一个重要的经济目标。根据福利经济学的理论，帕累托最优是最高效率的体现，而帕累托效率本质是一种均衡效率，它在追求受益方利益最大化的同时，又确保非受益方的利益不因此受到损失，而在单一决策主体单向性的供给决策中，这种均衡效率几乎无法实现，因为任何一个单一决策主体都会将追求本身利益最大化作为供给决策的前提。在缺乏有效监督的状态下，这一特征表现得尤其明显。其次是公平目标，农村公共产品供给决策也追求效益最大化，与私人产品所不同的是其追求的是社会效益最大化。它追求的是整体效益，其间就暗含着公平思想。公平问题是市场经济在提高资源配置效率过程中的一种伴随现象，农村公共产品供给除了具有促进农业发展、增加农民收入的功能之外，还具有弥合区域间因经济差异而导致的国民待遇差异的功能，即再分配功能。

（三）供给决策特点

农村公共产品供给决策的目标，决定了供给决策必然具有以下特点：一是农村公共产品供给决策多主体性。农村公共产品的特点以及其受益主体的公众性，要求政府在形成农村公共产品供给决策时，要广泛地、深入地调查，积极听取各类决策主体，特别是非官方主体的意见。二是供给决策目的具有多样性。与市场经济主体追求单纯的经济利益不同，农村公共产品供给决策往往追求更多的目标，它包含着农村社会发展目标、农业经济增长目标、农村稳定目标、区域协调发展等公共目标。在农村公共产品供给决策过程中，既要按照国家社会发展总体目标，均衡供给决策的诸项目标，也要围绕区域特点，突出重点目标的实现。三是供给决策的执行具有时效性。时滞性通常是公共决策执行过程中不可避免的规律。因为，从问题的出现到转化成公共问题再到解决问题的供给决策形成、执行，往往需要一定的时间，而在这段时间内，各种因素又是不断变化的，当最初的公共决策不适应变化时，供给决策执行就达不到预期的效果。因此，农村公共产品供给决策执行应具时效性，避免时滞性。四是供给决策的实施在一定范围内具有重大的影响性。农村公共产品供给决策的执行结果对农村经济社会发展有着重大的影响，供给决策目的的关联性，决定了供给决策的实施必然是牵一发而动全身。例如，某区域农田水利基础设施建设投资的供给决策，常常会影响着该区域农业经济发展、农村居民个人生产性投资状况、农村产业结构调整等。

二、农村公共产品供给决策的非合理性

公共产品供给决策的合理性，直接影响着农村公共产品的供给数量、供给方式、供给内容及供给效率。现代决策理论认为公共决策系统是信息、参谋、决断和监督等子系统，这些子系统分工合作，密切配合，共同构成有机系统。而我国目前现行地方政府农村公共产品供给决策机制仍是行政命令式的决策机制，有着浓厚的传统公共行政的规则取向。在我国特殊的农村发展背景下，形成了独具特色的农村公共产品供给单向性决策机制。比照公共产品供给理论，笔者认为当前我国农村公共产品供给决策的不合理主要表现为以下五个方面：

第一，决策的"强权"特性明显。需求主体对公共产品的需要，应当是根据当地的资源实际状况，并以对自己所从事的生产、生活有用为前提的需求。然而我国农村公共产品供给，普遍采用自上而下的决策机制，其数量、种类等情况大都是由政府决定。政府在做出决策时并不完全了解农民的真正需求。需求主体多数都只是被接受政府的供给。在沟通机制不完善的前提下，各级政府部门特别

是基层政府部门，为了能够完成工作指标和工作任务，形成所谓"便捷""高效"决策机制，完全忽略了"民意"程序。农村公共产品供给决策机制模式完全遵循单中心论。公共产品供给决策是由政府单方面形成，而非与需求主体协商完成。为了追求效率，地方政府以自上而下的行政命令决策方式来供给农村公共产品，这种方式的优点在于速度快、执行容易。而需求主体本身受小农经济、"搭便车"心理影响，没有积极参与的意识。政府提供什么，就被动接受什么，这就造成农村公共产品供给结构的失衡。

第二，决策执行主体权责模糊。发达国家由于其市场化程度高，由非政府组织提供农村公共产品行为较多。而我国受社会主义经济性质和市场化程度影响，农村公共产品供给主要依赖政府，政府是农村公共产品供给的主体。农村公共产品供给决策主体主要由中央政府、地方各级政府（省、市、县、乡镇四级）和村民自治委员会构成。我国农村公共产品供给由各级政府联合执行，共同完成。因此，从中央到地方各级政府都有许多相同的供给责任，如教育、科学、医疗、卫生、社会保障等，但对于各层级政府在供给责任上的具体划分，至今仍未形成系统、明确的规制。按照现代公共财政理论，全国性的公共产品应由中央财政负担，地方性的公共产品应由地方政府负责。但由于受"分税制"财政体制和农村公共产品多样性、区域性因素影响，各级政府，尤其是上一级政府把农村公共产品供给事权层层下放，而自身则逐渐退出农村公共产品的供给领域。所以，基层政府必然成为农村公共产品的主要供给主体，这导致基层政府特别是乡镇政府的事权大于财权，承担了大量本应由上级政府承担的供给责任。同时，同级政府各部门间决策权交叉混乱。对农村公共产品供给方案做出决策时，可能出现不同的决策主体，或是可能对同一问题出现不同的决策命令，其后果必然是有利于需求主体的或是最合适的农村公共产品供给决策难以得到落实。出现问题时，各主体则互相推卸责任。此外，政府不断鼓励非政府组织参与农村公共产品的投资中，同样，因没有对这些主体进行明确权责定位，这些参与者的权利得不到认可和保障，在很大程度上降低了非政府组织投资的积极性。

第三，决策者"价值偏好"明显。按决策理性模型，认为实现决策最优的条件之一是将决策行为视为整体行动而非群体行为，因为是整体，才会有一致性的价值判断，如果是群体就会出现群体"价值偏好"。正如上文所述，在我国农村公共产品供给决策中，政府是单一决策主体，决策容易受决策者"价值偏好"的影响，布坎南认为在政治市场中，政治家是"经济人"，其也在追求利益的最大化。当决策者的"价值偏好"以政治利益为主要驱动力时，围绕上级政绩目标、经济利益的行政行为就成为了必然，决策者的"价值偏好"就容易取代群体价值甚至整体价值。在农村公共产品供给决策中，决策者以"己"之需要确定人、财、物的走向，已不是个别现象。

第四，决策信息不完全。决策理性模型认为决策信息完全是实现决策最优的条件之一。决策信息完全的基础是信息沟通机制完善，即信息收集、信息处理、信息披露等制度的完善，完善的信息沟通机制能使公众的意见及时反馈到决策机关，同时使决策机关的政策目标等信息迅速准确地传达给政策执行机关和公众。我国信息流通中存在着许多缺陷，如信息不对称、知识不完备以及获取信息渠道不畅通等问题，这使农村公共产品供给决策处于"无知"的杂乱状态。需求主体无法获取信息，而公共决策者们由于信息垄断，与外界的沟通产生障碍，导致信息反映失真、缺失，决策信息不完全性易导致决策失误。决策者仅凭借本身"价值偏好"、经验知识和整体趋势等因素进行农村公共产品供给决策，必然会导致供给结构失衡。原因在于农业的生产周期较长，农产品价格受自然条件以及市场变化的影响大，因此，决策信息不完全给农业造成的影响要比决策信息不完全给工业领域造成的危害更大。

第五，决策监督乏力。决策监督是现代决策理论体系中的重要环节，贯穿决策形成、决策实施和决策评价的全过程，是决策完成的基本保障。当前我国行政监督形式主要有内部监督和外部监督两种。然而内部监督面对政府及职能部门做出的农村公共产品供给决策时，因其目标的多重性、评价标准的多样化以及实施效果的滞后性，使内部监督显得无力。外部监督应是农村公共产品供给决策监督的有效模式。实际上，尽管外部监督的形式多样，但却没有发挥有效的监督、反馈、控制和协调作用。由于决策监督乏力，导致决策程序虚化，政府对农村公共产品的投入和设置的专项资金被挤占、侵吞使得农村公共产品的实际供给与计划供给存在着巨大落差。决策监督乏力使决策效果预期和决策实际效果差距过大。

三、农村公共产品供给决策的科学化、民主化和法制化

科学化、民主化和法制化是农村公共产品供给决策合理化的主要体现，首先，农村公共产品供给决策的科学化，高效的农村公共产品供给来自正确的供给决策，而正确的供给决策的制定必须建立在科学的基础之上。在各类复杂因素的影响之下，要做到供给决策制定的科学化，必须做到以下三点：

一是树立正确的决策思想。农村公共产品供给决策实质上也是一种选择，选择以判断为基础，正确的判断标准和判断目的是正确选择的前提。而判断标准和判断目的确定与人的价值观、世界观、责任心、进取精神等因素密切相联，因此，决策主体在进行供给决策时，必须树立正确的决策思想，实事求是，量力而行，以服务大众为目的，才能超越错综复杂的经济现象，做出科学的选择。

二是依据正确的经济理论和客观现实,获取充分的决策信息。正确的经济理论反映了客观经济规律要求。依据正确的经济理论,通常会对国民经济产生有利影响。同时要立足客观现象,从中全面地了解、收集和掌握有关的政策信息,农村公共产品供给问题本身的历史、现状和未来的发展趋势等,从而为信息加工提供资料。在信息收集完毕后,还要对信息进行客观的和有目的的加工处理,去伪存真、去粗取精,从中筛选出有价值的信息。

三是遵循合理的决策程序,采用科学的决策方法。科学的决策程序是制定科学的正确经济政策的主要保证。因此,农村公共产品供给决策的制定不仅要有科学的决策依据,还要按照科学的程序进行。农村公共产品供给决策作为具有一定法律约束力的社会行为规范,在很大程度上是一种行政性、政治性的工作,按现行的规定和实际做法,一项经济政策的制定要遵循以下程序:调查情况、提出问题—确定目标—论证和选择方案。

总之,农村公共产品供给决策的制定只有在遵循了科学的规范的程序时,才能从根本上避免盲目决策和错误决策,关于决策的方法主要有:比较分析、归纳分析、定性和定量分析、系统分析和试点分析等。

其次,农村公共产品供给决策要体现民主化,供给决策的民主化原因,本章在"农村公共产品决策主体,目标及特点"以及"农村公共产品供给决策的非合理性"中均已阐明。实现农村公共产品供给决策的民主化,须做好以下工作:

第一,决策过程民主化。在农村公共产品供给决策的过程中,政府要有明确的定性定位,政府只是在执行农村公共产品供给决策,而不是包办。这要求政府在设计农村公共产品供给决策时,首先,遵循一定的程序,不但要有制度化的决策程序,还要科学地分配决策权,防止决策的单向性和随意性。其次,决策过程公开化。由于农村公共产品供给决策的制定和执行是一个多主体共同参与的政治、经济活动,要求整个过程要有较高的透明度,包括决策听证会、农村公共产品供给的预算及决算情况、公众监督检查。反之容易导致农村公共产品供给的低效率。因此,供给决策过程的民主化十分重要,只有认同农村居民的供给决策主体地位,并通过制度化的渠道表达农村居民的意见,甚至一些重大的供给决策直接由农村居民做出,这一问题才能得到根本解决。

第二,供给决策权力分散。决策分权是实现经济民主决策的必要条件,因此在农村公共产品供给决策中,政府通过还权于民,实现供给决策权分散转移,即由政府单向性供给决策转为由利益主体共同决策的多向性决策。

第三,打破垄断促进竞争。政府对农村公共产品的垄断性供给降低了供给效率。要改变这种状态,引进市场竞争机制是一种有效方法,通过投标、遴选、评估、决策、督促等市场竞争方式,为农村供给更多的优质价廉的公共产品。公共选择理论认为，要想真正实现经济决策的民主化，还需要通过法律法规来约束公共产品供给决策的制定过程。

最后，农村公共产品供给决策实现法制化。决策法制化指以国家的宪法和法律、法规为依据，本着体现人民意志、反映决策过程规律的原则进行决策，并使决策者的权利和行为受到法律法规的约束和保护，同时受到公众的有效监督。供给决策法制化也是实现供给决策民主化和科学化的保证。供给决策法制化的实现，应做好以下三个方面的工作：

一是完善供给决策规则，理顺决策主体关系。通过完善供给决策规则，理顺各个决策主体，即政府、农村居民和利益团体的决策权限和决策范围。防止出现决策主体的越权行为或缺位现象，为解决决策主体之间的矛盾提供法律依据。

二是决策程序法制化。所谓决策程序法制化就是将农村公共产品供给决策过程中最重要的步骤、程序以法律法规的形式确定下来。其目的是防止供给决策被少数利益集团俘获。实践中通常应加以规范的程序包括：供给决策调查程序、供给方案设计程序、供给决策可行性论证程序、社会交流程序、供给决策合法程序等。

三是有效运用供给决策监控系统。在我国当前法治建设尚不完善的情况下，要充分发挥供给决策监控系统的作用。供给决策监控系统包括内部监控和外部监控。内部监控是通过内部的纵向监控和横向监控，即上下级之间与平级部门之间的权限、职责范围的互相反馈、互相制约完成。外部监控方式灵活多样，有公众信访、电访，媒体监督，网络监督，非营利组织监督等。决策法制化还要求，保护供给决策监督主体的言论自由、监督与批评的权利，遏制对监督主体的打击报复行为。

科学化、民主化和法制化是农村公共产品供给决策合理化的主要表现，三者密不可分，法制化是决策合理化的前提，民主化是基础，科学化是核心。

第三节　农村公共产品质量监管机制的合理化

一、农村公共产品质量的缺失

何谓公共产品质量？国际标准化组织将质量的定义修改为：一组固有特性满足要求的程度。这一定义既反映了要符合标准的要求，也反映了要满足顾客的需要。借鉴 ISO 质量体系中质量的定义，公共产品质量可概括为：公共产品具有的功能性、实用性、安全性和满意度等特性的总和，并具有广泛性、综合性、动态性、系统性、同一性的特点。综合公共产品的属性和分类、公共产品质量的实现，主要涵盖产品质量、过程质量、社会质量等方面。

农村公共产品质量是农村公共产品供给的核心内容，然而从当前我国农村公共产品的决策、供给和管理等环节来看，存在着诸多影响产品质量的因素。首先，农村公共产品供给不足、城乡之间的公共资源配置差异，使农村公共产品供给总量不足的问题更加突出。政府公共产品供给均等化的理念和乡村振兴战略的实践，必然敦促各级政府增加农村公共产品供给，这种状况很容易使农村公共产品供给陷入"数量陷阱"，即一味追求供给数量而忽略供给质量，尤其是在公共性财政支出资金有限的情况下，农村公共产品供给更容易跌入"数量陷阱"。缺乏质量保证的农村公共产品供给会导致农村公共产品使用低效、难以可持续、公共资源浪费等，所以，政府虽然提供部分公共产品，但是由于质量低下，还是无法满足农业生产和农民生活需要。农村教育中，滞后的教学模式也会对被教育对象的认知水平、价值观的形成等产生负面影响。其次，单向性的供给决策极易导致农村公共产品供给与实际需求失衡。农村公共产品质量界定为，一组固有特性满足要求的程度。因此，政府等各类农村公共产品供给主体提供的产品，如果不具备满足农村公共需求的属性，从农村公共产品供给质量的角度，该类产品亦可被视为农村公共"次品"。最后，农村公共产品供给管理的缺失导致农村公共领域的公共产品消费成为"消废品"市场。由于当前农村公共产品供给缺乏规范、系统、合理的管理和监督，在公共项目建设上材料的使用、施工标准以及项目完成工期等方面，基本上由政府等各类供给主体自主决定和监管，或委托代管。监管漏洞使农村公共产品供给领域成为不法商贩的便利市场，甚至成为某些供给主体的"走秀场"。

综观当前农村公共产品质量的缺失，综合表现为以下三点：

（一）农村公共产品功能不齐全

关于产品的概念一般被理解或表述为：由劳动创造，具有使用价值和价值，能够满足人类需求的有形物品。但是在现代市场营销学中，产品概念具有极其宽广的外延和深刻的内涵。产品指能够通过交换满足消费者或用户某一需求和欲望的任何有形物品和无形服务。有形物品包括产品实体以及各类物质特色和特征。无形服务包括产品消费给顾客带来的心理满足感、信任感等。以美国现代营销学家菲利普·科特勒为首的北美学者通常从五个层面来表述产品整体概念，即核心产品、形式产品、期望产品、延伸产品、潜在产品。

套用现代营销学关于产品的整体概念，农村公共产品的核心产品指的是农村公共产品满足公共需求的基本效用或利益，主要是农村公共产品的使用价值。形式产品指农村公共产品存在的具体基本形式。期望产品是农村居民使用者在使用农村公共产品时期望得到的与产品密切相关的一整套属性和条件。例如，农村敬老院的老人期望得到清洁的床位、便利的生活设施以及悉心呵护等。延伸产品是农村居民在使用农村公共产品时，附带获得的各种利益总和。例如，居民在入住农村规划社区之后，希望获得的社区环境、社区服务、人际交流便利等方面的利益。潜在产品是农村居民使用农村公共产品之后，可能产生的或可能发展成为未来最终产品的潜在状态的产品。例如，农村居民对接受教育、培训的预期价值。

从产品整体概念的视角出发，农村公共产品质量也应是农村产品整体概念的综合体现，即农村公共产品整体概念五个层次的系统体现。农村公共产品供给中产品整体概念的缺失，亦可视为农村公共产品整体功能的缺失，也是产品质量的缺失。简言之，农村公共产品功能就是农村公共产品所具有的满足消费目的所具备的技术特征，它是产品整体性概念的基本体现。农村公共产品功能不齐全体现在乡村医疗卫生设施、农民培训、农村社会保障、农业技术推广网络，还有一些集中体现在农村公共服务项目中。受资金和缺乏市场竞争等因素的影响，部分产品有名无实，无法解决农民实际问题。例如，乡村医疗卫生所建设。初始效果明显，极大地解决了农村看病难的问题。然而，随着居民日益增长的医疗要求与乡村医疗资金不足、管理不善、设备陈旧、技术粗糙等矛盾的凸显，现如今大多乡村医疗卫生所人散屋破，形同虚设，出现"政府不管，市场不要"的局面。

（二）农村公共产品有效性不强

效度作为测评事物有效性的概念，被质量管理系统广泛使用。所谓效度指测量工具或手段能够准确测出所需测量的事物的程度。简单地说，效度就是所测量的结果反映预期目标的程度，测量结果与预期目标越吻合，效度越高；反之，则效度越低。效度分为三种类型：内容效度、准则效度和结构效度。在产品质量管理系统中，产品效度高低的测评主要依据产品的内容和结构与预期目标吻合，且满足消费者需求的程度。然而，农村公共产品的公共性消费特征完全不同于私人产品消费，公共产品有效性不能简单套用产品效度的评测理念，农村公共产品的公共性消费特征使公共产品的效度测评或有效性测评必然包含公共性特征，即公共产品的有效性不能只体现在少数人的需要满足上，而是应体现在多数社会成员的需要满足上。因此，按农村社会公共需要来确定提供农村公共产品才符合公共产品的有效性原则。事实是，如前文所述，由于农村公共产品供给决策的供给主体决策单向性，致使多数社区农民在农村公共产品选择决策上并没有"话语权"。同时，因为农村公共产品供给效益的衡量受度量方法、社会贴现率等诸因素影响，致使许多农村公共产品供给效益难以在量化后加以衡量、评价。如果在农村公共产品供给机制民主程序不健全的状态下，供给主体决策者或代理决策者的个人偏好会影响农村公共产品供给结构或供给内容。在实际的农村公共产品供给内容中，不乏许多表面上满足和提升农村公共需求，实质上是体现供给主体业绩的各类"形象工程"。因此，农村公共产品供给如果不能满足农村居民主体的公共需求，即可被认定为公共产品供给有效性不足、质量缺失。

（三）农村公共产品主要体现为农村基础设施的安全系数较低，产品生命周期短

安全系数高低是产品质量测评的重要指标。所谓安全系数通常指进行土木、机械等工程设计时，为了防止因材料的缺点、工作的偏差、外力的突增等因素所引起的后果，工程的受力部分实际上能够担负的力必须大于其容许担负的力，两者之比叫作安全系数，即极限应力与许用应力之比。在社会科学的研究中，安全系数有时也指事物的安全、可靠程度。产品安全系数的高低决定着产品安全性高低。产品安全性就是受伤害或损坏的风险被限制在可接受水平的状态。通常产品质量标准都有一个允许波动公差范围的上下界限值。只要质量特性值的波动在公差范围内，就可以认为是安全的。农村公共产品安全性较低，主要是因为人们认为农村公共产品是由政府"免费提供"的（实际上按现代公共产品理论，税收被认为是公共产品的价格，因此，并非政府"免费提供"）。因此，公共产品质量的测评，百姓无意或无权过问。加之由于缺乏民间技术监测或民主监督，必然导致"豆腐渣工程"和劣质农村公共服务的普遍存在。所谓公共产品的生命周期，是公共产品从投入开始，经过长期使用，直至衰退期的过程。其主要内涵体现在公共产品的质量从有效用到无效用渐变，直至效用完全丧失。因受缺乏市场竞争、专业管理监管、维护资金等诸多因素影响，许多农村公共产品生命周期短。例如，农业水利设施老化失修，农村电网老旧、电压不稳，塑料水管易藏垢、易破裂，乡村道路路面常常是"新建第一年光脸、三年后麻脸、五年后没脸"。显然，劣质的材料、非标准的施工程序以及失范的管理等因素是导致农村公共产品生命周期短的主要原因。

加强或完善农村公共产品质量监管体系无疑是防止农村公共产品质量缺失的最有力保障。但是，实际上在政府采购模式下，由于信息不对称、监督评估机制不健全以及公众参与监管意识不强等原因，导致公共产品质量监管体系建设困难重重。

二、农村公共产品质量监管的困境

（一）信息不对称

在农村公共产品供给的过程中，主要涉及购买者、生产者和消费者三方主体，在监督体制的链条中，三方都是不可或缺的参与主体。多元主体参与监督体制的一大困境是信息不对称问题。信息不对称不仅会增加监控难度，而且会导致监督盲区的存在。

首先，购买者与生产者之间的信息不对称增加监控难度。在政府购买农村公共产品的过程中，代理方是农村公共产品的生产者，作为一种"经济理性人"，基于其自身的利益需求，往往会追求低成本、高利润的目标。由于政府不能完全直接参与生产者提供农村公共产品的过程，也就无法全面监控代理方的供给产品情况，这种委托—代理关系下的信息不对称极大增加了监控难度，也增加了购买风险。其次，购买者与生产者之间的信息不对称增加信任成本。委托—代理关系中信任成本的增加，容易形成购买行为"内部化"。与政府关系较为密切的体制内社会组织更有可能中标，垄断性购买附带的寻租行为风险增加。最后，信息共享机制不畅通增加监督难度。信息共享机制不畅通问题存在于政府内部之间、政府与公众之间和政府与社会组织之间。信息透明度和共享度的不对称导致购买公共产品监督受到一定阻碍。

（二）监督评估机制不健全

政府购买农村公共产品的模式，意味着政府由以往的提供者转变为管理者和监督者。从承办方的选择到合同内容、执行再到后期评估、付款等各个环节，每一个环节都存在一定的风险，所以，如何进行采购过程监督成为决定公共产品质量的关键。但是，目前我国尚无一套完备的监督评估机制。其中，尤为突出的两个方面是系统性法律监督制度缺乏和第三方评估机构发展和引入不足。

1. 系统性法律监督制度缺乏

监督落地的关键在于法律依据的存在，系统性法律监督的健全程度直接决定了监督效果。政府在购买农村公共产品的过程中仅依靠合同进行监督和约束，因合同的权威性弱于法律，所以会导致约束力不足和风险增加。合同作为一种契约形式，其效力是短期的，而法律作为一种制度，效力和权威都高于合同。虽然政府购买公共产品的法律法规体系已经初步成形，为政府购买农村公共产品监督体制的完善提供了客观标准。但从现有的法律规范来看，我国尚未形成一套专门的、独立的政府向社会组织购买公共产品的法律规范。一方面，有关政府购买公共产品的相关法律规范都涵盖在其他法律制度中，缺乏独立性和针对性特征。例如，作为政府向社会组织购买公共产品重要依据的《中华人民共和国政府采购法》，其中涉及了政府购买公共产品的一些法律规定，但内容尚需要细化，条例还需要完善，应用在实践过程时存在很多争议。另一方面，法律规范之间存在重合性和冲突性。重合性主要体现在中央和地方层面，冲突性主要体现在不同地方之间所制定的法律规范中。当政府购买公共产品跨地区时，遵照谁的法律规范就会出现困境。

2. 第三方评估机构发展和引入不足

在涉及对社会组织监督的过程中，政府有其自身的缺陷，政府缺乏专业人员和专业技术对社会组织进行监控的能力。第三方评估机构作为一种外部的制衡机制，它可以保证评估过程的客观性，弥补传统模式中政府进行自我评估的诸多缺陷，因而，第三方评估机构在监督评估机制中是必要而有效的重要一环。我国很多先进地区已经开始注重将第三方作为重要的外部监督完善评估体系，但总体来说，第三方评估在政府购买公共产品的监督体制中仍然处于起步阶段。

（三）民众参与监督意识薄弱

农村居民作为公共产品的消费者和监督体系的重要一员，其监督位置和功能对政府购买公共产品监督机制的发展至关重要。但目前的总体状况是农村居民参与监督意识薄弱，对政府购买公共产品的监督缺乏积极性。究其原因，主要有两个方面。

首先，农村居民对政府购买公共产品的监督理念滞后。政府向社会组织购买农村公共产品的供给模式与传统模式差异较大，农村居民对其认知度和认同度还不够。相应地，农村居民对政府向社会组织购买公共产品的监督意识也必然具有滞后性特征。其次，农村居民对政府向社会组织购买公共产品的监督方式和渠道匮乏。监督渠道主要有满意度调查、代表座谈会和投诉三种主要形式。一方面，监督渠道较少，并且政府与大众之间缺乏直接沟通渠道。直接沟通渠道缺失导致农村居民若想反映问题会耗时耗力，从而就会出现不愿意监督或者"搭便车"思想。另一方面，目前的监督很多时候流于形式，从而无法起到真正改善农村公共产品质量的目的。

三、健全农村公共产品质量的监管机制

（一）促进形成多元主体参与监督的格局

农村公共产品供给过程中的监督机制应该以责任为基础，建立风险管控框架

体系。政府、社会组织和公民三方主体形成多元监督格局。

1. 明确政府职责并强化内部监督

在政府向农村提供公共产品过程中，由于职责划分不明确、法律责任不清晰、公共产品需求定位不准确，从而很容易出现政府提供的公共产品并不完全在其职责范围内，容易出现责任转移现象。明确政府职责并强化内部监督是完善政府提供农村公共产品质量监督的前提。

首先，厘清政府职责范围，以绩效型模式管控政府行为，增强政府责任意识。绩效型模式称为"结果导向型管理"，这种体系指政府将重点放在政府行为的最终效果和花费上，借此来决定支出并评价支出的效果。绩效型模型意味着为结果付费，绩效结果与农村公共产品质量直接相关，这会促使政府高度负责，而且能够增加政府与其他主体之间的合作关系和信任度。其次，加强政府内部监督。加强政府内部各部门之间的制约力度，能比较有效地控制在提供公共产品过程中诸多弊端源头，起到农村公共产品供给行为偏离实际需求的行为走向正轨。政府内部监督要实现监督者和执行者的分离，明确权责清单。

2. 拓宽公众参与监督的渠道形式

公众作为公共产品的受益者，也是质量监督体制链条中的重要一员，目前我国公众关于公共产品质量的监督意识薄弱，在加强宣传的基础上同时需要拓宽公众参与监督的渠道形式和平台，为公民维权和履行监督职能提供基本通道。

第一，在政府和公众之间建立申诉渠道，完善政府反馈制度。第二，常态化座谈会制度和满意度调查制度。通过座谈会和满意度调查及时评估公共产品质量。第三，建立监督专家库制度。专家比一般公民的专业知识更为丰富，能更好地发现问题，并提出相关建议。第四，建立听证会制度，借助新闻媒体提高公民监督公共产品质量的效果。

3. 发挥专业第三方监督组织作用

第三方监督组织可以弥补政府监督的不足，对承办方、购买方、购买过程进行客观评估。第三方监督组织应该具有独立性、专业性和权威性三个特征。一方面，第三方监督组织不应受制于政府，同时不受承办方社会组织影响和干扰。另一方面，第三方监督组织构成成员需要具备专业性、知识性和技术性，从而能保证评估的针对性、科学性和可操作性。我国目前需要培育真正意义上的专业第三方质量监督组织，促进第三方质量监督组织的发展，从而保障公共产品质量。与发达市场经济国家相比，由于我国目前的社会组织发育并不成熟，为了形成专业的第三方组织，政府要借助于优惠政策培育社会组织的创新发展，引导社会组织在社会治理方面发挥其功能和作用。

（二）实现从购买到反馈的闭合式监督

随着市场经济的不断发展，政府通过政府采购，为农村提供公共产品的频率增加。政府采购中要逐步实现从购买到反馈的闭合式监督，这样才能保障公共产品质量。

1. 购买前期信息收集的透明性监督

政府购买公共产品的前提在于明确"买什么"。政府购买公共产品内容的确定途径在于有效信息的收集和相关方案的充分论证。第一，需求信息收集。购买前需要借助社会调查、信息公开制度了解大众的实际需求，让民众参与其中。政府要建立包括大众参与和专业组织评估的决策机制，确保政府购买的公共产品项目符合公众的实际需求。第二，评估信息收集。购买前需要借助第三方专业机构分析购买可行性，让社会组织参与其中。第三，成本信息分析。购买前需要制定详细的预算规划，并通过专家制定、听证会制度进行论证，让专家参与其中。

2. 购买中期代理方选择的公平性监督

政府购买公共产品的关键在于"谁提供产品"。政府购买公共产品承办方的选取成为监督的核心环节，为了避免垄断现象，购买中期代理方选择监督就变得至关重要。为了保证公平性，第一，制定严格的资格审核制度。由专门的专家委员会或者专业机构进行审核，不符合资质的承办方不能进入竞争环节。政府可以设置专门的专家库组织，定期给予培训，保障专家的权威性和能力性。第二，完善投诉反馈制度。在代理主体竞选过程中，公众和竞选组织可以直接进行投诉。第三，规范化招标制度流程。严格要求竞标组织按照流程操作，以保证竞争的透明性。

3. 购买后期公共产品质量的反馈性监督

政府向社会组织购买公共产品的主要目的在于引入市场机制以提高效率，节约成本，但这一行为不能理解为一种简单的市场交易行为。为社会大众完成一个好的交易行为并不取决于签订一个合同，而主要取决于从始到终整个过程中对合同的管理。效率不是这一行为的核心衡量标准，公平、责任、平等是政府购买行为的重要衡量标准。因此，公共产品质量才是政府购买公共产品的最终目标。第一，定期进行满意度调查。通过问卷调查、个人专访、暗访等形式客观了解公共产品质量。第二，充分发挥第三方专业评估机构作用。针对购买的公共产品进行阶段性、全方位评估。第三，提炼公众通过各种渠道反馈的建议和意见。定期总结问题，有针对性地提高公共产品质量。

（三）构建完备的质量监督评估体系

质量监督评估体系是农村公共产品质量监督的重要内容，主要包括法律法规、配套监督制度以及项目评估评价机制。

1. 健全法律法规监督制度

一套完备成熟的监督评估体系能顺利运行的关键在于有法可依。我国政府向社会组织购买农村公共产品风险控制机制体系的建立、制定相关的法律法规并同时发展社会组织，这是政府购买公共产品风险防范的关键。首先，制定统一的政府购买公共产品法。明确政府购买公共产品的内容、购买原则、购买程序、监督、救济、承接主体资格、中央与地方购买权限等具体细则。其次，完善产品质量监管制度。监管制度的建设可以细分为三个方面，即关于承接主体的信息报送制度；专业第三方审计评估制度；公民参与监督制度。

2. 加强配套监督制度建设

配套监督制度建设是构建完备监督体系的重要补充措施。首先，完善政府购买中的救济制度。政府采购的救济制度主要指在购买公共产品过程中，参与主体的合法权益在受到侵害时，为了确保权益主体利益，通过法定程序对受害主体的合法权益进行救济的制度，目的在于鼓励市场参与，同时保证实施项目的独立性，是项目质量保障的重要方式。目前我国没有独立的政府购买公共产品救济制度。其次，健全信息共享公开制度。信息共享公开的目的在于将农村公共产品供给过程置于整个社会的监督与约束之下，公共产品供给信息透明制度需要将供给内容、经费预算、承办方资质、供给流程等所有信息通过各种途径进行共享。最后，确立监管问责制。一方面，加强对农村公共产品承办主体的责任问责，防止机会主义行为；另一方面，加强政府问责，防止权力滥用。

3. 完善项目评估评价机制

政府在通过政府采购提供农村公共产品过程中，为保障购买的公共产品质量并防止寻租链条的形成，需要对政府购买公共产品的整个过程进行风险监控和质量监督。健全系统的评估评价机制是完善政府购买公共产品的重要影响因素，也是完善政府购买公共产品监督机制的重要一环。政府购买公共产品评估评价机制主要围绕指标体系和创新政府购买公共产品评估机制两个方面展开。

首先，在遵循效率性、公平性、公益性和经济性的原则下，细化公共产品评估指标体系。评估指标体系从内容来说主要包含以下方面：一是成本评估，即政府投入/预算指标体系。具体包括人力投入、政府透明化程度、信息化程度、财力状况等指标内容。二是承办方资格审核，即社会组织提供公共产品的能力指标体系。具体包括承接主体人员的综合水平、承接机构的等级、承接机构的信誉度、承接机构的专业度、承接机构的认可度、承接机构的软硬件设施情况等指标内容。三是公共产品质量检测，即公共产品满足公众的需求指标体系。除前文所述的公共产品本身的功能性、有效性、安全性外还应包括经济性（是否节约成本）、效果性（公众的期望满足度）、效率性（工作水平）等指标内容。其次，创新政府购买公共产品评估机制。主要包含两个方面，一是建立专门的社会公众监督平台。为了保证政府购买公共产品的公平性和透明性，提高政府社会公信力和服务绩效，政府要建立专门的社会公众监督平台，设置多元化的公众监督渠道和形式，保证公众能全过程地参与和监督整个公共产品购买过程，以充分发挥社会大众的监督功能。二是建立或者引入第三方评估机制。分类别、分维度、分内容、分层次和分环节地客观评估政府所要购买公共产品的质量性、效率性、公平性、服务绩效性。

参考文献

[1] 把乡村振兴战略作为新时代"三农"工作总抓手 [N]. 人民日报, 2018-09-23 (001).

[2] 白雁. 中国人民政治协商会议共同纲领 [M]. 上海：联益出版社，1950.

[3] 陈林. 统分结合, 三位一体. 习近平的"三农"情怀 [J]. 人民论坛, 2013 (13): 36-38.

[4] 邓小平文选 (第2卷) [M]. 北京：人民出版社，1994.

[5] 邓小平文选 (第3卷) [M]. 北京：人民出版社，1993.

[6] 费孝通. 论人类学与文化自觉 [M]. 北京：华夏出版社，2004.

[7] 费孝通. 乡土中国·生育制度·乡土重建 [M]. 北京：商务印书馆，2011.

[8] 冯海发. 推动乡村振兴应把握好的几个关系 [J]. 农业经济问题, 2018 (5): 4-7.

[9] 顾洪章. 中国知识青年上山下乡始末 [M]. 北京：中国检查出版社，1997.

[10] 国家统计局. 伟大的十年 [M]. 北京：人民出版社，1959.

[11] 韩长赋. 用习近平总书记"三农"思想指导乡村振兴 [N]. 学习时报, 2018-3-28 (001).

[12] 韩长赋. 中国农村土地制度改革 [J]. 农村工作通讯, 2018 (Z1): 8-19.

[13] 韩俊. 新中国70年农村发展与制度变迁 [M]. 北京：人民出版社，2019.

[14] 韩鹏云. 乡村公共文化的实践逻辑及其治理 [J]. 中国特色社会主义研究, 2018 (3): 103-111.

[15] 胡彬彬, 李向军, 王晓波. 中国传统村落蓝皮书：中国传统村落保护调查报告 (2017) [M]. 北京：社会科学文献出版社，2017.

[16] 胡瑞法, 孙艺夺. 农业技术推广体系的困境摆脱与策应 [J]. 改革,

2018（2）：89-99.

　　［17］黄道霞．建国以来农业合作化史料汇编［M］．北京：中共党史出版社，1992.

　　［18］黄立洪，李钧，曾婉霞，等．我国农科类专业大学生服务农村基层意愿调查分析［J］．沈阳农业大学学报（社会科学版），2012（11）：694-697.

　　［19］健全城乡发展一体化体制机制让广大农民共享改革发展成果［N］．人民日报，2015-05-02（001）．

　　［20］决胜全面建成小康社会　夺取新时代中国特色社会主义伟大胜利——在中国共产党第十九次全国代表大会上的报告［M］．北京：人民出版社，2017.

　　［21］"两学一做"学习教育手册［M］．北京：人民出版社，2016.

　　［22］列宁全集（第14卷）［M］．北京：人民出版社，2017.

　　［23］刘焱．周恩来早期文集［M］．天津：南开大学出版社，1993.

　　［24］绿水青山就是金山银山——关于大力推进生态文明建设［N］．人民日报，2016-05-09（001）．

　　［25］论坚持全面深化改革［M］．北京：中央文献出版社，2018.

　　［26］马海涛．财政转移支付制度［M］．北京：中国财政经济出版社，2004.

　　［27］马克思恩格斯全集（第26卷）［M］．北京：人民出版社，2014.

　　［28］马克思恩格斯全集（第47卷）［M］．北京：人民出版社，2004.

　　［29］马克思恩格斯选集（第1卷）［M］．北京：人民出版社，2012.

　　［30］马克思恩格斯选集（第3卷）［M］．北京：人民出版社，2012.

　　［31］毛泽东文集（第7卷）［M］．北京：人民出版社，1999.

　　［32］毛泽东选集（第2卷）［M］．北京：人民出版社，1991.

　　［33］毛泽东选集（第3卷）［M］．北京：人民出版社，1991.

　　［34］毛泽东选集（第5卷）［M］．北京：人民出版社，1977.

　　［35］彭波．习近平在北京师范大学考察［N］．人民日报，2014-09-10（001）．

　　［36］彭飞龙．新型职业农民素养标准与培养机制［M］．杭州：浙江大学出版社，2015.

　　［37］彭新万．我国"三农"制度变迁中的政府作用研究（1949—2007年）［M］．北京：中国财政经济出版社，2009.

　　［38］青年要自觉践行社会主义核心价值观——在北京大学师生座谈会上的讲话［N］．人民日报，2013-03-20（001）．

　　［39］全面贯彻党的十九大精神坚定不移将改革推向深入［N］．人民日报，

2017-11-21（001）．

［40］容中逵．当代中国乡村教育发展的基本架构［J］．中国教育学刊，2011（3）：30-33．

［41］斯蒂芬·P. 罗宾斯．管理学（第七版）［M］．孙健敏等，译．北京：中国人民大学出版社，2004．

［42］田启波．习近平新时代人民主体思想的理论特征［J］．贵州社会科学，2018（1）：11-17．

［43］王露璐．乡土伦理［M］．北京：人民出版社，2008．

［44］武力，郑有贵．解决"三农"问题之路——中国共产党"三农"思想政策史［M］．北京：中国经济出版社，2004．

［45］习近平．把乡村振兴战略作为新时代"三农"工作总抓手［J］．求是，2019（11）：4-10．

［46］习近平．干在实处　走在前列——推进浙江新发展的思考与实践［M］．北京：中共中央党校出版社，2016．

［47］习近平接受金砖国家媒体联合采访［N］．人民日报，2013-03-20（001）．

［48］习近平谈治国理政（第二卷）［M］．北京：外文出版社，2017．

［49］习近平谈治国理政（第一卷）［M］．北京：外文出版社，2018．

［50］习近平在参加十二届全国人大四次会议湖南代表团审议时的讲话［N］．人民日报，2016-03-09（001）．

［51］习近平在参加十二届全国人大五次会议四川代表团审议时的讲话［N］．人民日报，2017-03-09（001）．

［52］习近平在中央党校建校80周年庆祝大会暨2013年春季学期开学典礼上的讲话［N］．人民日报，2013-03-04（001）．

［53］习近平．中国农村市场化研究［D］．北京：清华大学博士学位论文，2001．

［54］习近平总书记"三农"思想在福建的探索与实践［N］．人民日报，2018-01-19（001）．

［55］习近平总书记"三农"思想在正定的形成与实践［N］．人民日报，2018-01-18（001）．

［56］乡村振兴战略规划（2018-2022年）［M］．北京：人民出版社，2018．

［57］许传红．中国共产党农业发展思想研究［M］．武汉：武汉理工大学出版社，2013．

［58］依法依规做好耕地占补平衡规范有序推进农村土地流转［N］．人民日

报，2015-05-27（001）.

　　［59］在江苏徐州考察时的讲话［N］.人民日报，2017-12-14（001）.

　　［60］在十八届中央政治局第二十三次集体学习时的讲话［N］.人民日报，2015-5-31（001）.

　　［61］在文艺工作座谈会上的讲话［M］.北京：人民出版社，2015.

　　［62］在云南考察工作时的讲话［N］.人民日报，2015-01-22（001）.

　　［63］在中央政治局常委会会议上的讲话［N］.人民日报，2016-12-21（001）.

　　［64］张广信.中华人民共和国史专题研究［M］.西安：陕西人民教育出版社，1989.

　　［65］张孝德，丁立江.面向新时代乡村振兴战略的六个新思维［J］.行政管理改革，2018（7）：40-45.

　　［66］张燕.大学生入职新型职业农民的意愿、机制与路径选择［J］.延安大学学报（社会科学版），2018（4）：82-86.

　　［67］郑兴明，曾宪禄.农科类大学生能成为新型职业农民吗——基于大学生农村基层服务意愿的实证分析［J］.华中农业大学学报（社会科学版），2015（5）：97-102.

　　［68］中共中央党史和文献研究院.习近平关于"三农"工作论述摘编［M］.北京：中央文献出版社，2019.

　　［69］中共中央党校党史教研室资料组.中国共产党历次重要会议（下卷）［M］.上海：上海人民出版社，1983.

　　［70］《中共中央关于坚持和完善中国特色社会主义制度推进国家治理体系和治理能力现代化若干重大问题的决定》辅导读本［M］.北京：人民出版社，2019.

　　［71］中共中央　国务院关于加大改革创新力度加快农业现代化建设的若干意见［EB/OL］.中华人民共和国中央人民政府，http：//www. gov. cn/zhengce/2015-02/01/content_2813034. htm，2015-02-01.

　　［72］中共中央　国务院关于坚持农业农村优先发展做好"三农"工作的若干意见［EB/OL］.中华人民共和国中央人民政府，http：//www. gov. cn/zhengce/2019-02/19/content_5366917. htm，2019-02-19.

　　［73］中共中央　国务院关于"三农"工作的一号文件汇编（1982—2014）［M］.北京：人民出版社，2014.

　　［74］中共中央　国务院关于深入推进农业供给侧结构性改革加快培育农业农村发展新动能的若干意见［M］.北京：人民出版社，2017.

［75］中共中央文献研究室，中央档案馆．建党以来重要文献选编（第一册）［M］．北京：中央文献出版社，2011．

［76］中共中央文献研究室．毛泽东著作专题摘编［M］．北京：中央文献出版社，1964．

［77］中共中央文献研究室．十七大以来重要文献选编（上）［M］．北京：中央文献出版社，2009．

［78］中共中央文献研究室．习近平关于社会主义经济建设论述摘编［M］．北京：中共中央党校出版社，2017．

［79］中共中央文献研究室．建国以来重要文献选编（第三册）［M］．北京：中央文献出版社，1992．

［80］中共中央文献研究室．十八大以来重要文献选编（上）［M］．北京：中央文献出版社，2014．

［81］中共中央文献研究室．十一届三中全会以来重要文献选编（上卷）［M］．北京：人民出版社，1982．

［82］中共中央文献研究室．习近平关于全面建成小康社会论述摘编［M］．北京：中央文献出版社，2016．

［83］中共中央组织部．中共党内统计资料汇编［M］．北京：党建读物出版社，2011．

［84］中国的民主政治建设［N］．人民日报，2005-10-20（001）．

［85］中央城市工作会议在北京举行［N］．人民日报，2015-12-23（001）．

［86］中央经济工作会议在北京举行　习近平李克强作重要讲话［N］．人民日报，2017-12-21（001）．

［87］中央农村工作会议在北京举行　习近平李克强作重要讲话［N］．人民日报，2013-12-25（001）．

［88］中央文献研究室．十一届三中全会以来党的历次全国代表大会中央全体会议重要文件选编［M］．北京：中央文献出版社，1997．

［89］周建群．十六大以来党的"三农"思想创新研究［M］．北京：经济科学出版社，2011．

［90］周军．中国现代化进程中乡村文化的变迁及其建构问题研究［D］．长春：吉林大学博士学位论文，2010．

［91］主动把握和积极适应经济发展新常态推动改革开放和现代化建设迈上新台阶［N］．人民日报，2014-12-15（001）．

［92］资本论（第三卷）［M］．北京：人民出版社，2004．

［93］蔡克信，杨红，马作珍莫．乡村旅游：实现乡村振兴战略的一种路径选择［J］．农村经济，2018（9）：22-27.

［94］陈文胜．论乡村振兴与产业扶贫［J］．农村经济，2019（9）：1-8.

［95］番绍立．中国农业补贴政策效应：理论解析、实证检验与政策优化［D］．大连：东北财经大学，2016.

［96］高兴明．实施乡村振兴战略要突出十个重点［J］．南方农业，2018，12（1）：1-4.

［97］郭晓鸣．乡村振兴战略的若干维度观察［J］．改革，2018（3）：54-61.

［98］姜长云．科学理解推进乡村振兴的重大战略导向［J］．管理世界，2018，34（4）：17-24.

［99］姜长云．乡村振兴须规避五种倾向［J］．农村经营管理，2018（7）：27.

［100］李创，吴国清．乡村振兴视角下农村金融精准扶贫思路探究［J］．西南金融，2018（6）：28-34.

［101］李国祥．实现乡村产业兴旺必须正确认识和处理的若干重大关系［J］．中州学刊，2018（1）：32-38.

［102］李周．乡村振兴战略的主要含义、实施策略和预期变化［J］．求索，2018（2）：44-50.

［103］廖彩荣，陈美球．乡村振兴战略的理论逻辑、科学内涵与实现路径［J］．农林经济管理学报，2017，16（6）：795-802.

［104］刘合光．乡村振兴战略的关键点、发展路径与风险规避［J］．新疆师范大学学报（哲学社会科学版），2018，39（3）：25-33.

［105］刘先江．试论社会主义城乡和谐发展的目标与路径［J］．当代世界与社会主义，2013（2）：119-123.

［106］卢泓举．中日韩农业政策比较研究［D］．延吉：延边大学论文，2010.

［107］魏后凯．如何走好新时代乡村振兴之路［J］．人民论坛·学术前沿，2018（3）：14-18.

［108］魏后凯．实施乡村振兴战略的目标及难点［J］．社会发展研究，2018，5（1）：2-8.

［109］杨汉平．司法是乡村振兴的法治保障［N］．人民法院报，2018-12-22（002）.

［110］叶兴庆．新时代中国乡村振兴战略论纲［J］．改革，2018（1）：65-73.

[111] 于法稳. 实施乡村振兴战略的几点思考 [J]. 国家治理, 2018 (3): 3-6.

[112] 袁金辉. 实施乡村振兴战略的五大着力点 [J]. 理论参考, 2018 (4): 37-39.

[113] 张军. 乡村价值定位与乡村振兴 [J]. 中国农村经济, 2018 (1): 2-10.

[114] 周立, 李彦岩, 罗建章. 合纵连横: 乡村产业振兴的价值增值路径——基于一二三产业融合的多案例分析 [J]. 新疆师范大学学报 (哲学社会科学版), 2020, 41 (1): 2+63-72.

[115] 朱启臻. 当前乡村振兴的障碍因素及对策分析 [J]. 人民论坛·学术前沿, 2018 (3): 19-25.

后　记

　　乡村振兴战略是中国共产党领导中国人民进行乡村建设的伟大方略，是实现中华民族伟大复兴的重要举措。乡村振兴战略是一项复杂系统的建设工程，需要政府高屋建瓴的统筹规划，也需要社会各界凝心聚力。希望本书的研究内容，能够为乡村振兴战略建言献策，尽绵薄之力。

　　自本项目立项以来，课题组成员齐心协力，深入乡村开展广泛研究。近三年来经过系列的课题研讨和乡村调查实践，形成了颇为丰硕的中期研究成果，在中国社会科学报、福建日报、贵州日报以及大学学报上累计发表学术论文八篇，出版专著一部，完成调查报告一份，在此特别感谢课题组成员的共同努力。

　　本书为集体攻关项目成果，研究与写作团队皆由课题组成员构成。感谢课题组成员在本书撰写中给予积极贡献：潘娜（绪论、第八章），李媛媛（第一章），李秋烟（第三章），王郑冰（第四章），叶翔宇（第五章），林奇清（第六章），吴伟斌（第七章），陈昌健（第二章）。

　　本书的撰写建立在学术界大量研究成果的基础之上，所引用成果在注释和参考文献中体现，若有遗漏之处请见谅。乡村振兴战略是一个涉及内容十分广泛的课题，限于作者的研究水平，书中难免存在各种不足，敬请读者批评指正！